ものが語る歴史　18
石器づくりの考古学
――実験考古学と縄文時代のはじまり――

長井謙治

同成社

はじめに

　遠い過去に縄文時代がはじまる頃、私たちの祖先は石の道具を作ってきた。この石の道具は石器と呼ばれている。なかには舌状の出っ張りをもつ狩猟用の石器がある。この石器は「有舌尖頭器」と呼ばれている。
　私は本書で、「有舌尖頭器」を作った人々の姿勢を手がかりにして、縄文時代のはじまりを考えてみたい。しかし「有舌尖頭器」の作り手は、すでに1万年以上も前に亡くなっており、その作られ方をうかがわせるような、文字で書かれた記録は残っていない。わずかに残されたのはモノであり、もとよりモノから作り手の格好を知る由もないといえよう。
　ところが、モノと人の行動をつなぐ、できるだけ多くの補助的な情報をもち、モノにあらわれた活動の痕跡を注意ぶかく観察すれば、作られ方の姿かたちを復元することも不可能ではないと思われる。そこから、生き生きとした現実的な姿、ひいては人々の社会のあり方にまで迫ることができるかもしれない。
　約10年間、私は石器を復元的に作ってきたが、それは、モノと人の行動をつなぐ補助的な情報をできる限り多く得たいと思ったからである。できるだけ生々しく現実みのある情報を得るために、石器づくりの経験を豊かにすべく、石器を復元的に作ってきた。この行為を石器の復元製作と呼ぶ。石器の復元製作は考古学における1つのアプローチである。これを石器づくりの実験考古学と呼ぶ。
　本書の特色は、このように、石器づくりとの対話から生まれた視点から、縄文時代がはじまる頃を考え直すことにある。本書では、石器づくりの振る舞いを推論し、約1万3000年前に遡る日本列島域の石器づくりを考えたい。
　これらの試みが、縄文時代がはじまる頃の実態を明らかにする一助となれば幸いである。

目　次

はじめに

プロローグ……………………………………………………………… 1
  1. 暗礁に乗り上げた有舌尖頭器　1
  2. 本書の軸と特色　2

第1章　石器づくりの型——石器づくりの実験考古学——………… 5
  1. 押圧剥離に対する先人の関心　5
  2. 2つの動きを導き出す　8
  3. 姿勢と剥離の向きは対応するか　21
  4. 石器づくりの選択肢　27
  5. 動作の制約条件　29

第2章　斜行有舌尖頭器について…………………………………… 32
  1. 有舌尖頭器の分類　34
  2. 有舌尖頭器の集成状況　36
  3. 日本列島各地の概観　38
  4. 「右肩上がり」と「左肩上がり」　52
  5. 「右肩上がり」と「左肩上がり」の地方色　59
  6. 日本列島における有舌尖頭器の東西差　68

第3章　石器扱いの違い………………………………………………… 73
  1. 石器扱いとは　73
  2. 正位と逆位の石器扱い　75
  3. RL-斜行圏の石器扱い：正位の石器扱い　76
  4. LR-斜行圏の石器扱い：逆位の石器扱い　85
  5. 日本列島における2つの石器扱い　86
  6. 利き手と固定具について　89

第4章　斜行石器群の広がり…………………………………………… 92
  1. 本州以西の斜行石器群　94
  2. 北海道の斜行石器群　155

3. 斜行石器群構成（西と東）　175
　　4. 日本列島における晩氷期石器群の構造　188
第5章　有舌尖頭器の由来………………………………………… 193
　　1. 剥離の向きと型式　195
　　2. 立川系と小瀬が沢系、その斜方向の逆転　196
第6章　縄文時代はじまり前夜の東西世界………………………… 199
　　1. 動作連鎖の東西差とその意義　200
　　2. 動作連鎖と石器扱い　210
　　3. 石器扱い圏の「境目」　211
第7章　「石器扱い」論の地平……………………………………… 215
　　1. 石器扱いの由来　215
　　2. 縄文化のプロセス　218
　　3. 大陸との接点　225
エピローグ…………………………………………………………… 227
　　1. 石器扱いと石器扱い圏　227
　　2. 東と西の世界　228

引用参考文献一覧…………………………………………………… 231
　　あとがき

石器づくりの考古学
――実験考古学と縄文時代のはじまり――

プロローグ

　およそ1万数千年前、地球規模で温暖化し、更新世が終わりを迎える頃、「有舌尖頭器」(1)が日本列島を席巻した。その分布の範囲は、北海道、本州、四国、九州と一部の島嶼におよんでいる。

　「有舌尖頭器」は、縄文時代がはじまる頃に作られた。そして、縄文時代の本格的なはじまりにともない、この石器はしだいに姿を消す。本書の検討によると、日本列島で「有舌尖頭器」が盛んに作られたのは、約15,500年前から約13,000年前(2)のおよそ2,500年間とみこまれる。この時期は、晩氷期の後半に対応し、縄文時代のほぼ草創期にあたる。

　この「有舌尖頭器」は、縄文文化はじまりの謎を解く貴重な考古文物として、これまでに学界で注目されてきた。なぜなら、「有舌尖頭器」の起源探しが縄文文化はじまりの解明に寄与すると信じられたからである。そして、戦前のこの起源探しには、たびたび大陸が意識された。極東を揺籃の地とし、北海道から本土へと渡来した大陸起源の文物は、我が国・当地の文化と融合・融和、そして所与の縄文文化を形成した。このようなシナリオづくりに貢献したのが「有舌尖頭器」である。

1. 暗礁に乗り上げた有舌尖頭器

　ところが、このシナリオで問題となったのが、日本列島における「有舌尖頭器」のルーツである。この問題に対する関心は、文化論の対立に根ざす「本ノ木論争」で露となり、1960年代以降の主要な研究テーマとなっている。旧石器文化から縄文文化へという文化の変化と画期に消長する「有舌尖頭器」は、その系譜／系統関係の究明が大事なテーマとなってきた。だがこのテーマは、有舌尖頭器の原郷土がどこか1つの地域にあると信じこむ議論を育む原因ともなってきた。近年、このような一系統的起源論で重要となる北の玄関口、北海道

における研究の進展にともなって、北海道と本土のスムーズな接続関係は追えなくなっている。

また、ごく一般的に、従来は、平面形態（外形）の違いを基準とした型式／形式学により有舌尖頭器を分類し、その変化や変遷を検討してきた。さらにその地理的分布も調べられた。平面形態の違いが文化的に色づけされた時代色・地方色を示すという前提に立脚したからである。しかし、近年の資料増加にともない、"かたち"の中間形態は増加している。そして、異なる"かたち"が明瞭な時代色・地方色を示すとはいえなくなっている。最近はそれを裏付けるような異型共存の遺跡もみつかっている。

2. 本書の軸と特色

上記の問題を解決するために、本書では新たな分析手法を模索した。本書では、石器づくりの実験考古学により「技術」にもとづく分析手法を提案し、"斜めの剥離"とそれを生み出す石器づくりの型を推論している。これは第1章で果たされる。そして、北海道および本州・四国・九州の系統関係は、この、"斜めの剥離"をもつ有舌尖頭器群により比較検討している。これは第2章以降で果たされる。このように、石器づくりの実験考古学と有舌尖頭器の文化史研究という2つの柱を用意し、その統合を本書の軸としている。

また、本書では"石器の扱われ方"の歴史からみた世界観を語っている。本書で語られる世界観は、晩氷期の日本列島域を中心にみた東西世界のことである。まずは、石器づくりの実験考古学により、日本列島における東西2つの有舌尖頭器を明らかにする。そして、東と西（北海道と本州・四国・九州）の有舌尖頭器を取り巻く背景を検討する。この検討によって、列島各地の作り手が、石器をいろいろに扱っていた様子が語られている。

なお、本書では、紙幅の関係上、縄文時代草創期と有舌尖頭器の学史を隅々まで深くは触れえない。より詳しく知りたい向きには、下記文献を参照されることをお願いする（長井2008c：第1章）。

註
（1） 本書でいう日本列島とは、九州―四国―本州を1つの陸塊島とし、北海道を大陸から突き出た半島とする古地理のことを意味する。これは地理的な空間をあらわす言葉にすぎず、厳密には「日本列島域」を意味する。
（2） 本書で「年前」と記載する場合、放射性炭素年代の較正年代を暦年代に近いものと一応みなしている。また、放射性炭素年代やそれにもとづく年代観を引用あるいは記述する場合、または放射性炭素法以外の測定法による年代を引用あるいは記述する場合には「y.B.P.」と記載する。放射性炭素年代の較正年代を示す場合には「calBP」と記載する。

第1章　石器づくりの型——石器づくりの実験考古学——

　1960年以降、有舌尖頭器の作られ方に関して、断片的な接合資料を参考とし、製作フローが検討されている。ところが、実験考古学による知見により有舌尖頭器の作られ方が検討されることはなかった。
　本章では、押圧剥離を中心とした議論からはじめる。押圧剥離は、有舌尖頭器のみならず、同時代の石器づくりによく使われた剥離の技術であり、復元製作による充実した研究史もある。したがって、押圧剥離の検討により、どのように作られたか、という一面に迫りうると筆者は考えている。
　本章では、有舌尖頭器の製作法を石器づくりの実験考古学—「過去のプロセスに対する複製／模擬」をする石器の復元製作—により検討する。実験考古学は辞書作り（西秋 2004）をする考古学の方法論であり、これは考古学における研究法の重要な一翼をになっている。いろいろな実験考古学があるが、ごく一般には、モノとコトの対応関係が調べられ、解釈の手引きが作られる。
　本章では、動作と結果の関係を自ら作り出したり、探し出したりして、過去の振る舞いにかかわる手引きをつくる。この方法の研究が、本章で試みる石器づくりの実験考古学である。

1. 押圧剥離に対する先人の関心

　押圧剥離とは、通常、角や木などを押し付けて緩慢な荷重を負荷し、圧力により石片を剥がし取る石器づくりの技術をいう。この技術は、縄文時代がはじまる頃の日本列島ですでに存在したといわれており、有舌尖頭器はおもにこの技術により整形されたと考えられている。(1) 押圧剥離は、精確に打点を定め、きわめて薄みの欠片を剥がせることに利点がある。それゆえ時折、押圧剥離によって斜めに走る非常に整った剥離痕が残される。斜行し定型化したこの剥離痕は、1960年代までに発見された中部地方の有舌尖頭器から古くに指摘されてお

り、小林達雄氏が「オブリークパラレルフレーキング」と呼び、芹沢長介氏が「斜縞状を呈する平行剥離」と呼び、地方型の有舌尖頭器に固有の剥離痕跡として注視された（小林1961、芹沢1966）。その後、この特徴的な剥離痕は、後続する研究者によりさまざまに呼び名が変えられ、遺物所見として記載されることはあったが、1983年までまとまった形で研究の対象とされることはなかった。

　この特徴的な剥離痕を細かく分類し集成し、地理的分布を具体的に明らかにしたのは高橋敦氏である。高橋氏は有舌尖頭器の地域性を剥離の技法と型式から考察し、近畿・東海・中部・北陸地方における有舌尖頭器の異なる地理的分布を明らかにした。あわせて、斜状平行剥離をもつ有舌尖頭器ともたない有舌尖頭器を提唱し、5つの斜状平行剥離を指摘した（高橋1983a）。この高橋氏による研究は、舌部の外形差にもとづく形態変遷史観が研究潮流とされた1980年代に行われたもので、当時としては異彩を放ったと思われる。

　この高橋氏の研究は、剥離痕の形を細かく分類するという独創性があり、押圧剥離痕の異なる地域的展開を豊富な資料から具体的に明らかにしたことに意義がある。だが不覚にも、今日まで高橋氏の業績がまとまったかたちで研究の対象とされることはなく、特徴的な剥離痕そのものも学界ではあまり重視されなかったようである[2]。この理由としては、その後の学界における研究の流れが影響したとも考えられるが、偶然性と必然性を同居させた高橋氏による分類に問題がないわけでもなく、地域性を割り出す指標的基準としての厳密性に欠けていたことも一因と考えられる。

「辺」と「面」の剥離の違い

　我々の復元製作で得られた知見によると、作られ方の違いは「面」ではなく「辺」の剥離に対して端的にあらわれるとわかる。辺で斜めに剥離を並べるには、工具が通常斜めに宛がわれるからである。この点は工具を使う作り手の動作と密接にかかわっているから、正確な判断が求められる。ただ、高橋敦氏による斜状平行剥離の分類においては、辺と面の対応関係が曖昧であった。

　高橋氏は、斜状平行剥離をもつ有舌尖頭器を大別3類、細別5類に分類しているが、この分類は器面上の外観、つまり「面」の剥離の形態差にもとづいて

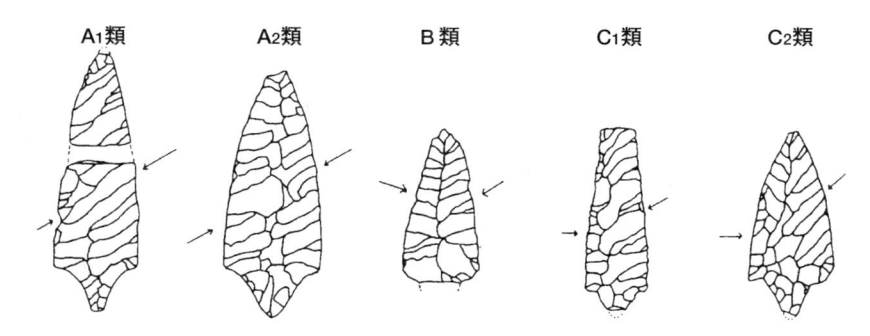

第1章 石器づくりの型——石器づくりの実験考古学—— 7

図1 高橋敦による斜状平行剥離の分類（高橋 1983a）
凡例　A₁類, A₂類：「一方向型」　B類：「収束型」　C₁類, C₂類：「段違い型」

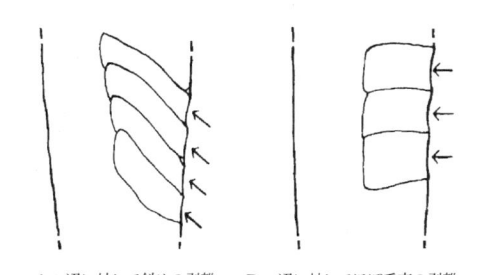

図2 辺に対して斜め(A)とほぼ垂直(B)の剥離
(Aは±の剥離、Bは0の剥離を示す。また、Aは斜行剥離を示す。)

いる。それゆえ辺に対して斜めと斜め以外の剥離がこの分類に混じっており、一部に関しては「辺」と「面」の斜めの剥離に因果関係はみられない。例えば、「一方向型」のA₁・A₂類は辺に対して斜めの剥離（図2-A）を主体的に施しているが、「収束型」のB類は辺に対してほぼ垂直の剥離（図2-B）を主体的に施し、「段違い型」のC₁・C₂類は片方の辺に対してほぼ垂直の剥離を施している（図1）。

　「辺」と「面」の剥離の因果関係という点では、B類がA類に対置される。B類を仔細にみれば、辺に対してほぼ垂直の剥離が主体的に施されており、面に対して斜めの剥離痕は、外形（器辺）の傾きがおもな原因で生まれている。B類に関しては、辺に対してほぼ垂直の剥離が、結果的に面でV字状の斜めの外観を呈したにすぎないのである。

　このように、両側辺に対して斜めの剥離を施す「一方向型」には、「辺」と「面」の剥離に最も強い因果関係を指摘できるが、「段違い型」、「収束型」の順にこの関係は弱いといえる。したがって、偶然性が斜めの外観を生み出すという点において、「一方向型」以外はあまり重要な差ではないといえる。作られ

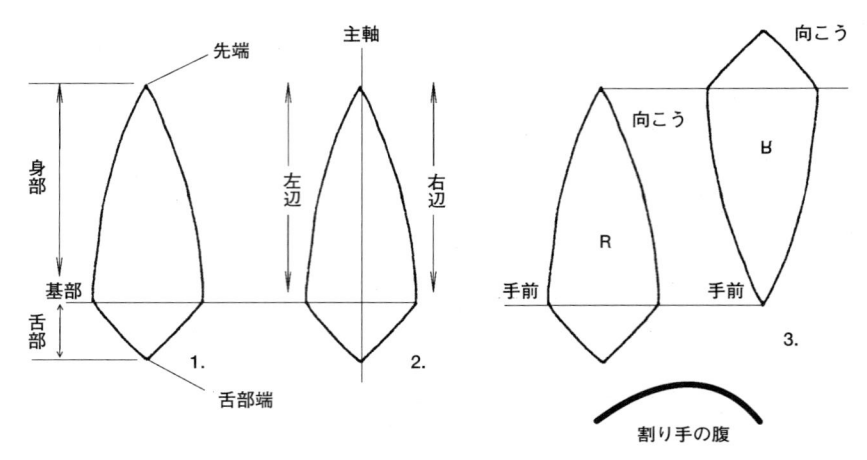

図3 本書で使用する用語について
1. 有舌尖頭器の部位名称
2. 先端を天・舌部端を地とした図面に対する軸の位置と各部の呼称
3. 割り手目線の各部に対する呼称

方と大いに関連しているのは「辺」の剥離であり、「辺」の様相を正しくとらえることが大切である。

　この点を踏まえ、私は、辺に認められる剥離の記載と、面に認められる剥離の記載を次のように分けて考えた。辺に対して斜めに傾く剥離が斜行剥離であり、石器の主軸に対して斜めに傾く平行する剥離が斜状平行剥離である。詳細は第2章の冒頭で述べる。

2．2つの動きを導き出す

　2006年の春と夏、我々は2つの試みを行った。春東京で筆者が有舌尖頭器の復元製作を行い、夏イリノイ州でティム・ディラード氏が有舌尖頭器の復元製作を行った。ともに復元製作としては成功といえるもので、遺物に近似した状況を再現できた。この2つの試みはそもそも別の目的で行われていたが、この試みで意外な発見をすることができた。筆者、長井の復元製作とティム・ディラード氏の復元製作は、2つの互いに異なる剥離の向きを形成したのである（図4）。

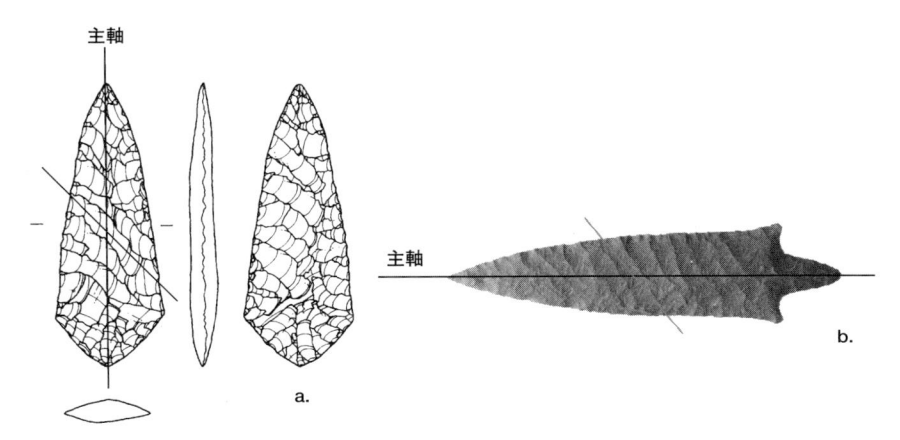

図4 異なる動作で作られた石器（a.長井原図、b.長井撮影）
凡例　a.長井謙治が製作した有舌尖頭器、b.ティム・ディラード氏が製作した有舌尖頭器（剥離の向きが異なることをみていただきたい。）

　筆者の復元製作では、石器の左側の辺で右下がり、右側の辺で左上がりを呈するような、石器の主軸に対して左肩の上がる剥離痕を形成した（図4-a）。他方、ティム・ディラード氏の復元製作では、石器の左側の辺で右上がり、石器の右側の辺で左下がりを呈するような、石器の主軸に対して右肩の上がる剥離痕を形成した（図4-b）。このように、我々の復元製作は真逆の剥離の向きを作り出したわけである。

　筆者は、押圧剥離の姿勢と痕跡形成の関係を整理し、上に述べたテーマに見通しを得ることを目的に、米国・仏国渡航を2年続けて果たした。[3]そして、米国を中心に検討データの蓄積に励んできた（長井 2006d）。米国では復元製作を生業あるいは趣味として楽しむグループ・集団が多く、定期的な集会なども各地で頻繁に行われている。このような集会に何度か参加することにより、押圧剥離の施され方がいくつもあることを知り、加圧時の挙動、素材保持の仕方が非常に多様であるにもかかわらず、同じような押圧剥離が施されることを知った。

多様な押圧剥離が生まれる背景

　文献をひもとくと、20世紀を通して、押圧剥離は多種多様な姿勢で施された

ことがわかる。その詳細は、20世紀初頭にまだ石器製作を行っていた世界の諸民族に対する参与観察にもとづく記載と、石器づくりを専門とする主に現代の職人達が残した復元製作の成功例に関する記載に示されている（Holmes 1919など）。例えば、地面に座るか物に腰掛け、手の力だけで押圧剥離した例もあれば、うずくまり手と腕の力を使って押圧剥離した例もある。また、手足体すべてをうまく協調させて押圧剥離した例もあれば、歯や爪といった作り手自身の体の一部を使って擦り付けた例もある。より複雑な装置をつくって、梃子の作用で押圧した例もある。何で押圧したかは、状況によりさまざま変化するし、個々の一見異なる押圧剥離の施され方も、仔細にみると共通点があることがしばしばである。このように多様な押圧剥離が生まれる理由は、おそらく押圧剥離を採用した社会文化の違いとかかわり、時代と地域でさまざまであったと思われる。だが、そういったこととは別に、多様に施しやすい押圧剥離の性状もこの理由として考えられる。

　押圧剥離は比較的単純な原理に従う剥離の技術であり、押圧剥離を施すうえでの要件は、素材に対する内方向と外方向への圧力といえる。この２つの圧力が適当な条件下で加えられれば、さまざまな手法により押圧剥離ができる。つまり、必要な知識とノウハウを得て、素材の内側に押し付けて外側に逃がす力を適切なタイミングで施せば、さまざまかつ機械的に押圧剥離ができるのである。押圧剥離が多様な姿勢で施された歴史があるのは、このように押圧剥離が比較的単純な力学的作用によっていることも１つの理由と考えてよかろう。

　では、このようにして多様な姿勢で施される別々の押圧剥離は、どのような痕跡を残すのであろうか。

注目すべき２つの動き

　米国で多様な押圧剥離を知った筆者は、帰国後、それまで約10年間行ってきた自分の石器づくりを見直し、米国で見た多様な押圧剥離のすべてを自分の手で追試した。この作業を通して１つの所見が得られた。それを先に述べると、利き手や固定具の差を不問とすれば、大型の並列剥離を再現できた押圧剥離はいくつかの型に分類でき、それが異なる２つの動きに整理できることである。そして、その２つの動きは、斜方向（剥離の向き）の違いを生み出す素因とな

ることである。
　この2つの動きは、拳を割り手と反対の側に突き出す「正位」の動きと、拳を割り手の側に引く「逆位」の動きと考えられる。この2つの動きは、身体の構造が許容する運動の幅を一定に抑制している。つまり、素材と身体の位置関係により、協調的な動きをしようとすると、最大公約数的に各動作がそれぞれ2つに似てくるのである。このように、可能性の一端としてこれまでに国内外で再現され、そして蓄積されてきたさまざまな姿勢を量的に検討すると、多様な動作型を包括してしまう「正位」と「逆位」2つの動きが指摘される。
　後に具体例とともに詳しく紹介するが、正位の剥離とは押し出す剥離で、打割による打ち出す剥離に対応する。打ち出す剥離とは、石器づくりにおけるきわめて一般的な操作フォームであり、これが正位となる。一方、逆位の剥離とは、押し引く剥離であり、打割による打ち引く剥離に対応する。打ち引く剥離は非一般であり、よって逆位となる。
　以下、割り手個人により観察された動作型を「型」とし、個人を包括する集団に観察された動作型を「式」とし、両面調整石器の面上に大型の平行稜線を生み出すことが確実と考えられる8型、1式の正位と逆位の剥離を検討する。[4]

正位の剥離

　正位の剥離とは押し出す剥離である。石器づくりの動作でこれをみると、押し出す動きとも呼べるものである。被加工素材／素材の長軸は、割り手に対してほぼ垂直に置かれることが多い。押圧具を素材の内へと押し付けながら、手首をわずかに小指側に曲げて、素材の外へと力は逃がされる。この動作は、基本的には手首の内転する運動による。正位の剥離とは、押しながら右の拳を割り手と反対の側に突き出す動作による。6型、1式を本例に該当する動きにあるとみなす。ただし、本書では、先行文献、筆者の渡航による調査実見、さらに筆者の追試的な復元経験などから、両面調整石器の面上に大型の平行稜線を生み出すことが確実と考えられる5型、1式―TD型・VW2004型・GT2003型・DC/JT2003型・DC10c1973型・KMPS式―を分析の対象とする。

1 (2005年 長井撮影)

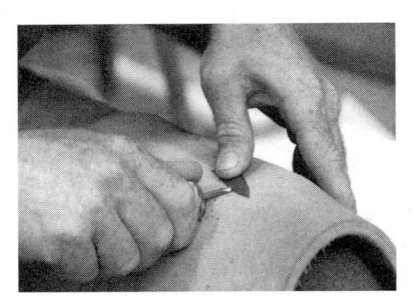

2 (2006年 長井撮影)

3 (Waldorf 2004)

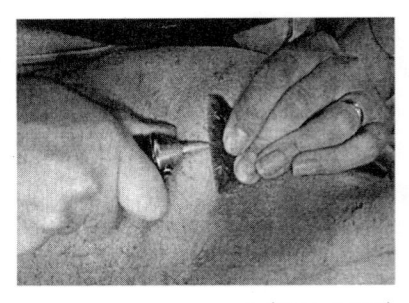

4 (Waldorf 2004)

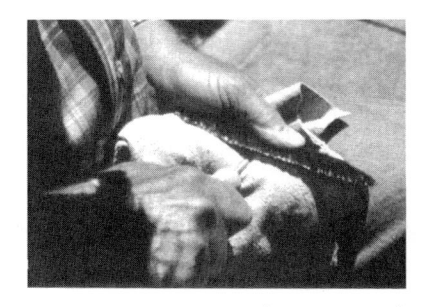

5 (Hirth et al. 2003)

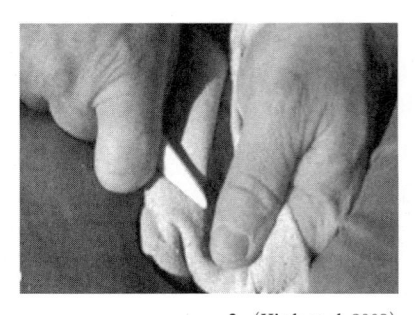

6 (Hirth et al. 2003)

図5　正位の剥離：TD型〈1〜2〉、VW2004型〈3〜4〉、GT2003型〈5〜6〉

第1章　石器づくりの型──石器づくりの実験考古学──　　13

TD型（図5 上段）

　2005年および2006年に筆者が直に観察し、その様子を雑誌『旧石器考古学』で紹介したティム・ディラード氏の製法である（長井 2008b）。これをTD型とする。図4-bはこのTD型により復元製作された。

　作業は左の太腿の上で行われる。太腿の上には、皮製の当てぎれが置かれ、その上に被加工素材が置かれる。被加工素材は、その長軸を割り手の腹とほぼ垂直に向けて置かれ、左手の親指と太腿で挟んで固定される。親指を除く左手の四指は、太腿の外側に据えられる。押圧具は右手の掌に右斜めに置かれ、五指で握られる。右手の甲を上に向け、押圧具の上半分を親指と人差指のあいだから露出させる。右手の親指を押圧具の後方に据え、押圧具を向こうへ動かして押圧剝離をする。[5]

　TD型はティム・ディラード、M.N.の諸氏ほか数人の割り手に認められる。[6]

VW2004型（図5 中段）

　2004年、論集『Chipsの傑作』で紹介されたヴァル・ウォルドルフ氏の製法である（Waldorf 2004）。これをVW2004型とする。

　作業は右の太腿の上で行われる。太腿の上には、皮製の当てぎれが置かれ、その上に被加工素材が置かれる。被加工素材は、その長軸を割り手の腹とほぼ垂直に向けて置かれ、親指を除く左手の指と太腿で挟んで固定される。左手の親指は、太腿の内側に据えられる。押圧具は右手の掌に右斜めに置かれ、五指で握られる。右手の甲を上に向け、押圧具の上半分を親指と人差指のあいだから露出させる。右手の親指を押圧具の後方に据え、押圧具を向こうへ動かして押圧剝離をする。

　VW2004型はヴァル・ウォルドルフ氏に認められる。

GT2003型（図5 下段）

　2003年、論集『メソアメリカの石器技術』で詳しく紹介されたジーン・ティトゥマス氏の製法である（Hirth et al. 2003）。これをGT2003型とする。

　作業は左の掌の上で行われる。左手の甲は太腿の上側で固定する。左手の掌には、皮製の当てぎれが置かれ、その上に被加工素材が置かれる。被加工素材

は、その長軸を割り手の腹とほぼ垂直に向けて置かれ、左手の親指と残りの四指で摘んで固定される。押圧具は右手の掌に右斜めに置かれ、五指で握られる。右手の甲を上に向け、押圧具の上半分を親指と人差指のあいだから露出させる。右手の親指を押圧具の後方に据え、押圧具を向こうへ動かして押圧剥離をする。

　GT2003型はジーン・ティトゥマス氏に認められる。

DC/JT2003型（図6左上段）

　2003年、論集『メソアメリカの石器技術』で詳しく紹介されたドナルド・クラブトリー氏とジャコブ・ティキシェ氏の製法である（Hirth et al. 2003）。これをDC/JT2003型とする。

　作業は左の掌の上で行われる。左手の甲は太腿の内側で固定する。左手の掌には、皮製の当てぎれが置かれ、その上に被加工素材が置かれる。被加工素材は、その長軸を手首とほぼ垂直に向けて置かれ、親指を除く左手の四指と掌で挟んで固定される。押圧具は右手の掌に右斜めに置かれ、五指で握られる。右手の甲を上に向け、押圧具の上半分を親指と人差指のあいだから露出させる。押圧具は被加工素材に対して斜めに宛がわれる。押圧具を向こうへ動かして押圧剥離をする。

　DC/JT2003型はドナルド・クラブトリー、ジャコブ・ティキシェの諸氏に認められる。

DC10c1973型（図6右上段）

　1973年、雑誌『テビワ』の論文「ホホカムポイントの復元製作」の図10cで紹介されたドナルド・クラブトリー氏の製法である（Crabtree 1973）。これをDC10c1973型とする。

　作業は左の掌の上で行われる。左手の甲は太腿の内側で固定する。左手の掌には、皮製の当てぎれが置かれ、その上に被加工素材が置かれる。被加工素材は、その長軸を手首とほぼ垂直に向けて置かれ、左手の親指と残りの四指で摘んで固定される。押圧具は右手の掌に右斜めに置かれ、五指で握られる。右手の甲を上に向け、押圧具の上半分を親指と人差指のあいだから露出させる。押圧具は被加工素材に対して斜めに宛がわれる。右手の親指を押圧具の後方に据

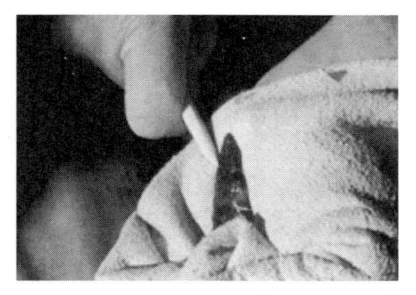

第1章　石器づくりの型——石器づくりの実験考古学——　　15

1　(Hirth et al. 2003)

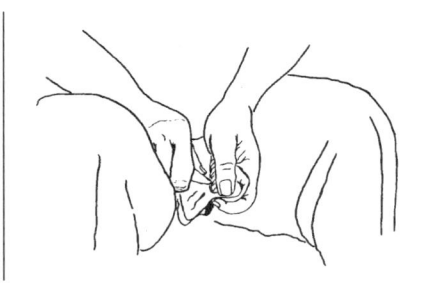

2　(Crabtree 1973)

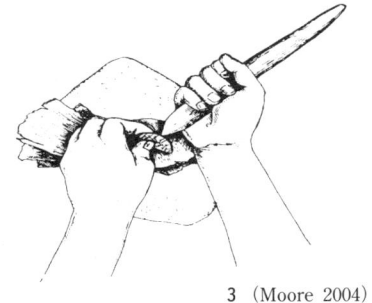

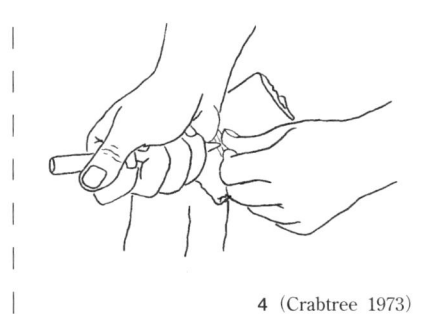

3　(Moore 2004)

4　(Crabtree 1973)

5　(Whittaker 2004)

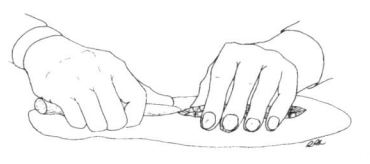

6　(Whittaker 1994)

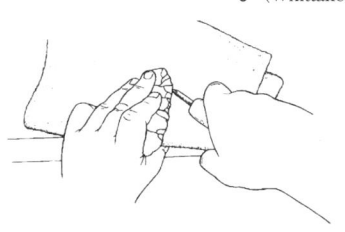

7　(Waldorf 1993)

図6　正位の剥離：DC/JT2003型〈1〉、DC10c1973型〈2〉、KMPS式〈3〉、KMPS式亜型〈4〉、DCW1998型〈5～7〉

え、押圧具を向こうへ動かして押圧剥離をする。

DC10c1973型はドナルド・クラブトリー氏に認められる。

KMPS式（図6左中段）

20世紀前半、オーストラリア北西部キンバリー地区の先住民から観察された製法（Elkin 1948、Tindale 1985など）である。同製法は、キンバリー・パワー・ストローク（Kimberley "power stroke"）とも呼ばれる（Moore 2004など）。よって、これをKMPS式とする。

足を組んで地面に座り込み、作業は台の上で行われる。台（大型・平形・軟石を主に利用する）は割り手の前方に置かれる。台の上には、軟質の樹皮（メラレウカ属が主に利用される）が数枚重ねて敷かれ、その上に被加工素材が置かれる。被加工素材は、その長軸を割り手に対して斜めに向け、その短軸を台に対して斜めに向けて、左手の人差指と親指で摘んで固定される。押圧具は右手の掌に横向きに置かれ、五指で握られる。右手の掌を上に向け、押圧具の上端を小指と掌のあいだから露出させる。上腕を回内させて、手首を左方へ回転させ、押圧具を向こうへ動かして押圧剥離をする。

KMPS式は、K. A.氏により東京で実演されている[7]。

なお、先述した論文「ホホカムポイントの復元製作」の図11aで紹介されたドナルド・クラブトリー氏の製法（図6右中段）は、KMPS式の亜型と考える。

DCW1998型（図6下段）

単行本『石器づくりの芸術』、『アメリカの石器製作者たち：コンピューター時代における石器時代の芸術』などで紹介されたD.C. ウォルドルフ氏の製法である（Waldorf 1993、Whittaker 2004）。同製法は、D.C. ウォルドルフ氏により、1998年に行われた米国・Fort Osage石器製作ワークショップで披露された。これをDCW1998型とする。

作業は机状の台の上で行われる。台（大型・平形の机状の台を利用する）は割り手の前方に据えられる。台の上には、皮製の当てぎれが敷かれ、その上に被加工素材が置かれる。被加工素材は、その長軸を割り手の腹とほぼ垂直に置かれる場合と、その長軸を割り手の腹とほぼ平行に置かれる場合がある。被加

工素材は、左手で摘んで固定される。押圧具は右手の掌にやや斜めに置かれ、五指あるいは四指で摑まれる。右手の甲を上に向け、押圧具の上半分を親指と人差指のあいだから露出させる。右手の親指を押圧具の後方に据え、押圧具を向こうへ動かして押圧剥離をする。

DCW1998型はD.C. ウォルドルフ氏に認められる。同製法は、机上・押圧剥離とも呼ばれている（Whittaker 1994など）。[8]

逆位の剥離

逆位の剥離とは押し引く剥離である。石器づくりの動作でこれをみると、押し引く動きとも呼べるものである。被加工素材／素材の長軸は、割り手に対してほぼ平行に置かれることが多い。押圧具を素材の内へと押し付けながら、手首をわずかに親指側に曲げて、素材の外へと力は逃がされる。この動作は、基本的には手首の外転する運動による。逆位の剥離とは、押しながら右の拳を割り手の側に引く動作による。3型を本例に該当する動きにあるとみなす。本書では、先行文献、渡航による調査実見、さらに筆者の追試的な復元経験などから、両面調整石器の面上に大型の平行稜線を生み出すことが確実と考えられるKN型・IS2003型・QW1998型が分析の対象となる。

KN型（図7上段・中段・右側）

別稿「直接打撃と押圧剥離」（長井 2003）で操作フォームの写真を載せ、その後の復元製作に用いた筆者の製法である。これをKN型とする。図4-aはこのKN型により復元製作された（長井 2006c）。

作業は左の掌の上で行われる。脇を閉じて左肘を固定し、左手を宙に置く。左の掌の上には、皮製の当てぎれが置かれ、その上に被加工素材が置かれる。被加工素材は、その長軸を手首とほぼ平行に向けて置かれ、親指を除く左手の指と掌で挟んで固定される。押圧具は右手の掌に右斜めに置かれ、五指で握られる。右手の甲を斜めに向け、押圧具の上半分を親指と人差指のあいだから露出させる。押圧具を手前に動かして押圧剥離をする。

KN型は、長井謙治とイシに認められる（Kroeber 1968など）。ほかに、ボブ・ラブ、グレッグ・ベネクの諸氏にも認められる。[9]

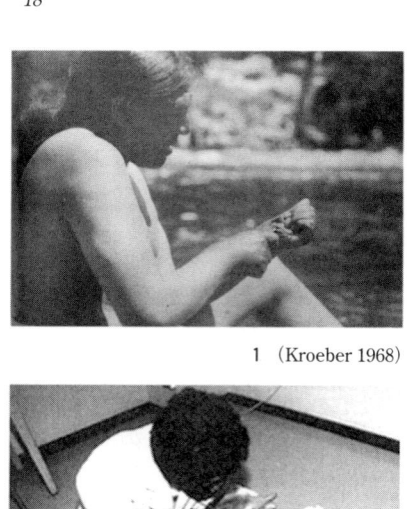

1 (Kroeber 1968)

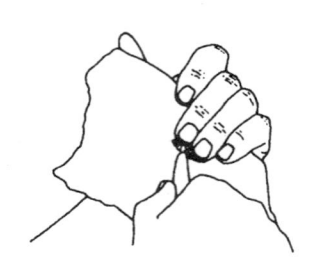

2 (Plew and Woods 1985)

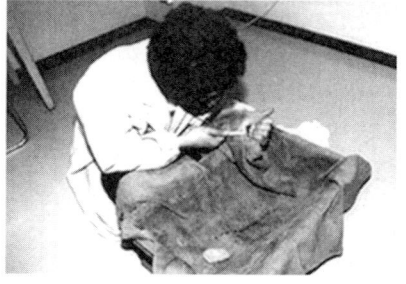

3 (長井 2003)

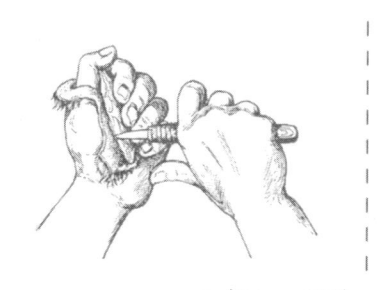

5 (Holmes 1919)

4 (2005年 長井撮影)

図7 逆位の剥離：KN型〈1〜4〉、KN型亜型〈5〉

　なお、ホームズ（1919）による単行本『アメリカ先住民の遺物便覧：石器文化入門（1）』で紹介された北米西部先住民による製法（図7左下端）は、KN型の亜型と考える。

IS2003型（図8）

　2003年、論集『メソアメリカの石器技術』で詳しく紹介された北米カリフォルニア先住民族のヤヒ部族のイシによる製法である（Hirth et al. 2003）。これをIS2003型とする。

　作業は左の掌の上で行われる。左手首の甲は太腿の内側で固定する。左の掌の上には、皮製の当てぎれが置かれ、その上に被加工素材が置かれる。被加工素材は、その長軸を手首とほぼ平行に向けて置かれ、親指を除く左手の指と掌で挟んで固定される。押圧具は右手の掌に右斜めに置かれ、五指で握られる。右手の甲を下に向け、押圧具の上半分を親指と人差指のあいだから露出させる。押圧具を手前に動かして押圧剥離をする。

　IS2003型は、ジャコブ・ティキシェ、レイ・ハーウッド、セシル・ハミルトン、ピーター・ケルターボーン諸氏に認められる（図8）（Harwood 2001、Chips Staff 2007など）。また、本型はほかの多くの割り手にも認められている[10]。

QW1998型（図9）

　単行本『石器づくりの芸術』、『アメリカの石器製作者たち：コンピューター時代における石器時代の芸術』などで紹介された製法である（Waldorf 1993、Whittaker 2004）。同製法は、クエンティン・ウェルズ氏が1998年の米国・Fort Osage石器製作ワークショップで披露した。これをQW1998型とする。

　作業は左の掌の上で行われる。左手首の甲は太腿の内側で固定する。左の掌の上には、皮製の当てぎれが置かれ、その上に被加工素材が置かれる。被加工素材は、基本的にその長軸を手首とほぼ平行に向けて置かれ、親指を除く左手の指と掌で挟んで固定される。押圧具には長い柄をもつ"イシ・スティック"[11]が利用される。イシ・スティックは、右手の掌に右斜めに置かれ、五指で握られる。右手の甲を下に向け、イシ・スティックの上端を親指と人差指のあいだから露出させる。イシ・スティックを手前に動かして押圧剥離をする。

　QW1998型は、クエンティン・ウェルズ、C.W.の諸氏[12]ほかの割り手に認められる。

　なお、論集『20世紀の石器』でレイ・ハーウッド氏により紹介されたスティーヴ・カーター氏の製法によると、イシ・スティックを縦位に用いている

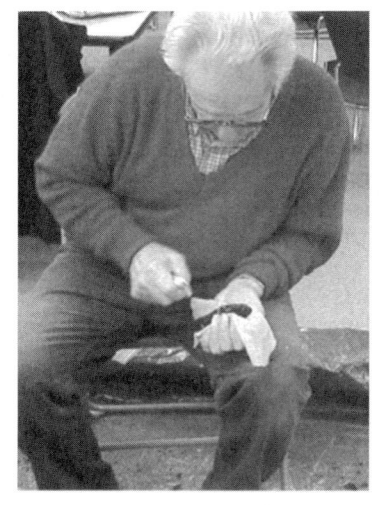

1 （Hirth et al. 2003）

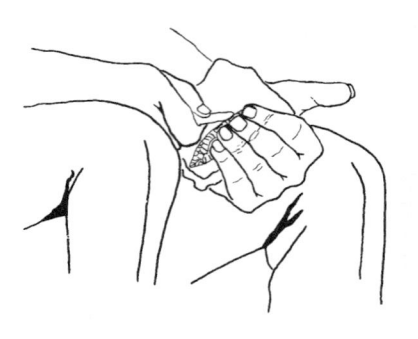

2 （Crabtree 1973）

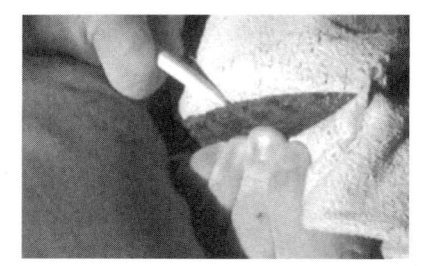

3 （Hirth et al. 2003）

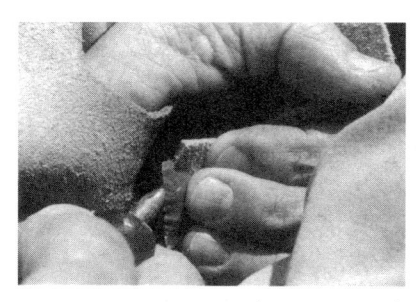

4 （Kelterborn 2001）

5 （2005年 長井撮影）

図8　逆位の剥離：IS2003型〈1〜5〉

(Harwood 1988)。これはQW1998型の亜型と考える(13)。

共通点と相違点

　TD型、VW2004型、DC/JT2003型、DC10c1973型、KN型、IS2003型、QW1998型には、姿勢・加圧動作などに共通点が認められる。例えば、VW2004型とTD型は被加工素材の置き位置が右腿と左腿で相違するが、操作フォームが酷似する（図5-1〜4）。また、左手の被加工素材保持においてDC/JT2003型とDC10c1973型は相違するが、被加工素材に対する手足体の位置と右手の動作がDC/JT2003型とDC10c1973型で類似する（図6-1〜2）。また、KN型は左手首が宙に浮いた状態となるが、IS2003型は左手首の甲が太腿の内側で固定される。この点を除いてKN型とIS2003型に対する手中の被加工素材の向きと右手の動作は類似する（図7〜8）。また、操作フォームに関してIS2003型とQW1998型は類似する。例えば、右手首が右太腿の少し内側あたりで固定されると、そこを支点とした梃子の作用が働く。この点がIS2003型とQW1998型で類似する（図8-2、図9-1、図9-2）。また、IS2003型とQW1998型に関しては、内腿を利用して左手首の甲が固定されており、太腿を閉じる力を利用して瞬間的に強い圧力が得られている（図8〜9）。

　なお、TD型、VW2004型、GT2003型、DC/JT2003型、DC10c1973型、KMPS式、IS2003型、QW1998型は、基本的には座位による。だが、KN型は、座位・立位のどちらでも行いうる。この差異は被加工素材を固定する側の身体の位置関係に由来する。

3. 姿勢と剥離の向きは対応するか

　各型で作られた両面調整石器の剥離痕を分析した。目的は、押圧剥離の「型」と剥離パターンの対応関係を検討することにある。この試みは、第2章以降の考古学的分析に最も接続的であり、かつ合理的な説明を与えると期待される検討課題でもある(14)。

　剥離痕の傾きを調べるには、石器の主軸に対する剥離痕の傾きを調べるか、辺に対する剥離痕の傾きを調べるかの2つがある。この2つは分析の目的に合

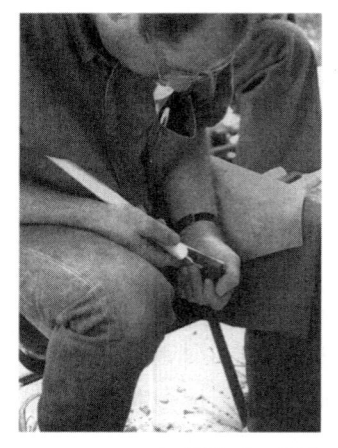

1　(Whittaker 2004)

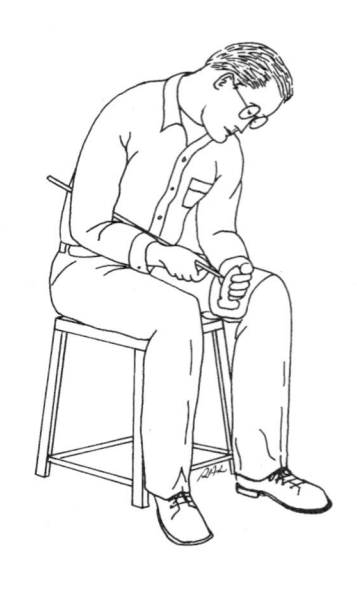

2　(2006年　長井撮影)

3　(Whittaker 1994)

図9　逆位の剥離：QW1998型〈1〜3〉

わせて分ける必要がある。ここでの分析目的は、石器づくりの姿勢と剥離痕形成の対応関係を調べることであるから、辺に対する剥離の傾きを調べた。

　辺に対する剥離の傾きを計測する際、器形が同一であることは不問とできる。したがって、一部欠損して器形が変わっても、辺に対する剥離の傾きは一律に計測できる。この点が利点である。

　弱点としては、仕上げの微調整などで辺が変形された場合、角度がずれることである。剥離の傾きは現存する辺に対して計測されるから、割り手の企図し

た角度と厳密には一致しない。ただし、剥離の傾きが逆転するような大幅な微調整が施される状況は通常想定しがたいので、この問題はあまり重要ではないといえる。

複製品を調べる

分析の対象は、大型の平行稜線を生み出す8型、1式：TD型、VW2004型、GT2003型、DC/JT2003型、DC10c1973型、KMPS式、KN型、IS2003型、QW1998型である。取り扱った資料の詳細な説明は、紙幅の関係で割愛する。ここでは分析資料の概略を述べる。分析資料は基本的には各型を実践した割り手（試技者）の複製品である。文献掲載の写真資料、筆者撮影の写真資料、文献掲載の実測図資料、作者提供による複製品、自作による複製品などからの計測を基本とした。個人や製作グループの癖・好みなどに由来するデータのゆがみを軽減するために、複数の試技者によるものを分析対象とした。KMPS式のみ計測可能な複製品が得られなかったので、KMPS式による製作物が報告された文献の図面により計測した。

分析したのは石器の身部（図3-1）に施された平行する剥離である。ただし、剥離の大きさが長幅ともに5.0mmに満たない小型の剥離は非分析とした。また、抉りを作出した剥離、基部の剥離は非分析とした。一律に各辺を単位とし、右辺と左辺に分けて計測した。

剥離の向きの調べ方

辺に対する剥離の傾きは、次の手法で調べた。加撃方向を長軸とし、器面上で確認される剥離痕の傾き（辺と剥離痕の長軸が成す角度）を計測した。その計測方法は、図上ないし実物（複製資料）に加撃方向を長軸とする剥離痕の主軸（中央線）を記入し（図10）、記入した剥離痕の主軸（中央線）と辺の成す角度を計測する。角度の計測には全円分度器を利用した。全円分度器の方向・中心は一定とした。x軸（横軸）に0°—180°—360°ライン、y軸（縦軸）に90°—270°ラインとする全円分度器の方向を設定し、剥離痕の主軸（中央線）と辺の交点を全円分度器の中心とした。したがって、右辺の剥離は90°から270°まで、左辺の剥離は270°から90°までの計測値を示した。右辺と左辺は、

石器の主（長）軸を挟んで右側と左側に位置する辺をさす（図3-2）。

　辺に対する剥離の傾きは剥離軸と表記した。剥離軸の計測値は、区画に従い±（プラスマイナス）で表現した。右辺の剥離：90°＜x＜180°を示す左上方へと傾く剥離を＋の剥離とし、180°＜x＜270°を示す左下方へと傾く剥離を－の剥離とした。また、左辺の剥離：270°＜x＜360°を示す右下方へと傾く剥離を＋の剥離とし、0°＜x＜90°を示す右上方へと傾く剥離を－の剥離とした。この操作により、＋の剥離が左肩上がりの剥離を示し、－の剥離が右肩上がりの剥離を示した。また、右辺の＋剥離と左辺の＋の剥離の組み合わせが、器面で左肩上がりを呈する組成であり、右辺の－の剥離と左辺の－剥離の組み合わせが、器面で右肩上がりを呈する組成となった。そして、0°・180°・360°の値を示す剥離は、辺に対してほぼ垂直となる、ほとんど傾きのない剥離（0の剥離）を示した（図10・図2-B）。

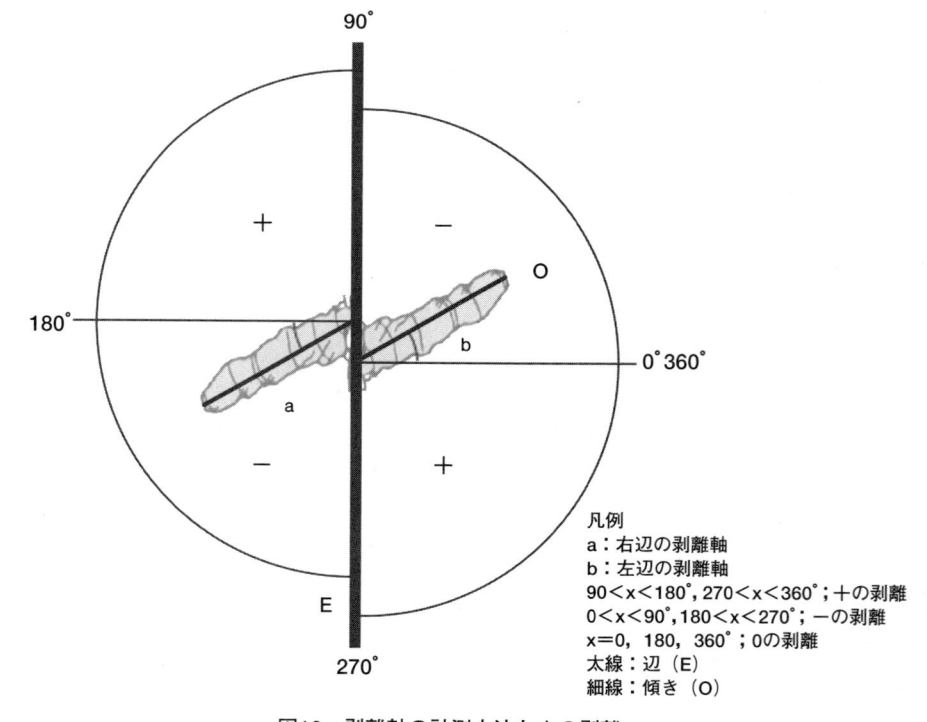

図10　剥離軸の計測方法と±の剥離

値を操作する

　計測値は0°〜±90°に変換した。これは説明を容易にするためである。値の変換表は、資料1に示した。この操作により、右肩上がりの剥離（右上左下：RL-）が0°の左側に、左肩上がりの剥離（左上右下：LR-）が0°の右側に配列された。0°（0の剥離）を挟む左側が－の剥離、右側が＋の剥離となる。石器器面における剥離の傾きとその程度は、図上における一直線の目盛により表現された（図11）。

（角度）

変換前	270	260	250	240	230	220	210	200	190	360 180	350 170	340 160	330 150	320 140	310 130	300 120	290 110	280 100	270 90
	90	80	70	60	50	40	30	20	10	0									
	↓	↓	↓	↓	↓	↓	↓	↓	↓	↓	↓	↓	↓	↓	↓	↓	↓	↓	↓
変換後	－90	－80	－70	－60	－50	－40	－30	－20	－10	0	＋10	＋20	＋30	＋40	＋50	＋60	＋70	＋80	＋90

資料1　値の変換表　注）変換前の値は図10と対応。変換後の値は表1、図11と対応。

姿勢と剥離の向きの対応関係

　剥離軸の計測結果は表1に要約した。まず、TD型、VW2004型、GT2003型、DC/JT2003型、DC10c1973型は－の剥離を生み出す傾向にあるとわかる。VW2004型を除き、TD型、GT2003型、DC/JT2003型、DC10c1973型に関しては、－20°付近〜－30°付近に値が集中する。この結果は、辺に対して約20°から約30°斜めの剥離が、上記の型から安定して生み出されたことを示していよう。つまり「右肩上がり」の剥離痕を効率的に生み出したのが正位の剥離と考

型・式	最大の値（°）	最小の値（°）	値が集中した範囲（°）	分析した剥離面の数（枚）
TD	－38	－6	－34〜－18	87
VW2004	－48	＋3	なし	27
GT2003	－35	－3	－30〜－18	36
DC/JT2003	－35	－6	－30〜－15	30
DC10c1973	－33	－4	－25〜－14	41
KMPS	－30	＋23	－10〜＋6	126
KN	＋44	0	＋10〜＋23	51
IS2003	＋45	－8	＋17〜＋29	61
QW1998	＋26	－13	－3〜＋23	52

表1　剥離軸の計測結果

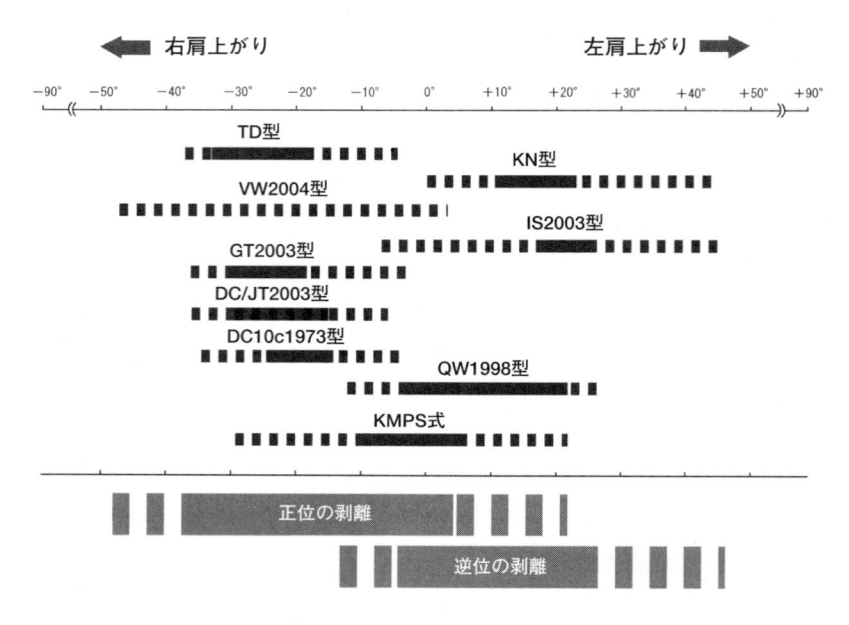

図11 剥離の傾きと対応する剥離の型・式
（塗りつぶした範囲は値の集中を示し、破線は値の散漫を示す。）

えられる。分析数が少なく、値が散漫に分布するので判断は難しいが、VW2004型に関しても、基本的には右肩上がりの剥離痕を効率的に生み出すといえる（図11）。

　一方、KN型、IS2003型、QW1998型は＋の剥離を生み出す傾向にあるとわかる。KN型で＋10°〜＋20°付近に、IS2003型で＋20°付近に、QW1998型で0°付近〜＋20°付近に値が集中しており、すべての型で辺に対して約20°斜めの剥離を安定して生み出す傾向を示している。つまり逆位の剥離が「左肩上がり」の剥離痕を効率的に生み出すとわかる（図11）。

　さらに、0°付近の剥離は正位でも逆位でも生み出せるとわかる。0°付近の剥離とは、辺に対して垂直方向の剥離を意味する。この剥離はKMPS式やQW1998型などから量産される傾向にある。KMPS式は正位の剥離に対応するが、0°付近に値の集中をみせ、辺に対してほぼ垂直の剥離痕を生み出す傾向を示している。また、QW1998型は逆位の剥離に相当するが、やはり0°付近の剥

離を生み出している。KN型についても最小の値が0°を示し、VW2004型やIS2003型についても最小値が0°をまたいでいる。

以上の分析結果を要約する。
（1） 0°付近の剥離は、正位の剥離と逆位の剥離で生み出される。つまり、辺に対しほぼ垂直の剥離は、正位と逆位の両方の剥離で形づくられる。
（2） 正位の剥離は「右肩上がり」の剥離を生み出す傾向にあり、逆位の剥離は「左肩上がり」の剥離を生み出す傾向にある。正位の剥離では、左辺に対して右上がり、右辺に対して左下がりの剥離を安定的に生み出しており、逆位の剥離では、左辺に対して右下がり、右辺に対して左上がりの剥離を安定的に生み出している。すなわち、右肩上がりの剥離を効率的に生み出すのが正位の剥離であり、左肩上がりの剥離を効率的に生み出すのが逆位の剥離である。

4. 石器づくりの選択肢

以上、押圧剥離は多様であり、その多様さに応じたさまざまな動作があるとわかる。素材の内部へ押し付ける力と、素材の外部へ押し逃がす力を施せば、複数の動作で押圧剥離をすることができる。こうした押圧剥離の単純性状において、多様な動作が生まれる余地があった。こうした理解は翻って考えると、多様な動作で類似の石器が作られることを意味する。また、1つの石器が異なる複数の動作で作られることをも意味する。ちなみに、図4には、同じような石器a.とb.が並んでいる。これらが互いに異なる動作で作られたことが、こうした点を示していよう。

このように、別々の「型」から同じような石器は作られる。事実、1つの石器は普段「している」別々の動作で作ることができる。すべての石器づくりはこうした自由をもっており、それゆえに、完成へと導くいくつかの項目ももっている。これらの項目群を、筆者は石器づくりの選択肢と呼ぶ。あらゆる石器づくりには選択肢があり、普段「している」動作とは、選択肢の中から—意識的にせよ無意識的にせよ—選ばれた結果であると考えたい。

これまでに筆者は、石器づくりを約10年間続けながら、ほかの多くの割り手も観察してきた。その結果、石器づくりは技術知であるとの結論を得ている。つまり、石器づくりは習慣により身につくと考えている。それぞれの場面を思い起こすと、身体の構造が許す運動の幅は広いが、普段「している」動作が選択されていたのがわかる。そして、意識的にせよ無意識的にせよ、選択された普段「している」動作には、複数の固有の（個人の）「型」が存在していたことに気付くのである。

動きと痕跡

　さて、実験考古学からの推論にもそれなりの限界はある。この限界は、実験考古学者が常々自戒してきた再現性の問題とかかわっている。つまり、実験考古学では「過去に存在しない」と断言できない。いくら実験を重ねても、再現可能なほかの動作がないとはいえず、未知の動作があることを否定はできないのである。こうした限界を踏まえると、再現できた現代の操作フォームと失われた過去の操作フォームを１対１の対応関係でとらえることはできず、まして、―それしかないという―絶対的な動作は同定されえないといえよう。

　そこで重要となるのが、すでに述べてきた結論であり、「正位」の動きと「逆位」の動きが生み出す、異なる剥離の痕跡である。この剥離の痕跡は、動作の協調性とかかわっており、身体の合理的な動きと関連している。つまり、２つの動きは身体の構造が許容する運動の幅を一定に抑制している。２つの動きはともに辺に対してほぼ垂直の剥離を生み出すものの、その一方で、辺に対して斜めに傾く剥離を安定して生み出す傾向にある（第１章第３節）。すなわち、右肩上がりに傾く剥離痕は、―右の拳を割り手と反対の側に突き出す動きで特徴的な―正位の剥離により効率的に作られ、左肩上がりに傾く剥離痕は、―右の拳を割り手の側に引く動きで特徴的な―逆位の剥離により効率的に作られる。こういった相関関係が、動作と剥離痕のあいだにとらえられる。

　このように、個別的に分けうる操作フォームは多様に複数存在するが、「右肩上がり」と「左肩上がり」を効率的に生みだす動作はせいぜい２つしかないとわかる。押し出すか、押し引くかなのである。

5. 動作の制約条件

　石器づくりという動作の自由のなかで、斜めの剥離を施すという１つの運動様式が成立する際の制約条件、これが本章で解きほぐしてみたい主題であった。
　石器づくりは、いかなる工具の手を借りても、基本的には己の手足体という自然素材によりなされるものである。手足体という一見バラバラの自然素材を取り集めて、協調的な運動を形成するのが石器づくりである。その際、行為に課する身体の制約には従わざるをえない。身体の制約を無視して、石器づくりの動作型を恣意的には実現・形成できないのである。こうした「質量」としての制約条件に着目することで、正位と逆位の２つの動き／剥離が導き出された。
　もちろん、動作の形成における制約条件は、上記の「質量」からくるだけではない。動作の形成とは行儀作法に従うことでもあるから、石器づくりの型のパターンは、時代や社会・性・階級でちがっていたのかもしれない。換言すると、動作とは社会的に形成されるものである。だから、ひとたび動作の形／型が社会的に決まってしまえば、別の動きは身体運動としては可能であっても、無作法として淘汰されるかタブーになることもあったのかもしれない。動作は社会的に選択されて「かくあるもの」となるのであるから、動作は社会的了解も前提としているはずなのである。つまり、石器づくりの動作の型は、社会の習俗でもあり、社会的な規範をあらわす形でもあると筆者は考える。
　こうした後者の制約条件は、考古学的な分析を介してしかみえてこない。
　第１章では、前者の「質量」としての動作の形成条件について、石器づくりの実験考古学により検討を加えてきたが、後者の検討は、第５章までの検討を経てから試みる。後者の検討で鍵となるのは、先史考古学における動作連鎖論（西秋 2000）である。
　次章では、まず、傾く剥離をもつ有舌尖頭器の分布と展開に関する考古学的な検討を行う。

註
（１）　一部の有舌尖頭器に関しては、押圧剥離の有無を厳密に検討する必要があろう。

学史的には押圧剥離によるとみなす所見が多かった（小林 1961、中村 1960b、樋口・森嶋 1962など）。
（２）　その後の研究としては、小林達雄氏らによる長野県開田村縄文草創期遺跡群の研究報告がある。小林氏と氏の学徒は、長野県小馬背遺跡、西又Ⅱ遺跡、柳又遺跡の有舌尖頭器を詳細に観察し、「非常に整った押圧剥離痕」のでき方を検討している。小林氏らは、器体の長軸に対して斜めの方向に平行して走る押圧剥離痕に対し、それが連続的な剥片剥離により施され、一枚一枚の剥離を半分ずつ重ねることで形づくられることを指摘している。つまり、細長い剥離痕状の外観は、隣接する剥離を重ねた結果形成されることを読み解いている（小林編 1988・1989）。この小林氏らの読解が妥当であることは、筆者による実物の観察と復元実験により最近わかってきた（長井 2008b）。いずれにせよ、小林氏らによる遺物の詳細な観察にもとづく正確な記述は、規則的な剥離痕が乱雑無秩序には形成されえないことを早くに指摘したことを物語る。その後、田島富慈美氏は「斜状平行剥離」をほぼ同義により「樋状剥離」と呼び、大阪市内で出土した「樋状剥離」をもつ有舌尖頭器のきわめて詳細な観察を行っている（田島 1993）。
（３）　平成18年度～平成19年度科学研究費補助金特別研究員奨励費『極東アジアにおける有舌尖頭器の出現と展開―実験考古学の実践的研究―』（研究代表者：長井謙治）の基礎研究の一環として実施した。
（４）　各型を実践した割り手については、文献に登場する割り手、2005～2006年に行われた米国渡航により実見した割り手、および2007年までに日本で行われた小セミナーなどで見学した割り手を含んでいる。文献や別稿（長井 2006d）により公表された割り手に対しては、御名前を記している。ただし、その後の実見にもとづく未公表の割り手に対しては、御名前のイニシャルを記している。
（５）　本書では右利きの割り手を対象とした記述をする。また、手前、向こうなどの表現は、割り手から見た石器に対する空間をあらわす（図3-3）。
（６）　本割り手は、CAA（アメリカ考古学センター）およびイリノイ州で見学した。
（７）　本割り手は、首都大学東京考古学研究室、国立科学博物館人類研究部主催による第9回考古学コロキウムで見学した。
（８）　その他、素材の置き位置、素材の持ち方、押圧具の宛がい方などにそれぞれ違いがあるが、正位の剥離と関連する向こうへ押し出す動作が下記の文献には載っている（Crabtree 1973、Scheiber 1994、加藤・鶴丸 1991、Waldorf 1997）。
（９）　本割り手は、ミシガン州ピンキニーとボイスブランク島で見学した。
（10）　カリフォルニア州のジニー・デイ・ビニング氏、ミシガン州のウィヤット・ナップ、ダン・ベルナップ諸氏にも本型が実見された。
（11）　イシ・スティックは、米国・カリフォルニア州とその周辺の諸部族により使用されたといわれている（Schumacher 1877など）。イシ・スティックを利用した場合には、

腕・肩・腰などが作用し、素材に対してより大きな圧力がかかることがある。とくに上腕を肩から内側に回す力や上腕を胸の前で閉じる力、さらには、体幹自体を平行移動する力などを一緒に使うと効果的である。
(12)　本割り手は、ミシガン州ボイスブランク島で見学した。
(13)　その他、素材の置き位置、素材の持ち方、押圧具の宛がい方、当てぎれの素材等々にそれぞれ違いがあるが、逆位の剥離と関連する手前へ押し引く動作が下記の文献には載っている（Waldorf 1993、Plew and Woods 1985、Holmes 1919、Whittaker 1994、Waldorf 1997）。
(14)　剥離の傾きを考えるうえで、まず頭に入れておかなければならないのは、利き手の違い、固定具の違いなどから起きる剥離の向きの違いであろう。しかし、この問題に対する総合的な判断は、考古学的な分析を経てから、本書の第3章で試みられる。
(15)　制約とは、手足体の解剖学的構造、神経系の生理学的作用など―場合によっては岩石の物理的性状なども含まれるが、基本的には技量によって克服される―が行為に課するものと考える。

第2章　斜行有舌尖頭器について

　斜行有舌尖頭器を提唱して、その分布と展開を検討する。結論として、斜行有舌尖頭器は本州西半部と北海道に安定して認められ、本州東半部のとりわけ関東地方にその分布が少ないことが述べられる。さらに、斜行有舌尖頭器にみられる剥離の向きについて検討する。結論として、北海道で左肩上がりを主体とし、本州以西で右肩上がりを主体とすることが指摘される。
　まず基本的な用語の整理を行っておきたい。

剥離の属性
　【辺の属性】斜行剥離（Oblique Flaking／Oblique Parallel Flaking）は、辺に対して斜めに傾く剥離である。斜行剥離には、RL-斜行剥離（Upper Right to Lower Left Oblique Flaking／Upper Right to Lower Left Oblique Parallel Flaking）と、LR-斜行剥離（Upper Left to Lower Right Oblique Flaking／Upper Left to Lower Right Oblique Parallel Flaking）がある。RL-斜行剥離は右辺で左下がり、左辺で右上がりとなる、辺に対して斜めに傾く剥離である。LR-斜行剥離は右辺で左上がり、左辺で右下がりとなる、辺に対して斜めに傾く剥離である。斜めに傾く剥離が表す器面の剥離の向きを斜方向とする。斜方向のみを言及する場合には、RL-、LR-と呼称する。RL-とは、「右上左下」（Upper Right to Lower Left）となる右肩の上がる斜方向を意味し、LR-とは、「左上右下」（Upper Left to Lower Right）となる左肩の上がる斜方向を意味する（図12）。
　【面の属性】斜状平行剥離（Oblique Parallel Pressure Flaking／Oblique Parallel Horizontal Flaking）は、石器の主軸に対して斜めに傾く平行する剥離である。一方向型の斜状平行剥離と多方向型の斜状平行剥離がある。

第2章 斜行有舌尖頭器について　33

```
      RL-斜行剥離              LR-斜行剥離
```

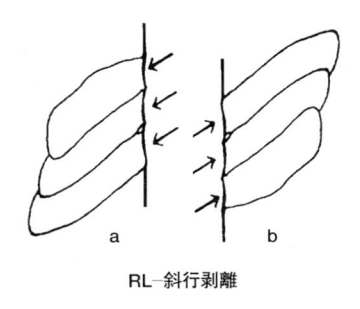

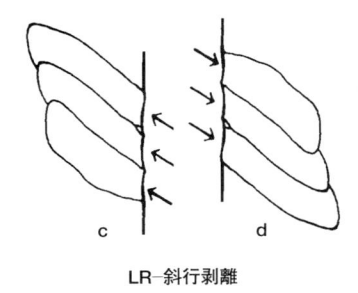

図12　斜行剥離の分類
（aとcは右辺の斜行剥離、bとdは左辺の斜行剥離。）
（aとbは右肩の上がるRL-の斜方向を示し、cとdは左肩の上がるLR-の斜方向を示す。）

剥離痕構成の属性

単傾は、面上で単一方向への剥離稜線を呈するものである。
多傾は、面上で多方向への剥離稜線を呈するものである。

地理の属性

本州以西は、津軽海峡を境とする西側の本州・四国・九州地方および島嶼部をさす。本州以東は北海道地方をさすが、本書では北海道と記している。本州以西に対しては、日本アルプスを境とした西側を本州西半部、東側を本州東半部とする。都道府県の対応は以下のとおりである。富山―岐阜―愛知県以西が本州西半部であり、新潟―長野―静岡県以東が本州東半部である。

　第1章の冒頭でも述べたように、辺に対して認められる剥離の特徴と、器面に対して認められる剥離の特徴を分けて記載する。辺に対して斜めに傾く剥離を斜行剥離とし、石器の主軸に対して斜めに傾く平行する剥離を斜状平行剥離とする。前者を辺の属性とし、後者を面の属性とする。そして、一方向に傾く斜状平行剥離は、斜行剥離の必要条件であり、斜行剥離は一方向に傾く斜状平行剥離の十分条件と考える。このように、斜行剥離と一方向に傾く斜状平行剥離の因果関係は、一方向に傾く斜状平行剥離がもつ固有の性質とみなして分類の主眼とする。

1. 有舌尖頭器の分類

有舌尖頭器の大別

日本列島の有舌尖頭器は、一方向型の斜状平行剥離が施されることにより、一方向に傾く平行稜線をもつ斜行有舌尖頭器とそれ以外の有舌尖頭器に分かれる。

斜行有舌尖頭器

斜行有舌尖頭器とは、石器の主軸に対して斜めに、一方向に傾く平行稜線をもつ有舌尖頭器と定義される。斜行有舌尖頭器は、斜行剥離が両側辺に認められるか、他縁(対向する辺)に達するほどに長い斜行剥離が一側辺に認められるときに、石器の主軸に対して斜めの、狭長な剥離痕が一方向へと斜走し、器面の剥離痕が単一方向に傾く平行する稜線をもつ。すなわち、両側辺ないし一側辺から、あるいは左下がりと右上がり、あるいは右下がりと左上がりの斜行剥離が施されるために、一方向型の斜状平行剥離が面上に残され、右上ないし左上のどちらか単一方向に傾くほぼ一直線状の平行稜線が認められる。

斜行有舌尖頭器は高橋分類によるA類(高橋1983a)がおおむね相当する。

非斜行有舌尖頭器

非斜行有舌尖頭器とは、斜行有舌尖頭器以外のすべての有舌尖頭器と定義する。

斜行有舌尖頭器の細別：右肩上がり・左肩上がり

斜行有舌尖頭器は、剥離痕の傾きによりさらに2つに分類される。斜行有舌尖頭器には、右辺から左下がり、左辺から右上がりの剥離を施して、面上に右肩の上がる直線状の稜線を残すものが認められる。これを右肩上がりの有舌尖頭器とする。また、左辺から右下がり、右辺から左上がりの剥離を施して、面上に左肩の上がる直線状の稜線を残すものが認められる。これを左肩上がりの有舌尖頭器とする(図13)。

1. 右肩上がりの有舌尖頭器　　　2. 左肩上がりの有舌尖頭器

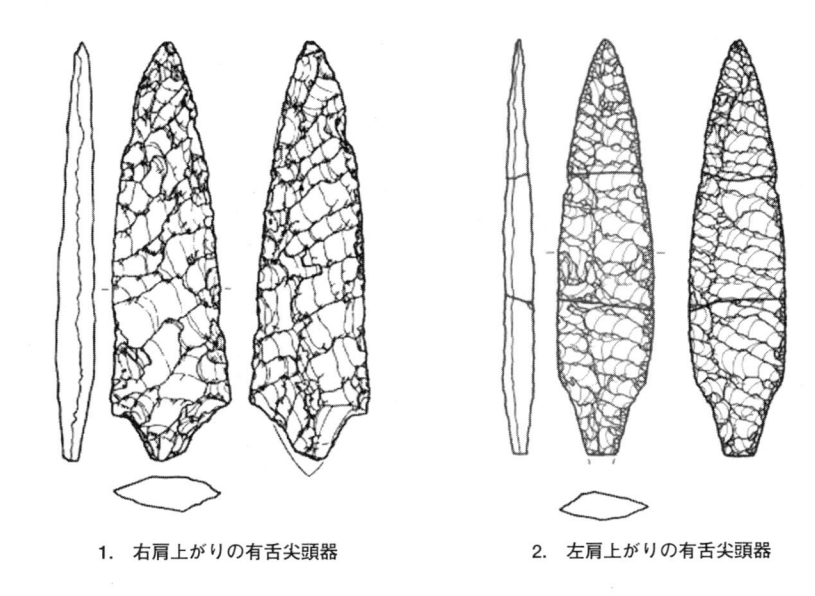

図13　有舌尖頭器の分類（Nagai 2007）

　すなわち、斜めに傾く剥離が表現する面上の剥離の向きが「右上左下」となるか、あるいは「左上右下」となるかを基準として、「右上左下」となる右肩の上がる斜方向を呈する斜行有舌尖頭器と、「左上右下」となる左肩の上がる斜方向を呈する斜行有舌尖頭器に分かれる。

　「右上左下」（Upper Right to Lower Left：URLL）となる右肩の上がる斜方向をRL-とし、「左上右下」（Upper Left to Lower Right：ULLR）となる左肩の上がる斜方向をLR-とする。したがって、RL-の傾きをもつ有舌尖頭器が右肩上がりの有舌尖頭器であり、LR-の傾きをもつ有舌尖頭器が左肩上がりの有舌尖頭器である。

　なお、RL-斜行剥離が左右両辺に認められるか、他縁（対向する辺）に達するほど長いRL-斜行剥離が片辺に認められるときに、右肩の上がるRL-の斜方向が形成される。また、LR-斜行剥離が左右両辺に認められるか、他縁（対向する辺）に達するほど長いLR-斜行剥離が片辺に認められるときに、左肩の上がるLR-の斜方向が形成される。

2. 有舌尖頭器の集成状況

　日本列島の有舌尖頭器は下記の文献により集成・紹介されている。今現在、筆者の概算によれば、本州以西で1,142遺跡から1,891本以上、北海道で23遺跡から1,105本以上が集成および集成的に紹介されている。

【本州西半部】

　九州地方、中・四国地方、北陸地方の一部を除く本州西半部の有舌尖頭器は、関西縄文文化研究会により県別集成されている（関西縄文文化研究会 2002）。中・四国地方の有舌尖頭器は、中・四国旧石器文化談話会により県別集成されている（中・四国旧石器文化談話会 1989）。北陸地方を含む本州西半部の有舌尖頭器は、光石鳴巳氏により集成されている。光石氏による集成は標高、石器組成、実数の概観に便利である。光石氏の集成表から判断すると、九州地方を除く本州西半部の有舌尖頭器は1,165本に達している（光石2005b）。

　地方で集成・紹介された代表的な文献（都道府県史を除く）としては、下記のものがあげられる。光石集成と重複するものが大半となるが、挿図などが参考となる。紅村集成（東海地方）；（紅村1963）、大船集成（近畿地方）；（大船1993）、進藤紹介（近畿地方）；（進藤1995）、田島集成（近畿地方）；（田島1993）、根鈴集成（山陰地方）；（根鈴1998）、河合集成（山陰地方）；（河合2007）、長井集成（四国地方）；（長井2000）、飛騨考古学会／高山考古学研究会集成（中部高地）；（高山考古学研究会1984、吉朝1985、飛騨考古学会2001）、西井集成（北陸地方）；（西井1975）、藤野集成（中国地方）；（藤野：〔責任者〕2000）などがある。なお、中・四国、九州地方では、各地方の談話会・研究グループなどによる旧石器文化研究会資料集、縄文研究会資料集、および企画展にともなう図録などで随時集成・紹介されている。

【本州東半部】

　本州東半部の有舌尖頭器が広域的に概観できる集成誌は少なく、県別集成・紹介がある。池谷紹介（静岡県東部で34遺跡から98本が紹介されている〔以下、

静岡県東部・34／98と略記する〕）；（池谷 1996）、森嶋集成（長野県・36／61）；（森嶋 1988）、佐野・加藤・小宮山紹介（山梨県・9／12）；（佐野ほか 1993）、上敷領集成（東京都・神奈川県・55／182）；（上敷領 1997）、千葉県文化財センター集成（千葉県・161／288）；（千葉県文化財センター 2002）、高橋紹介（埼玉県・5／14）；（高橋 1983b）、窪田集成（茨城県・47／59）；（窪田 2001）、麻生紹介（群馬県・40／61）；（麻生 2003）などが代表的であろう。

　新潟県の有舌尖頭器は33遺跡から紹介されている（小熊・立木 2001）。栃木県の有舌尖頭器は芹澤清八氏らにより紹介されている（芹澤 2003、芹澤・大関 2002）。岩手県の有舌尖頭器は高橋佐知子氏により報告されている（高橋 1994）。青森県の有舌尖頭器は大畑町川代などで報告されている（川内町 2005）。なお、東北地方の有舌尖頭器は、県市町村史やシンポジウム資料集などで折に触れて紹介されている。

　2000年度・日本考古学協会鹿児島大会にともなって資料集成が行われている。単独出土を省いた報告が少なくないが、東北・北関東・中部・北陸地方の概要を知ることができる（日本考古学協会2000年度鹿児島大会実行委員会 2000）。

【北海道】
　山原敏朗氏は北海道東部の1,087本の有舌尖頭器を18遺跡で集成している（山原 2003）。寺崎康史氏・宮本雅通氏は北海道西部の18本の有舌尖頭器を5遺跡で集成している（寺崎・宮本 2003）。ほかに、杉浦重信氏（杉浦 1987）、日本考古学協会1999年度釧路大会（日本考古学協会1999年度釧路大会実行委員会 1999）などにより集成・紹介されている。

　以上、重複を除いて計算すれば1,165遺跡・2,996本の有舌尖頭器が文献上で集成されている。さらに筆者が発掘調査報告書および地方研究者の教示などを参考として上記集成の漏れを確認した資料を合わせると、その数は増えている。したがって、上記の数は集成活動の盛況を知る目安程度のものであり、適宜更新されていくものと理解されたい。また、上記の総資料数は2007年7月までに基本的には上記の文献より確認したものであるが、本資料はその優品さゆえに、

未公開の私蔵資料が一定量に達するとみられる。よって情報公開が限定的である性格を予想したい。このように、有舌尖頭器における実数の把握に関しては一定の限界を有している。⁽¹⁾

3. 日本列島各地の概観

以下、有舌尖頭器を出土した主要遺跡を概観して、斜行有舌尖頭器の分布と展開を検討する。発掘調査により出土した資料を優先的に扱い、採集資料に関しては詳細が観察できる比較的鮮明な図とともに公表された資料を主に拾い上げている。記述のみで存在が知られている資料や、実見したが未公表の資料というものは取り上げていない。以上の資料操作を経て、2007年9月までに確認した斜行有舌尖頭器の検討を行う。

【九州地方】

九州地方の有舌尖頭器は、従来、九州北部から中部を中心として発見されていたが、近年、九州南部での出土が報じられている。福岡県井堀遺跡、黒山遺跡、熊本県古閑北遺跡、長崎県泉福寺洞穴5層、大分県目久保第1遺跡、神ノ原遺跡、宮崎県セベット遺跡、雀ヶ野遺跡群、北牛牧第5遺跡、坂元遺跡などで有舌尖頭器が検出されている。また、上記以外にも有舌尖頭器の類品があり、今後資料の増加が見込まれる。井堀遺跡の有舌尖頭器には、右辺に安定したRL-斜行剥離が認められる。目久保第1遺跡で出土した小型の有舌尖頭器、神ノ原遺跡の有舌尖頭器にも部分的なRL-斜行剥離が認められる。

長崎県平野遺跡、千束野遺跡、大分県二日市洞穴第9文化層、同洞穴第8文化層、熊本県柿原遺跡、宮崎県雀ヶ野第3遺跡第1次調査などでは、RL-斜行剥離をもつ細身の尖頭器が認められる。また、大分県上下田遺跡、宮崎県阿蘇原上遺跡、熊本県小川遺跡などでは、部分的なRL-斜行剥離をもつ細身の尖頭器が認められる。宮崎県元野河内遺跡、熊本県里の城遺跡の尖頭器・石鏃には、わずかに傾くRL-斜行剥離が認められる。

斜行有舌尖頭器は九州地方で1遺跡あり、福岡県1例である。

【中・四国地方】

　中・四国地方で有舌尖頭器を出土した主要遺跡としては、広島県帝釈馬渡岩陰遺跡第4層、戸宇牛川岩陰遺跡、愛媛県上黒岩岩陰遺跡第9層、高知県不動ヶ岩屋洞窟遺跡、岡山県大河内遺跡などがある。馬渡岩陰遺跡第4層、上黒岩岩陰遺跡第9層では、無文土器や隆起線文系土器との共伴関係が推測されている。上黒岩岩陰遺跡第9層で斜行有舌尖頭器が出土している。編年的位置づけは難しいが、大河内遺跡で複数の斜行有舌尖頭器がまとまって出土している。不動ヶ岩屋洞窟遺跡には、RL-斜行剥離をもつ石槍様石器が認められるが、包含状況が悪く、一部の石器は混在の可能性を否定できない。また、戸宇牛川岩陰遺跡で斜行有舌尖頭器が出土しているが、原位置から遊離している。

　愛媛県安養寺遺跡Ⅳ区、香川県川津一ノ又遺跡の2④⑤SD03からは、斜行有舌尖頭器が単独出土している。また、香川県郡家一里屋遺跡Ⅱ区SD9、岡山県伊能軒遺跡からは、後世の遺物と混在して斜行有舌尖頭器が出土している。鳥取県坂長村上遺跡のV層下部で出土した尖頭器には、部分的なRL-斜行剥離が認められる。また、Ⅳ層出土の有舌尖頭器にも部分的なRL-斜行剥離が認められる。例外的ではあるが、西ガガラ遺跡第1地点から単独出土した有舌尖頭器には、LR-斜行剥離が認められる（藤野1984）。

　斜行有舌尖頭器は中・四国地方で39遺跡、内訳は広島県9、鳥取県6、島根県2、愛媛県8、香川県2、徳島県3、高知県1、岡山県8となる。出土状況の詳細が不明なものと、採集資料が多い。[(2)]

【近畿地方】

　近畿地方で有舌尖頭器を出土した主要遺跡としては、奈良県桐山和田遺跡、北野ウチカタビロ遺跡、上津大片刈遺跡、大阪府神並遺跡、長原遺跡、粟生間谷遺跡、兵庫県国領遺跡、まるやま遺跡などがある。ほかに、兵庫県伊府遺跡、藤岡山遺跡、奈良県池田遺跡、平地山遺跡などで有舌尖頭器が出土するが、その詳細は不明である。

　桐山和田遺跡5e層、北野ウチカタビロ遺跡、上津大片刈遺跡、神並遺跡では、隆起線文系土器、爪形文土器、押型文土器などといずれかの共伴関係が推測されている。ただし、神並遺跡の2次調査から出土した有舌尖頭器に関しては、

土器の共伴関係に問題を残すとみられ、一層の検討を要する。上津大片刈遺跡では、斜行有舌尖頭器と爪形文土器が共伴する可能性が高い。第1・第2遺物集中地点周辺の段丘第3面から、斜行有舌尖頭器が出土している。また、桐山和田遺跡5e層、北野ウチカタビロ遺跡では、斜行有舌尖頭器が隆起線文（隆帯文）土器をともなって出土している。

　滋賀県太鼓塚遺跡、奈良県高田垣内古墳群下層遺跡では、古墳墳丘盛土から斜行有舌尖頭器が単独出土している。大阪府小阪遺跡Ⅰ区からは、後世の遺物包含層に混入して、1点の斜行有舌尖頭器が出土している。京都府千代川遺跡の6・18区からは、2点の斜行有舌尖頭器が出土している。兵庫県浄谷遺跡A区のSK48埋土中からは、1点の斜行有舌尖頭器が出土している。ただし、SK48に共伴する遺物は確認されておらず、単独出土とされている（山上1993）。兵庫県高津橋大塚遺跡、大阪府粟生間谷遺跡からは、埋没谷の斜面部から斜行有舌尖頭器が出土している。高津橋大塚遺跡で1点、粟生間谷遺跡で3点の斜行有舌尖頭器が認められる。

　大阪府南住吉遺跡からは、主軸を越して左傾する斜行剥離をもつ斜行有舌尖頭器が出土している。遊離資料である。桑津遺跡（KW82-7次調査）北トレンチ東端の地山層上層からは、1点の斜行有舌尖頭器が単独出土している。

　滋賀県北代遺跡、奈良県勢野バラタニ遺跡からは、斜行有舌尖頭器が単独出土している。大阪府喜志西遺跡からは、後世の遺物包含層に混入して1点の斜行有舌尖頭器が出土している。丹上遺跡からは、後世の包含層中から2点の斜行有舌尖頭器が出土している。詳細は不明であるが、楠葉東遺跡で発掘調査により斜行有舌尖頭器が出土している。兵庫県有鼻遺跡からは、部分的なRL-斜行剥離をもつ尖頭器の先端片が出土している。

　斜行有舌尖頭器は近畿地方で61遺跡、内訳は兵庫県13、大阪府22、京都府6、滋賀県6、奈良県11、和歌山県3となる。出土状況の詳細が不明なものと、採集資料が多い。

【東海・中部・北陸地方】

　東海・中部・北陸地方で有舌尖頭器を出土した主要遺跡としては、愛知県品野西遺跡、萩平遺跡、酒呑ジュリンナ遺跡、宮西遺跡、岐阜県椿洞遺跡、寺田

遺跡、日野1遺跡、宮ノ前遺跡15層、渡来川北遺跡A地点・同遺跡B地点、椛の湖遺跡、長野県柳又遺跡B地点、仲町遺跡第4地点、星光山荘B遺跡、山梨県神取遺跡、静岡県清水柳北遺跡、葛原沢第Ⅳ遺跡、大鹿窪遺跡、甲之背遺跡、福井県鳴鹿山鹿遺跡、富山県臼谷岡ノ城北遺跡、新潟県小瀬が沢洞窟遺跡などがある。

　品野西遺跡、萩平遺跡、臼谷岡ノ城北遺跡を除く上記の遺跡には、隆起線文系土器、爪形文土器、多縄文系土器などが伴出する。ただし、斜行有舌尖頭器は単独かそれに近い条件でみつかることが多く、土器との共伴関係がはっきりしない遺跡も多い。また、純粋な石器組成がわからない遺跡も少なくない。

　寺田遺跡からは、斜行剥離をもつ有舌尖頭器群が出土している（吉田・高木1987、内堀ほか1995）。6点の斜行有舌尖頭器が認められる。そのうち1点は、植刃に近い形態を呈している。有舌尖頭器や植刃には、RL-斜行剥離が主体的に施されている。本石器群は隆起線文土器をともなっているが、堆積は薄く、ほかの時期の遺物がかなり混在している可能性は否定できない。

　椛の湖遺跡からは、爪形文土器をともなう石器群（椛の湖Ⅰ文化層）が、表裏縄文土器、矢柄研磨器、磨製石斧、局部磨製石鏃などで特徴づけられる椛の湖Ⅱ文化層の下部から検出されている（紅村・原1974）。椛の湖Ⅰ文化層からは、2点の斜行有舌尖頭器、直刃削器、円形掻器などが出土している。

　臼谷岡ノ城北遺跡では有舌尖頭器、尖頭器、削器、石斧破片、敲石、剥片、微細剥片などの縄文時代草創期の遺物が、2か所の遺物集中地点（第1ブロックと第2ブロック）から出土している（山森1992）。斜行有舌尖頭器とRL-斜行剥離をもつ有舌尖頭器が認められる。

　宮ノ前遺跡15層からは、右辺に対して長いRL-斜行剥離をもつ斜行有舌尖頭器が認められる（早川ほか編1998）。ただし、文化層の汚染による混在が予想されるので、純粋な石器組成を把握するのは難しい。

　渡来川北遺跡からは斜行有舌尖頭器が出土している。遺跡はA地点とB地点に分かれ、東西約160m隔てている。A地点で約30,000点の石器類が出土し、B地点で約7,000点の石器類と約40点の草創期土器が出土している。両地点からは有舌尖頭器、尖頭器、石鏃、打製石斧、掻器、錐器、磨石、矢柄研磨器などが検出されている。B地点で矢柄研磨器とその素材礫、磨石類が多量に出土し

ており、巨礫を用いた水場遺構、炭化物の密集区などが検出されている（高木ほか 2004・2008など）。

　柳又遺跡B地点（BⅡ群）からは、無文の土器と隆起線文土器および爪形文土器に類似する土器などとともに、斜行有舌尖頭器が出土している。出土資料と採集資料（戸前 1969）に斜行有舌尖頭器が認められる。

　西又Ⅱ遺跡では、斜行有舌尖頭器とRL-斜行剥離をもつ有舌尖頭器が認められている。西又Ⅱ遺跡の有舌尖頭器は、隆起線文土器、尖頭器類、掻器、石鏃、石斧、石核、剥片類約10kgなどとともに出土している（神村 1973、伊深 1975）。石器組成に占める尖頭器類と掻器の割合が比較的多い。

　宮西遺跡には斜行有舌尖頭器が認められる。田原市教育委員会（増山ほか 2007）と愛知学院大学による第1・2次調査（白石ほか 2007・2008）から出土した資料のなかに、部分的なRL-斜行剥離をもつ有舌尖頭器・斜行有舌尖頭器が認められている[3]。

　仲町遺跡第4地点からは、2点の斜行有舌尖頭器が近接して出土している。また、岩井谷遺跡の包含層からは、1点の斜行有舌尖頭器が出土している。また、砂行遺跡の砂行大溝06層からは、斜行有舌尖頭器の身部が1点出土している。仲町遺跡第4地点、岩井谷遺跡、砂行遺跡の斜行有舌尖頭器は、すべて単独的な出土状況である。

　鳴鹿山鹿遺跡からは、30余点の有舌尖頭器が発見されたというが、鮮明な図とともに再報告された23点の資料（松井 1980）を図面で確認すると、4本程度の斜行有舌尖頭器が認められる。RL-斜行剥離をもつ斜行有舌尖頭器を主体とするが、LR-斜行剥離をもつ斜行有舌尖頭器も認められる。

　小瀬が沢洞窟遺跡では、大型品・小型品を問わず非斜行有舌尖頭器を主体とするが、部分的なRL-斜行剥離を施す有舌尖頭器も認められる。また、星光山荘B遺跡、神取遺跡にも部分的なRL-斜行剥離を施す有舌尖頭器が認められる。

　ほかに、出土状況の詳細不明なものと採集資料が報告されている。東海・中部・北陸地方の斜行有舌尖頭器は120遺跡、内訳は三重県12、愛知県21、岐阜県57、福井県3、富山県3、長野県17、新潟県2、静岡県3、山梨県2となる。

【関東地方】

　関東地方では多傾の非斜行有舌尖頭器を主体としている（図14）。千葉県南原遺跡、神奈川県三ノ宮・下谷戸遺跡、湘南藤沢キャンパス内遺跡、菖蒲沢大谷遺跡、代官山遺跡第Ⅰ文化層などがその代表的な例である。これらの遺跡は、隆起線文系の土器とともに中型と小型の有舌尖頭器を組成するが、いずれの遺跡も幅広・寸づまりの調整剥離痕で特徴付けられる非斜行有舌尖頭器を主体とする。また、隆起線文系の土器と小型の有舌尖頭器をともなう神奈川県宮之前南遺跡、能見堂遺跡、千葉県前三舟台遺跡、神奈川県万福寺遺跡群No.1遺跡・同遺跡群No.2遺跡、中型の有舌尖頭器をともなう神奈川県勝坂45次遺跡、千葉県瀬戸遠蓮遺跡、一鍬田甚兵衛山南遺跡などでも、幅広・寸づまりの調整剥離痕を主体としており、明瞭な斜行剥離は認められない。神奈川県深見諏訪山遺跡、上草柳第3地点東遺跡などでは爪形文系・多縄文系土器をともなうが、やはり共伴する有舌尖頭器にはっきりした斜行剥離は認められない。

　一方、群馬県小島田八日市遺跡、東京都多摩ニュータウンNo.464遺跡、同・No.457遺跡、神奈川県月見野上野遺跡第2地点、相模野第149遺跡などでは、一辺に対してわずかな傾きをもつRL-斜行剥離を施した一「類・斜行有舌尖頭器」が認められる（図19）。相模野第149遺跡の同有舌尖頭器には、対向する辺に達するほど長いRL-斜行剥離が認められる。しかし、多摩ニュータウンNo.457遺跡、小島田八日市遺跡、月見野上野遺跡第2地点の同有舌尖頭器に施されたRL-斜行剥離は、石器の主軸付近ないし主軸に達しないほど短い剥離を主体とし、主軸に対して弱い傾きを呈することから、その様相は非関東地方の斜行有舌尖頭器とはやや異なる。

　また、神奈川県花見山遺跡、南鍛冶山遺跡などでは、非斜行剥離を基調とし、部分的なRL-斜行剥離を施す有舌尖頭器が認められる。また、群馬県二之宮谷地遺跡には、LR-斜行剥離を施す有舌尖頭器が認められる（原ほか 1994）。また、神奈川県遠藤山崎遺跡では、柳葉形の尖頭器と大型の両面調整石器に対してRL-斜行剥離が認められる。群馬県白井北中道遺跡では、縦長菱形状を呈する小型尖頭器に対してRL-斜行剥離が認められる。

　以上、器面の剥離稜線が多方向に傾き、多傾の非斜行有舌尖頭器を主体とするのが、本地方の一般的な特徴である。関東地方において、非関東地方で認め

44

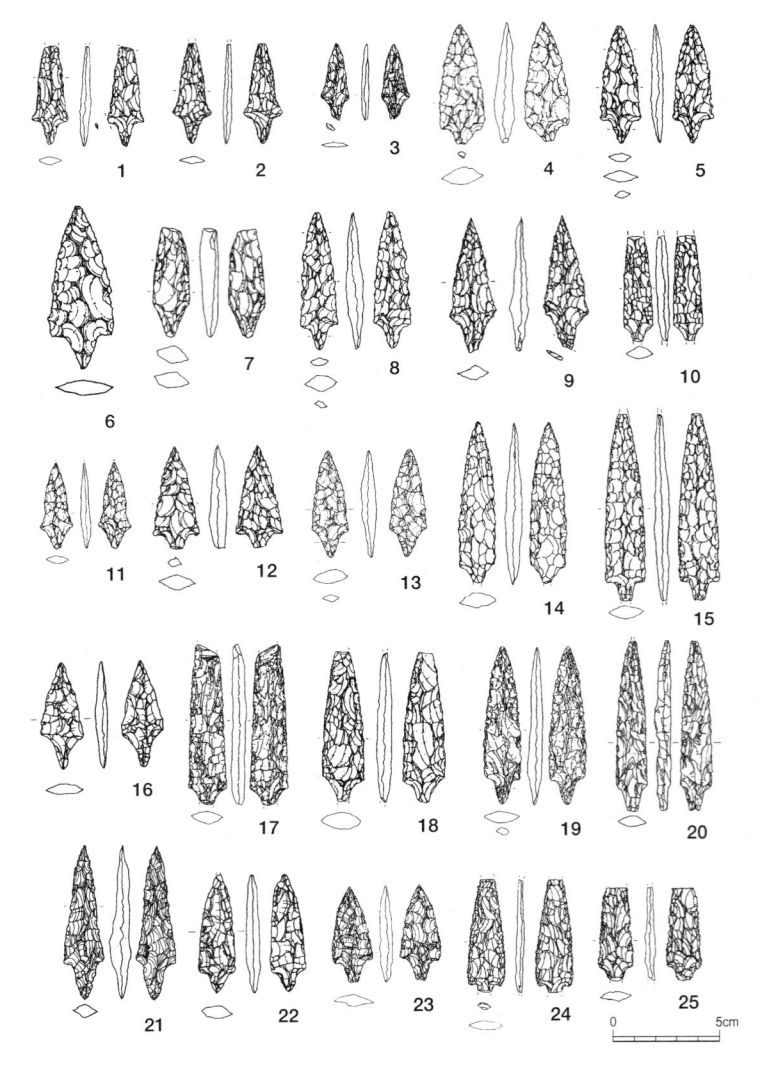

図14 関東地方の有舌尖頭器

1,2,18,24,25.吉岡遺跡群A区（砂田ほか 1998）3.吉岡遺跡群D区（白石ほか 1999）4.一鍬田甚兵衛山西遺跡（宮ほか 2001a）5,7,8,12.天神峰最上遺跡（宮ほか 2001b）6.一鍬田甚兵衛山南遺跡（千葉県文化財センター 2002）9.吉岡遺跡群B区（砂田ほか 1998）10.多摩ニュータウンNo.406遺跡（竹尾編 1986）11.上今泉中原遺跡（伊東ほか 1992）13.多摩ニュータウンNo.327・329・330遺跡（原川ほか 1999）14.西部212地点遺跡（寺田ほか 1992）15.真光寺・広袴遺跡群（若井編 1991）16,22.湘南藤沢キャンパス内遺跡（慶應義塾藤沢校地埋蔵文化財調査室編 1992）17.粕上原遺跡（小松ほか 1999）19.中村遺跡（吉田 1996）20.多摩ニュータウンNo.72・795遺跡（伊藤 1992）21.花見山遺跡（坂本・倉沢 1995）23.原田北遺跡（窪田 2001）

られる真正の斜行有舌尖頭器は基本的には認められない。関東地方で斜行有舌尖頭器が主体的に分布しているとは今のところいえない。

【東北地方】
　山形県津谷遺跡では斜行有舌尖頭器が採集されている。ほかにも津谷遺跡では小型の有舌尖頭器と尖頭器などが採集されているが（佐々木 1973）、一部の有舌尖頭器には整然としたRL-斜行剥離が認められる（加藤編 1978、芹沢 1990）。また、岩手県下尿前Ⅳ遺跡Ⅲ層から2本の代表的な斜行有舌尖頭器が出土している。共伴する遺物は定かではないが、斜行有舌尖頭器には斜走するRL-の調整が精緻に施されており、非常に安定した右肩上がりの斜方向が認められる（中村 1998）。岩手県六本松遺跡でもRL-斜行剥離をもつ有舌尖頭器が採集されているが、これは辺に対してほぼ垂直の剥離を主体とする。また、山形県八森遺跡でRL-斜行剥離が施された有舌尖頭器が採集されている。青森県大畑町川代からは、辺に直交する剥離を基調に、RL-斜行剥離とLR-斜行剥離が同居する有舌尖頭器が報告されている。
　斜行有舌尖頭器は東北地方で2遺跡、内訳は山形県1、岩手県1である。

【北海道地方】
　北海道地方における有舌尖頭器は、忍路子型細石刃核石器群、広郷型細石刃核石器群、小形舟底形石器を主体とする石器群と、細石刃・細石刃核を基本的にはともなわず、有舌尖頭器・尖頭器を主体とする有舌尖頭器石器群から伴出することが確実である（寺崎 1999など）。
　北海道地方では、上記の各種石器群を主体に伴出する斜行有舌尖頭器が、下記の遺跡から出土する。美利河1遺跡A地区、札内N遺跡、南町1遺跡、稲田1遺跡第1地点、上白滝2遺跡、服部台2遺跡、白滝第4地点遺跡C区、白滝第30地点遺跡、元町2遺跡、元町3遺跡、北上台地遺跡、中本遺跡、北支湧別4遺跡である。
　ほかに出土状況の詳細が不明あるいは採集された資料として、射的山遺跡、上口遺跡A地点、二橋遺跡滝沢地点、チプニー2遺跡、ユカンボシC15遺跡、空港南A遺跡、奥白滝7遺跡などで、代表的な斜行有舌尖頭器が報告されてい

る。
　ほかにも帯広市大空遺跡や、白滝遺跡群の新たな資料、あるいは旭川市、富良野市、阿寒郡鶴居村などで斜行有舌尖頭器が報告されている。

斜行有舌尖頭器の地理的分布
　さて、中・四国、近畿、東海、中部、北陸地方における有舌尖頭器の検出点数は、以下のように概観される。光石鳴巳氏による集成によれば、各県ごとの内訳は、富山：25点（以下、：と点を省略）、石川3、福井34、岐阜294、愛知118、三重134、滋賀27、京都32、大阪168、兵庫80、奈良70、和歌山19、鳥取25、島根11、岡山19、広島23、山口2、徳島14、香川24、愛媛31、高知12となる（光石2005b）。
　中・四国地方では瀬戸内海地域を中心とした分布をみせる傾向にあり、愛媛、香川、広島県域の順に多い。また近畿地方では大阪、兵庫、奈良県域、東海・中部・北陸地方では岐阜、三重、愛知県域の順に多い。こうした有舌尖頭器一般における分布のあり方と、斜行有舌尖頭器の分布のあり方とのあいだに、顕著な違いをみいだすことは今のところ難しいようである。

【九州地方】
　九州地方では、斜行有舌尖頭器が散漫に分布する。代表的な斜行有舌尖頭器は1例に限られるが、部分的なRL-斜行剥離をもつ有舌尖頭器が九州北部を中心に分布している。

【中・四国地方、近畿地方】
　中・四国地方では、斜行有舌尖頭器は平野部・山間部に広く散漫な分布をみせる。巨視的には瀬戸内海地域を中心に分布する傾向にある（図15）。微視的には広島湾の周縁地域、燧灘の外縁地域（高縄半島・讃岐平野・岡山平野・島嶼部）などに分布がまとまる傾向にある。日本海沿岸地域では島根半島、島根平野、丹後半島でも散見され、とくに米子市周辺で局地的に集中して分布する。中国山地や四国山地にも散漫に分布する。
　近畿地方では、大阪湾の外縁地域（大阪平野・姫路平野・奈良盆地・近江盆

第2章　斜行有舌尖頭器について　47

[九州、中・四国地方]
1.井堀、2.中本、3.泉、4.野間園、5.ハゲイ原、6.戸宇牛川、7.深山七右衛門、8.深山大平、9.小漕、10.別所定地、11.安養寺、12.小林、13.北新、14.郡家一里屋、15.川津一ノ又、16.山野上、17.大谷、18.宮地、19.伊能軒、20.中津、21.浦田、22.小廻山、23.ドンデ、24.貝田原、25.穂波、87.荒船、88.坂長村上、89.陰田宮の谷、90.坊領、91.諸木、92.和田原D、93.岡ノ段A、94.赤石、95.山際紫山、96.二子御堂奥、97.長谷、98.大河内、99.上黒岩、100.坊僧

図15　九州、中・四国、近畿地方における右肩上がりの有舌尖頭器の分布

[近畿地方]
26.長原、27.柿坪、28.西光寺、29.中西台地、30.浄谷、31.山之上、32.野々池、33.高津橋大塚、34.名谷、35.旭ヶ丘、36.粟生谷奥地点、37.中ノ坪、38.弁天山A地点、39.郡家川西、40.楠葉東、41.南住吉、42.桑津、43.長原、44.城山、45.大県南、46.高井田、47.喜志西、48.寛弘寺、49.丹上、50.小角田、51.大仙中町、52.大園、53.小阪、54.野々井、55.粟生間谷、56.比丘尼橋、57.小野田東村、58.勢野バラタニ、59.南紀寺第4次、60.柳本大ナカ田地区、61.茅原東、62.高田垣内下層、63.檜前・脇800、64.太鼓塚、65.大谷河原、66.高木・後川、67.吉ヶ藪、68.北代、69.大乾、70.馬ノ谷、71.殿長、72.大原野神社、73.千代川、74.上井手（井手）、75.小橋（川床）、76.黒崎（脇本）、77.上津大片刈、78.沢池、79.七日市、80.翠鳥園、81.岩滝（北方）、82.北台、83.有鼻、84.桐山和田、85.北野ウチカタビロ、86.多

地・淡路島）を中心とした分布の集中域を形成している。大阪平野に濃密な分布をみせており、近畿以西における斜行有舌尖頭器の半数以上が大阪湾の外縁地域に分布する。

　近畿以西では瀬戸内海地域を中心として斜行有舌尖頭器が卓越する。瀬戸内海地域とは、現在の瀬戸内海およびその沿岸部の低地である。ここで対象となる時期、現在の瀬戸内海の大部分は陸地であったと想定され、瀬戸内海地域は東西にのびる回廊状地形を形成していたと考えられる。この東西にのびる回廊状地形に点在する山塊―すなわち、現在の島嶼部―や低地に、斜行有舌尖頭器が点在する。

　中・四国地方、近畿地方においては、海進により水没した広大な陸地部（図15、図16は－60ｍに実線で表記）と面した平野部において、斜行有舌尖頭器の発見率が高い。事実、瀬戸内海へと流れ込む河川流域や瀬戸内海を望む低丘陵地帯などから、斜行有舌尖頭器が多く発見されている。これに対して、山間部や日本海沿岸地域、太平洋沿岸地域には少ない。米子平野では局地的に濃密な分布となっているが、ここでは米子平野の北方で水没した陸地部との関係性の高さがうかがえる（図15）。

　金沢平野の西方にも狭長な陸地部があったと想定されるが（図16）、金沢平野に資料が乏しく、北陸では地域的な特性を抽出しえない。

【東海、中部、北陸地方】

　東海、中部、北陸地方では、斜行有舌尖頭器はフォッサマグナ以西の西日本側を中心に分布する。山間部と平野部のいずれにも分布するが、東海西部で集中的に出土しており、伊勢湾沿岸地域に濃密な分布をみせる（図16）。伊勢湾沿岸の伊勢平野―濃尾平野―豊橋平野―渥美半島にあまねく分布し、東海地方における大半の斜行有舌尖頭器が、岐阜、三重、愛知県域に集中している。

　中部地方における斜行有舌尖頭器は、木曽山脈を越えて長野県域にも分布をみせる。伊那谷で散漫に分布し、開田高原、高山盆地、下伊那郡、恵那郡などで局地的に集中する。ただし、飛騨山脈東麓以東では、長野県域東部から新潟、群馬、山梨県域にかけて散見される程度と少なく、長野盆地、甲府盆地、八ヶ岳西南麓、浅間山南麓などで点的な存在となっている。

第 2 章　斜行有舌尖頭器について　49

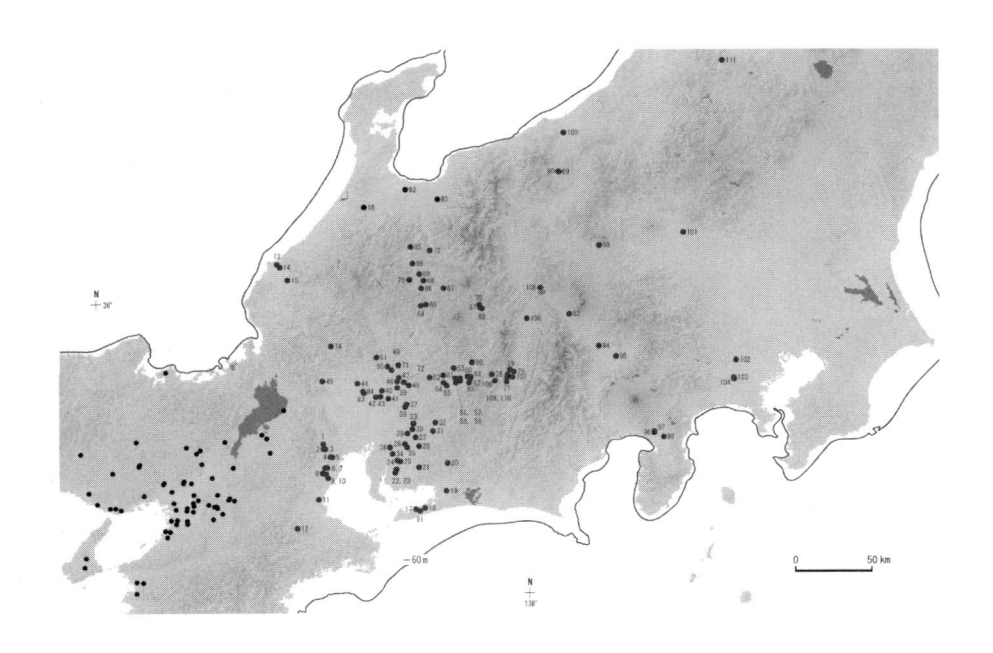

図16　東海・中部・北陸、関東地方における右肩上がりの有舌尖頭器の分布

1.中山、2.照光寺西南、3.中大野、4.高原、5.東北山Ａ、6.美里東北山、7.中尾山、8.牧ヶ久保、9.追分、10.加佐登町、11.西鷹跡、12.堂之庭、13.西山、14.茱山崎、15.鳴鹿山鹿、16.臼谷岡ノ城北、17.稲場、18.比留輪原、19.忠興、20.萩平Ａ地点、21.村上、22.貝ス、23.原、24.二本木、25.池浦、26.岩長、27.北貝戸、28.花ノ木、29.上川口、30.小原村大野、31.桜ノ木、32.クダリヤマ、33.苅萱、34.上重原、35.酒呑ジュリンナ、36.徳田池下、37.虎渓山３、38.虎渓山Ｅ、39.稲辺、40.東門、41.内野前、42.剰水南、43.二十軒、44.椿洞、45.岩井谷、46.恵日山、47.北野、48.河合、49.砂行、50.渡来川北、51.市場、52.越水、53.中上、54.笹畑、55.中尾、56.辻原、57.星ヶ見、58.神徳、59.後田第３、60.中村、61.銭亀、62.松田、63.間の根、64.古子、65.南垣内、66.堂之上、67.中洞、68.（中津屋）森下、69.中切上野、70.下岩野、71.神野、72.諸洞、73.西、74.小の原、75.小馬背、76.大桜、77.殿村、78.伴野層、79.瑠璃寺前、80.椛の湖、81.丸根、82.九兵衛尾根、83.芦原、84.寺田、85.宮ノ前、86.中野山越、87.西又Ⅱ、88.柳又Ｂ地点、89.仲町第４地点、90.星光山荘Ｂ、91.宮西、92.上野、93.天林北、94.神取、95.豆塚、96.二ッ洞、97.尾上イラウネ、98.焼場Ｂ地点、99.川原田、100.黒田、101.小島田八日市、102.多摩ニュータウン、103.相模野第149、104.月見野上野第２地点、105.榎垣外、106.月見松、107.大原、108.北沢、109.上溝第５号（天神塚）、110.宮垣外、111.小瀬が沢

赤石山脈西麓以東における太平洋側の斜行有舌尖頭器は著しく少ない。今のところ三方原台地、愛鷹・箱根山麓で数例認められるにすぎない。

北陸地方では散漫な分布がみられるが、資料数が少なく地域的な特色を指摘しえない。

【関東、東北地方】

関東地方では、散漫な分布がみられるが、資料数が少なく地域性を指摘するのは困難である。関東西部を中心に、部分的なRL-斜行剥離をもつ有舌尖頭器が散漫に分布するが、点的な存在である。

斜行有舌尖頭器が東北地方にまで分布することは、発掘例として岩手県南西部に位置する胆沢町下尿前Ⅳ遺跡、採集例として山形県北部に位置する戸沢村津谷遺跡の資料から察しうる。ただし、東北地方では関東以西に比して有舌尖頭器が少なく、全体的な資料に乏しい。そのため、東北地方で斜行有舌尖頭器が主体的に分布するかどうかはよくわかっていない。

【北海道地方】

北海道における斜行有舌尖頭器は全道的に分布するが、今のところ道東に多く道南に少ない。ただし、このように東高西低となる分布の傾向は、斜行有舌尖頭器に限ったものではなく、北海道における有舌尖頭器一般に対して指摘することができる（横山1986、杉浦1987）。

渡島半島では非斜行有舌尖頭器が目立っており、この点は一応留意しておくべきと思われるが、現在のところそれが地域差によるものか不明といわざるをえない。

本州以西の斜行有舌尖頭器について

本州以西の斜行有舌尖頭器は、西は九州、東は東北にまで広範囲に分布する。ところが、本州中央部の斜行有舌尖頭器を俯瞰すると、飛騨・木曽・赤石山脈の周辺において分布のあり方が異なってみえる（図16）。本州西半部と本州東半部で分布の疎密が分かれる傾向にあり、富山―岐阜―愛知県以西が密で、新潟―長野―静岡県以東が疎となっている。さらに、関東以西と関東地方の有舌

尖頭器を比較すると、日本アルプスと関東山地付近を境に、斜行有舌尖頭器と非斜行有舌尖頭器に主体的型式の分布域が分かれてみえる。太平洋側の斜行有舌尖頭器は駿河湾沿岸域に散漫な分布をみせるが、関東地方および山梨、新潟県域には斜行有舌尖頭器がほとんど分布しない。関東平野、甲府盆地、信濃川上流域などで斜行有舌尖頭器は散見される程度にすぎず、点的な存在となっている。このように、本州以西の斜行有舌尖頭器に関しては、関東地方周辺と非関東地方で偏在的な分布をする傾向にある。

　すでに関東地方とその周辺からは、非斜行有舌尖頭器が多く発見されている（図14）。関東地方で既知の存在となっているこれらの非斜行有舌尖頭器は、関東地方における斜行有舌尖頭器の客体的な様相をあらわにしている。すなわち、関東平野、愛鷹・箱根山麓などで主体となっている非斜行有舌尖頭器の存在は、斜行有舌尖頭器の分布域の偏在性を裏付けている。こうした偏在性を生む背景には、地域あるいは地域間関係の歴史的条件、またある時期に執り行われた交渉（交易）に対して作用した地理的条件など、本州東半部（とくに関東地方周辺域）と本州西半部における地域間関係を取り巻く諸環境が考えられる。分布のあり方から推量すると、日本アルプスと関東山地が分布の違いをつくる間接的な要因となった可能性は高い。

　なお、本州東半部における日本海側の斜行有舌尖頭器は、現在のところ長野盆地、高田平野、越後平野、山形盆地周辺などで散発的に発見されている。そして、日本海へ向けて東走する信濃川流域において、部分的なRL-斜行剥離をもつ「類・斜行有舌尖頭器」を出土する遺跡が点在している。現在のところ、長野と新潟と山形とに離れるこれらの関係を十分に説明することは困難である。とはいえ、中部・東海地方で卓越した斜行有舌尖頭器は、日本海へと東走する信濃川流域に沿って、さらに日本海沿岸の山間部を経由しながら東方へと分布域が広がる勢いにある。このような認識を定かなものとするには、共時的な関係にある非斜行有舌尖頭器の主体的分布域を今後詳しく検討すべき必要もあろう。

4.「右肩上がり」と「左肩上がり」

　日本列島における斜行有舌尖頭器は、その斜方向の違いから「右肩上がりの有舌尖頭器」と「左肩上がりの有舌尖頭器」に分けられる。
　以下、斜方向（右肩上がり・左肩上がり）の違いにより斜行有舌尖頭器の分布と展開を概観する。

本州以西（西の典型：RL-）
【九州地方】（図20）
　九州地方では、福岡県井堀遺跡で1点（以下、該当する点数が明らかであり、かつ、1点のとき（1）とし、2点のとき（2）として遺跡名の後ろに付記する）の右肩上がりの有舌尖頭器が認められる。ただし、斜行剥離は部分的であり、裏面に関しては、辺に対してほぼ垂直の剥離を主体とする。右肩上がりの有舌尖頭器がやや崩れた格好となっている。大分県目久保第1遺跡（1）で出土した小型の有舌尖頭器にも部分的なRL-斜行剥離が認められており、面上の剥離は右肩上がりを呈する傾向がみられる。宮崎県雀ヶ野第3遺跡C地区（1）や大分県神ノ原遺跡（1）の有舌尖頭器に関しては、辺に対してほぼ垂直の剥離を主体としているが、右辺から斜走する1・2枚のRL-斜行剥離も認められる。このRL-斜行剥離は局部的でありやや不揃いであるが、全体的には右肩上がりの斜方向となっている。

【中・四国地方】（図17）
　中・四国地方からは、高知県宮地遺跡（1）、愛媛県深山大平遺跡（1）、同・安養寺遺跡Ⅳ区（1）、同・小林遺跡（1）、同・北新遺跡（1）、香川県郡家一里屋遺跡Ⅱ区（1）、広島県泉遺跡（1）、岡山県伊能軒遺跡（1）などで代表的な右肩上がりの有舌尖頭器が認められる。これらすべての資料に対して、RL-斜行剥離と一方向型の斜状平行剥離が認められる。安養寺例、郡家一里屋例、伊能軒例は発掘品であるが、ほかのすべては採集品である。発掘品はすべて後世の遺構や包含層から単独出土している。上記した例の石材はすべて、サヌカイ

トおよび安山岩である。基本的には良質のサヌカイトが利用されるが、安養寺例、伊能軒例に関しては、石理が著しく発達したサヌカイトを利用している。安養寺例と伊能軒例は、縞模様の風化をみせる。

　ほかに、片側の辺にのみRL-斜行剥離が認められる有舌尖頭器や、乱れた剥離を交えるが、全体的には右肩上がりの斜方向となっている有舌尖頭器が多くみられる。岡山県中津貝塚からは、3例の右肩上がりの有舌尖頭器が認められる。また、岡山県大河内遺跡からは、大型例にて右肩上がりの有舌尖頭器が出土している。

　中・四国地方における右肩上がりの有舌尖頭器は38遺跡で40例以上が抽出される。内訳は高知県1遺跡（1例）、愛媛県8遺跡（8例以上）、香川県2遺跡（2例）、徳島県3遺跡（3例）、広島県8遺跡（8例）、岡山県8遺跡（10例）、島根県2遺跡（2例）、鳥取県6遺跡（6例）となる。1遺跡あたり1点となる例が多い。

　広島県西ガガラ第1地点遺跡（1）からは、左肩上がりの有舌尖頭器が1例単独出土している（藤野 1984）。ただし、先端付近については、辺に対するほぼ垂直の剥離が主体となっており、左肩上がりの斜方向は身部の中心付近で部分的にしか認められない。

　なお、上記した資料以外にも、部分的なRL-斜行剥離が認められ、主軸に対して右肩の上がる斜方向をもつ有舌尖頭器が多くみられる。

【近畿地方】（図17）

　近畿地方からは、和歌山県馬ノ谷遺跡（1）、奈良県黒崎（脇本）遺跡（1）、同・勢野バラタニ遺跡（1）、兵庫県七日市遺跡（1）、大阪府桑津遺跡（KW82-7次調査）（1）、同・長原遺跡（5）、同・小角田遺跡（1）、同・喜志西遺跡（1）、同・粟生間谷遺跡（奥地点）（1）、同・大県南遺跡（1）、同・高井田遺跡（1）、滋賀県大谷河原遺跡（1）、同・大乾古墳群（1）、同・北代遺跡（1）などで代表的な右肩上がりの有舌尖頭器が認められる。これらすべての資料に対して、RL-斜行剥離と一方向型の斜状平行剥離が認められる。馬ノ谷例、黒崎（脇本）例、粟生間谷（奥地点）例、大谷河原例は採集品であるが、ほかのすべては発掘品である。ただし上記のうち、発掘品はすべて単独出土する遊離資料であり、

54

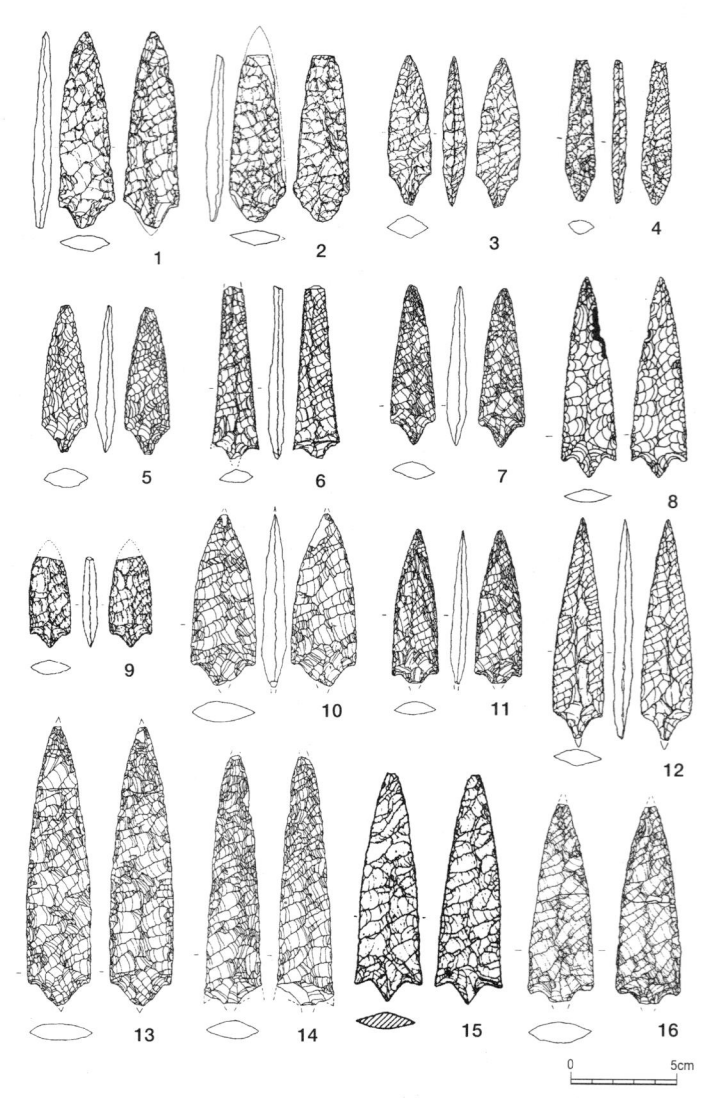

図17　中・四国、近畿地方における右肩上がりの有舌尖頭器

1.伊能軒遺跡（藤原 1996）2.中津貝塚（藤原 1996）3.勢野バラタニ遺跡（鈴木 1994）4.高津橋大塚遺跡（山口ほか 2000）5.小角田遺跡（樋口編 1988）6.大県南遺跡（大塚・桑野 1990）7.深山大平遺跡（多田 1997）8.郡家一里屋遺跡（和田 1993）9.野々池遺跡（松本ほか 1982）10.北新遺跡（多田 1997）11.安養寺遺跡（塩見ほか 1993）12.高井田遺跡（大塚・桑野 1990）13.別所定地遺跡（多田 1997）14.小林遺跡（多田 1997）15.粟生間谷遺跡（奥地点）（大船ほか 1976）16.宮地遺跡（多田 2003）

残滓と伴出した例はない。上記したものはサヌカイト製を主体とするが、黒崎（脇本）例、勢野バラタニ例、七日市例、桑津例、大乾例、北代例はチャート製である。長原遺跡からは5例の右肩上がりの有舌尖頭器を抽出しうるが、4例がサヌカイト製、1例がチャート製である。

　上記の代表的な資料以外にも、片側の辺に対してRL-斜行剥離が施された有舌尖頭器や、乱れた剥離を主体とするが、全体的には右肩上がり傾向となる有舌尖頭器も多く認められる。やや幅広のRL-斜行剥離が施されたものや、左右の辺から施されたRL-斜行剥離が主軸付近で交差するものも多い。

　近畿地方における右肩上がりの有舌尖頭器は、61遺跡で71例以上が抽出される。内訳は和歌山県3遺跡（3例）、奈良県11遺跡（12例以上）、兵庫県13遺跡（13例）、大阪府22遺跡（31例）、京都府6遺跡（6例）、滋賀県6遺跡（6例）となる。

　上記以外には、奈良県上津大片刈遺跡、同・桐山和田遺跡、同・北野ウチカタビロ遺跡、大阪府丹上遺跡、同・粟生間谷遺跡、同・翠鳥園遺跡などで2点以上の右肩上がりの有舌尖頭器を抽出しうる。ただし、その他は基本的には1遺跡あたり1点となる。

【東海・中部・北陸地方】（図18）

　東海・中部・北陸地方からは、三重県東北山A遺跡（1）、同・美里東北山遺跡（1）、同・中尾山遺跡（1）、同・加佐登町（椎山川河床）遺跡（1）、同・牧ケ久保遺跡（1）、同・照光寺西南遺跡（1）、同・高原遺跡（4）、愛知県岩長遺跡（1）、同・花ノ木遺跡（1）、岐阜県椿洞遺跡（1）、同・辻原遺跡（1）、同・丸根遺跡（1）、同・古川町信包遺跡（1）、同・（中津屋）森下遺跡（1）、同・小の原遺跡（2）、同・飛騨内遺跡（1）、長野県西又Ⅱ遺跡（2）、同・仲町遺跡第4地点（2）、福井県茱山崎遺跡（1）、富山県臼谷岡ノ城北遺跡（1）などで代表的な右肩上がりの有舌尖頭器が認められる。これらの右肩上がりの有舌尖頭器には、一方向型の斜状平行剥離が認められる。岩長例、小の原例、西又Ⅱ例、仲町例、茱山崎例、臼谷岡ノ城北例は発掘品であるが、ほかは採集品および発見経緯の詳細が不明な資料である。岩長例、小の原例、仲町例、茱山崎例は包含層から単独出土している。西又Ⅱ例、臼谷岡ノ城北例は遺物集中部と伴

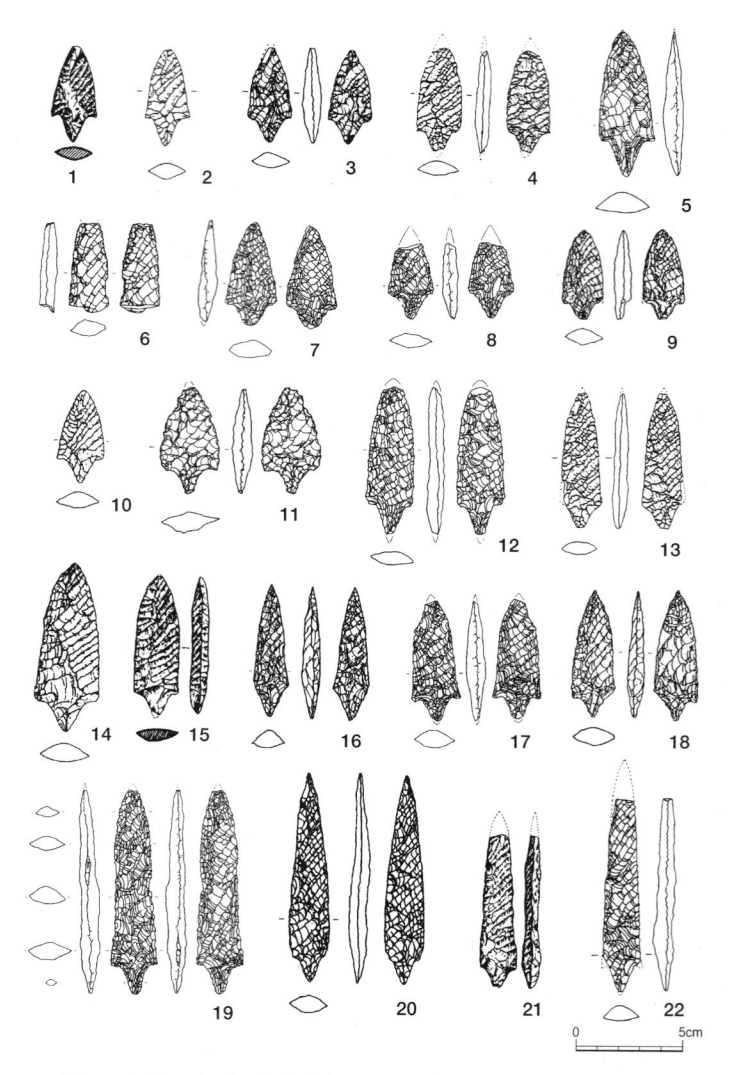

図18 東海・中部・北陸地方における右肩上がりの有舌尖頭器

1.東門遺跡(紅村 1984) 2.西鷹跡遺跡(岩野 1968) 3.内野前遺跡(各務原市教育委員会 1983) 4.美里東北山遺跡(岡田 1988) 5.原遺跡(岩野ほか 2002) 6.砂行遺跡(成瀬ほか 2000) 7,8.上重原遺跡(岩野ほか 2002) 9.高原遺跡(久保 1997) 10.川合遺跡群(安達 1972) 11.越水遺跡(長屋 2003) 12.岩長遺跡(山本ほか 2000) 13.中尾山遺跡(岡田 1988) 14.上川口遺跡(紅村 1963) 15.間の根遺跡(中津川市 1968) 16.臼谷岡ノ城北遺跡(山森 1992) 17.花ノ木遺跡(下山村 1986) 18.中山遺跡(鷲野 1981) 19.二本木遺跡(岩野ほか 2002) 20.北代遺跡(進藤 1995) 21.銭亀遺跡(中津川市 1968) 22.椎山川河床遺跡(新田 1996)

出している。

　石材は、チャート、サヌカイト（椎山川河床例）、下呂石（古川町信包例、西又Ⅱ例、臼谷岡ノ城北例）、頁岩（仲町例）、流紋岩（仲町例）、硬砂岩（丸根例）などが認められる。チャートを主体とする。

　上記の代表的な資料以外にも、片側の辺にのみRL-斜行剥離が施された有舌尖頭器や、乱れた剥離を主体とするが、全体的に右肩上がり傾向になる有舌尖頭器が多く認められる。RL-斜行剥離が対向縁付近に達するほど長いものも少なくはなく、左右の辺から施されたRL-斜行剥離が主軸を越えて交差する例が目立つ。やや幅狭なRL-斜行剥離も多い。

　東海・中部・北陸地方における右肩上がりの有舌尖頭器は、120遺跡で146例以上が抽出される。内訳は三重県12遺跡（15例）、愛知県21遺跡（26例以上）、静岡県3遺跡（3例）、岐阜県57遺跡（69例以上）、長野県17遺跡（20例）、山梨県2遺跡（3例）、福井県3遺跡（5例以上）、富山県3遺跡（3例）、新潟県2遺跡（2例以上）となる。岐阜県を中心に分布している。

　上記以外には、岐阜県寺田遺跡で6点、愛知県上重原遺跡で4点、岐阜県川合遺跡群で3点、愛知県池浦遺跡、同・二本木遺跡、同・宮西遺跡、岐阜県高山市上野町、同・間の根遺跡、同・椛の湖遺跡、同・渡来川北遺跡A地点、同・恵日山遺跡、長野県柳又遺跡B地点、山梨県神取遺跡、新潟県小瀬が沢洞窟遺跡などで2点以上の右肩上がりの有舌尖頭器を抽出しうる。その他は基本的には1遺跡あたり1点となる。

　福井県鳴鹿山鹿遺跡で報告された23点の資料（松井1980）を図面で確認すると、3本程度の右肩上がりの有舌尖頭器が抽出しうる。左肩上がりの有舌尖頭器も認められる。

【関東・東北地方】（図19、図20）
　関東地方では典型的な斜行有舌尖頭器が乏しい。だが、わずかにRL-の斜方向となる、右肩上がりの有舌尖頭器が散見される。例えば、群馬県小島田八日市遺跡（1）、同・東京都多摩ニュータウンNo.464遺跡（1）、同・No.457遺跡（1）、神奈川県月見野上野遺跡第2地点（1）、同・相模野第149遺跡（1）などでは、左辺と右辺に部分的なRL-斜行剥離が認められる。

58

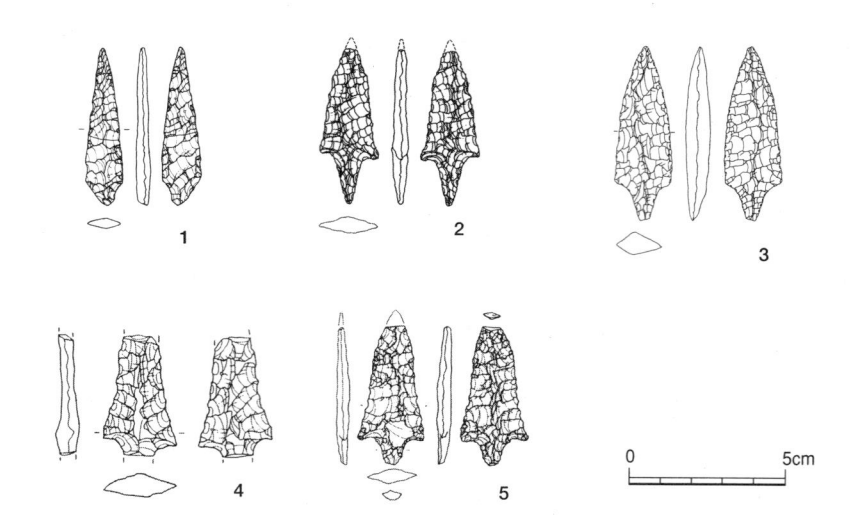

図19 関東地方における右肩上がりの有舌尖頭器

1.相模野第149遺跡（長井 原図）2.多摩ニュータウンNo.457遺跡（川島編 1996）3.多摩ニュータウンNo.464遺跡（原川ほか 2005）4.小島田八日市遺跡（杉山 1994）5.月見野上野遺跡第2地点（戸田・相原 1984）

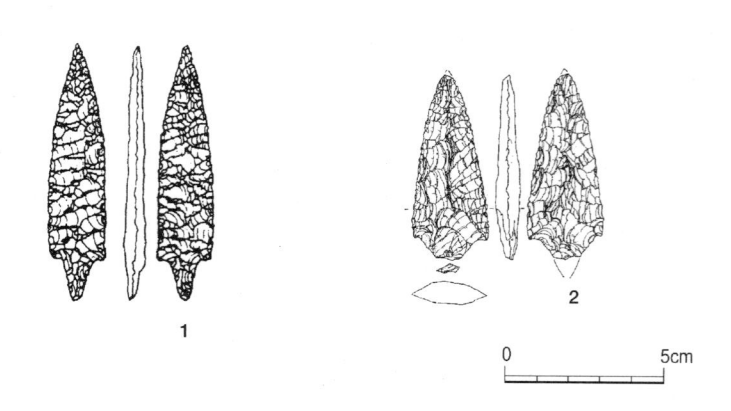

図20 東北、九州地方における右肩上がりの有舌尖頭器

1.津谷遺跡（芹沢 1990、加藤編 1978）　2.井堀遺跡（平ノ内 1997）

また、東北地方では、山形県津谷遺跡（1）、岩手県下尿前Ⅳ遺跡（2）で右肩上がりの有舌尖頭器が認められる。津谷例では、左辺で右上がり、右辺で左下がりの剥離を主体とし、わずかにRL-の斜方向を形成する。下尿前Ⅳ例では、うち1本は左辺で右上がり、右辺で左下がりの剥離を施し、右肩の上がる直線状の稜線を器面に形成している。また、ほかの1例は、主軸を越す左下がりの長い斜行剥離が右辺から施されており、わずかに右肩の上がる直線状の稜線が器面に形成されている。
　群馬県二之宮谷地遺跡（1）には、左肩上がりの有舌尖頭器が認められる（原ほか 1994）。二之宮谷地例は、主軸に対してわずかにLR-の斜方向を有する。

北海道（東の典型：LR-）
【北海道地方】（図21）
　北海道地方では、代表的な左肩上がりの有舌尖頭器が下記の遺跡で認められる。美利河1遺跡A地区（1）、札内N遺跡（5）、空港南A遺跡（2）、南町1遺跡（1）、稲田1遺跡第1地点（5）、上白滝2遺跡（31）、服部台2遺跡（12）、奥白滝7遺跡（1）、白滝第4地点遺跡C区（2）、白滝第30地点遺跡（3）、元町2遺跡（2）、元町3遺跡（1）、北上台地遺跡（4）、中本遺跡（13）、北支湧別4遺跡（1）、射的山遺跡（3）、上口遺跡A地点（1）、二橋遺跡滝沢地点（1）、チプニー2遺跡（1）、ユカンボシC15遺跡（1）、大空遺跡（1）である。また、旭川市、富良野市、紋別郡遠軽町、阿寒郡鶴居村などでも左肩上がりの有舌尖頭器が検出されている。
　上記以外には、辺に対してほぼ垂直、または、わずかに斜傾するLR-斜行剥離をもつ有舌尖頭器などが多く認められている。
　上白滝2遺跡では、右肩上がりの有舌尖頭器が2本程度認められる。

5.「右肩上がり」と「左肩上がり」の地方色

　斜行有舌尖頭器の検出状況、利用石材、特徴などを2006年12月までに集計された204遺跡・305本の資料から概観した。2006年までに正式的な報告がなされ

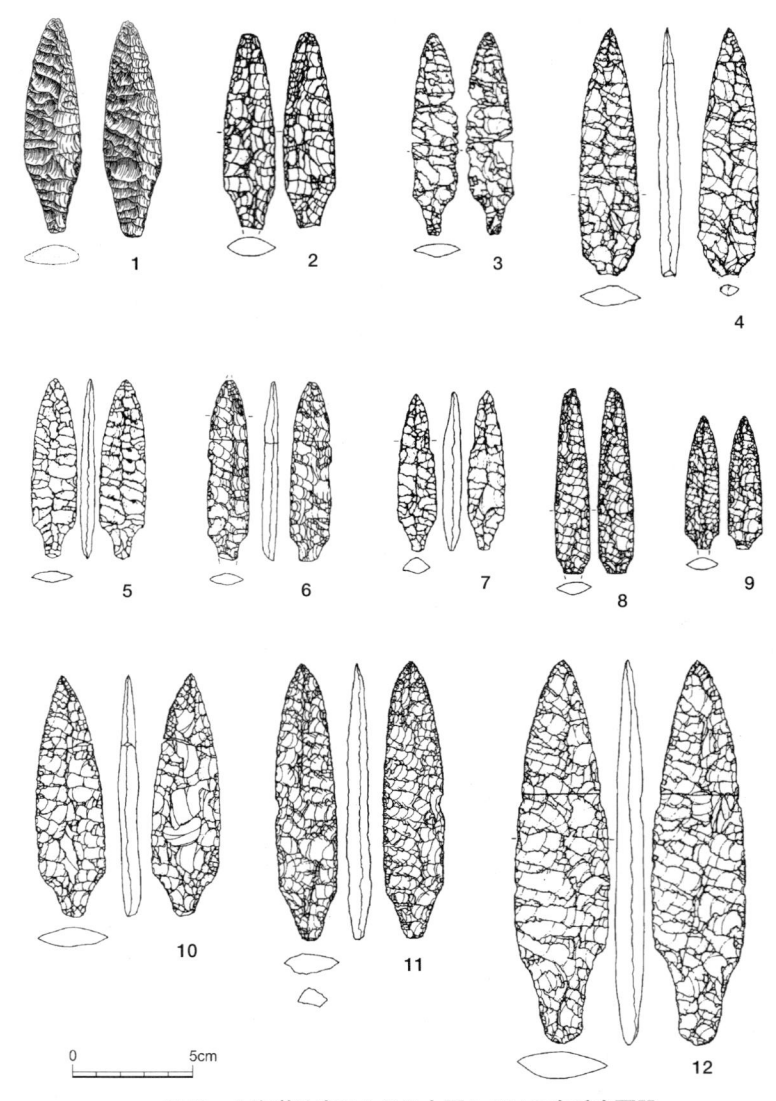

図21 北海道地方における左肩上がりの有舌尖頭器

1.射的山遺跡（佐藤編 1961）2.札内Ｎ遺跡（大矢編 2000）3.南町1遺跡（北沢・山原編 1995）4,10.中本遺跡（日本考古学協会1999年度釧路大会実行委員会 1999）5.服部台2遺跡（千葉・畑 1982）6.元町3遺跡（荒生・小林編 1988）7.美利河1遺跡Ａ地区（長沼編 1985）8,9.稲田1遺跡第1地点（北沢・山原編 1997）11.上白滝2遺跡（長沼・鈴木編 2001）12.元町2遺跡（日本考古学協会1999年度釧路大会実行委員会 1999）

た資料を対象とし、典型的な右肩上がり／左肩上がりの有舌尖頭器を抽出している。したがって、報告書やそれに代わる文献から、整然とした斜行剥離が施されたとわかる資料が基本的には対象となっている。なお、抽出資料は別稿（Nagai 2007、長井 2008a）による検討で使用した資料と同一である。

以下、斜行有舌尖頭器の属性をいくつかの関心に従い集計し、本州以西／北海道においてそれぞれ量的に圧倒的となる右肩上がり／左肩上がりの有舌尖頭器における比較検討を行う。

なお、本州以西でわずかにみつかる左肩上がりの有舌尖頭器や、北海道でわずかにみつかる右肩上がりの有舌尖頭器は分析対象としていない。したがって、分析にかかる本州以西の資料（215点・185遺跡）のすべてが右肩上がりの有舌尖頭器であり、北海道の資料（90点・19遺跡）のすべてが左肩上がりの有舌尖頭器である。

単独出土する傾向のある右肩上がりの有舌尖頭器

まず、本州以西の右肩上がりの有舌尖頭器は、その出土状況に特徴がある。幾分恣意的ではあるが、資料群は以下の5つに分けて整理した。

資料群は検出状態の差により、A類：石核・剥片・微細剥片・斜行有舌尖頭器からなるもの、B類：剥片・微細剥片・斜行有舌尖頭器からなるもの、C類：斜行有舌尖頭器のみからなるもの、D類：その他に分けた。つまり、A類は大型〜中型の石器集中部を形成して、石核・残滓に斜行有舌尖頭器がともなう資料であり、B類は中型〜小型の石器集中部を形成して、残滓に斜行有舌尖頭器がともなう資料である。C類は残滓をともなわず、いわゆる「単独出土」する資料であり、D類は基本的には詳細が不明の資料である。

D類はさらに細分して、D1類：地表面採集で得られた資料（非発掘調査資料）、D2類：詳細不明の資料に分けた。石器が単独であるか否かは相対的な基準によるために判断に恣意性が反映されるが、C類には、比較的広範囲な調査によって周辺に関連する遺物が認められないと判断できた資料、後世の遺構などに混入した資料が含まれる。C類およびD1類の資料が、いわゆる「遊離資料」である。なお、典型的な斜行有舌尖頭器を欠く関東地方は分析外としている。

結果は表2に示す。まず、本州以西の斜行有舌尖頭器は「遊離資料」（C・

D1) を主体にしており、中・四国地方、近畿地方、東海・中部・北陸地方の右肩上がりの有舌尖頭器が圧倒的に単独出土するとわかる。非発掘資料および調査の詳細が不明な資料 (D) を除いたとき、本州西半部の右肩上がりの有舌尖頭器は、その全体の約8割 (83.3%) が単独出土である。一方、北海道における左肩上がりの有舌尖頭器は、基本的には先述の各種・北海道系細石刃石器群に伴出しており、A類を優勢とする(表2、北海道地方参照)。北海道では単独出土する割合が少なくなっている。

こうした様相は、1遺跡の斜行有舌尖頭器の数にも表れている。本州以西における典型的な右肩上がりの有舌尖頭器は、石器群の中で客体的に認められる傾向にあるが、北海道における左肩上がりの有舌尖頭器は主体的に認められる傾向にある。すなわち、本州以西では、基本的には1遺跡に1本(ないし数本)、北海道では1遺跡に数本(ないし数十本)みられるのが常態となっている。また、北海道では石器集中部を形成する割合が高い(各遺跡における検出点数は第2章第4節「右肩上がり」と「左肩上がり」の遺跡名と文献名のあいだに記した括弧内の数字を参照されたい)。

このように、本州以西および北海道における遺跡数の差は、斜行有舌尖頭器の本数差を端的に示しておらず、こうした検出状況の差が、斜方向の違いを生み出す石器群構造の差と関係している可能性は高い。また、これは遺跡形成の差を示している可能性もあり、この点は第6章で再論する。

基調とされた地方の石材

つぎに、斜行有舌尖頭器の原材として利用された石の種類をみておく。石材の分類はa：安山岩系、b：珪岩系、c：頁岩系、d：黒曜岩系、e：その他、f：不詳とした。研究者間の齟齬が認められがたい上記のa～dを基本とし、その他の石材はeに一括した。石材の種類に関しては、基本的には各報告文言に従ったが、実見により訂正したものもある。報告書で石材名称が未記載、あるいは不明とされているものはfに含めた。「下呂石」は便宜的にaに含めた。

本州西半部における右肩上がりの有舌尖頭器に利用された石材は、九州、中・四国、近畿地方で安山岩系を優勢とする。東海・中部・北陸地方では珪岩系を優勢とし、安山岩系がそれにつづく。一方、北海道における左肩上がりの

有舌尖頭器に利用された石材は、黒曜岩系（黒曜石）を優勢とし、頁岩系（頁岩）がそれにつづく。すなわち、九州、中・四国、近畿地方では「サヌカイト」、東海・中部・北陸地方では「チャート」、東北地方では「頁岩」、北海道では「黒曜石」が多く利用されている。このように、巨視的には各地方における主要石材が看取される。

　このように主要石材がある程度まとまる背景には、小地域間における開放的な交渉（交換）の実態や素材利用の偏向性を検証する余地があるだろう。ただし、本州西半部の斜行有舌尖頭器に対して、前者を十分に説明することは今のところ期待できない。なぜならば、中・四国、近畿地方で卓越するサヌカイト製斜行有舌尖頭器は、圧倒的に単独出土する傾向にあり、製作地が定かではないことによる。例えば、潤沢なサヌカイト石器石材を保有する大阪・奈良県域、香川県域などで斜行有舌尖頭器を大量生産する確実な製作址はみつかっておらず、原産地直近で流通目的により製作された証拠は今のところ乏しい。また、各地方における斜行有舌尖頭器に対して優勢となる石材は、後期旧石器時代以降の各種・剥片石器類、非斜行有舌尖頭器などに利用された石材と基本的には類似しており（西口1991、田部2002など）、斜行有舌尖頭器の原材利用に対してのみ特異性は指摘しがたいように思われる。

　一方で製作技術的な見地から石材利用を評価すると、"右肩上がり"と"左肩上がり"の有舌尖頭器が硬質系と軟質系双方の石材から製作されたことを看過できない。本州西半部で安山岩系・珪岩系などのわずかに硬質系石材が卓越し、北海道で黒曜岩系・軟質系石材が凌駕する。しかし、北海道の左肩上がりの有舌尖頭器にも少数ではあるが、安山岩系・珪岩系・頁岩系などの硬質系の石材が利用されており、本州西半部でも少数ではあるが、黒曜岩系などの軟質系の石材が利用されている。このように、石材の硬軟が斜方向と絶対的に対応するわけではない。

　この後者の事実は、"右肩上がり"・"左肩上がり"という斜方向が、石材の硬軟差という質的制約—例えば、加工の容易さなどをもつという質料—に影響を受けて形づくられたものではないことを示唆する。むしろ（良質材を選択することを前提に）それぞれの地方にある主たる石材が基調的に利用された結果を反映しているように思われる。このように、石材の硬軟が異なる斜方向を生

表2　斜行有舌尖頭器をともなう遺跡数と検出状況の集計

	A	B	C	D1	D2	計
九州地方	0	0	1	0	0	1
中・四国地方	0	0	5	14	5	24
近畿地方	1	0	27	14	15	57
東海・中部・北陸地方	7	2	17	67	9	102
東北地方	0	0	0	1	0	1
北海道地方	11	1	1	2	4	19
計	19	3	51	98	33	204

表3　斜行有舌尖頭器とその石材の集計

	a	b	c	d	e	f
九州地方	1	0	0	0	0	0
中・四国地方	23	0	0	0	0	3
近畿地方	49	15	0	0	1	1
東海・中部・北陸地方	28	65	5	0	8	14
東北地方	0	0	1	0	0	0
北海道地方	2	2	12	58	2	14
計	103	82	18	59	11	32

凡例　a:安山岩系、b:珪岩系、c:頁岩系、d:黒曜岩系、e:その他、f:不詳

表4　石器の主軸に対して斜めの剥離痕が認められる位置の集計

	a	b	c	d
九州地方	0	0	1	0
中・四国地方	7	3	13	3
近畿地方	13	7	44	2
東海・中部・北陸地方	7	4	106	4
東北地方	1	0	0	0
北海道地方	63	7	20	0
計	91	21	184	9

凡例　a:左辺＞右辺、b:左辺＝右辺、c:左辺＜右辺、d:分析不可

表5　剥離痕の類型とその組み合わせの集計

	aa	bb	cc	ab/ba	bc/cb	ac/ca	d
九州地方	0	1	0	0	0	0	0
中・四国地方	1	8	1	1	2	1	12
近畿地方	12	32	0	11	3	2	6
東海・中部・北陸地方	41	14	1	16	2	2	45
東北地方	0	0	1	0	0	0	0
北海道地方	9	48	5	12	5	5	6
計	63	103	8	40	12	10	69

む直接的な理由とは考えがたく、上記の結果は、素材となった石の種類（質料としての石材）の制約により斜方向の差が生まれたとする予想を支持してはいない。

斜めの剥離痕の位置について

右肩上がりの有舌尖頭器・左肩上がりの有舌尖頭器は、斜めに傾く剥離痕で特徴づけられている。つぎに、石器の主軸に対して斜めの剥離痕（以下、斜めの剥離痕と略記）が認められる部位を調べた。

検討の対象は、石器の長軸に対する身部右側（右辺）（図3-2の身部右半分）と身部左側（左辺）（同図-2の身部左半分）に施された斜めの剥離痕数である。石器の長軸は、先端を天（上）、舌部端を地（下）とする石器の主軸と同一である（同図参照）。石器の主軸に対する剥離痕の傾きは、基本的には各報告書の図面から判断した。ただし、実見により部分的に訂正された図も含む。

剥離痕の傾きを導き出すには、石器の主軸と剥離痕の長軸が成

す関係が重視された。つまり、剥離痕の傾きは、剥離痕の長軸と石器の主軸が成す角度により調べられた。剥離痕の長軸は、剥離痕のリングの向きにより推定される加撃方向と並行する2つの稜線に挟まれた中央線とした（図10、剥離軸a,bを参照）。

　なお、傾く剥離痕とは、隣接する斜めの剥離痕同士が互いに切り合い関係を有し、その結果器面に残した最終的産物である。したがって、剥離痕の長軸により導き出した剥離痕の傾きと、剥片剥離時に割り手が企図した剥離の傾きとは、完全に同一とは考えていない。

　以下の①～⑤の剥離痕を除く身部の斜めの剥離痕を計測した。①素材面、あるいは斜状平行剥離に先行する大型剥離痕の一部である可能性が高い剥離痕、②抉入部の作成にかかわる剥離痕、③鋸歯縁状の剥離痕、④大きさが5.0mmに満たない剥離痕、⑤舌部の剥離痕は分析対象外とした。なお、表裏の剥離痕数が報告書等による図面から集計できない資料（例えば、写真、片面のみの報告資料など）に関しては、分析不可とした。

　集計した斜めの剥離痕数は、a～dに分けて整理した。左辺に右辺よりも多くの斜めの剥離痕をもつもの（a：左辺＞右辺）、左辺と右辺の斜めの剥離痕が同数となるもの（b：左辺＝右辺）、右辺に左辺よりも多くの斜めの剥離痕をもつもの（c：右辺＞左辺）、分析不可（d）に分類した。結果は、表4に示した。

　斜めの剥離痕が認められる位置に関しては、大きな地方差が顕著となり、小さな地方差が示唆的となった。おおむね、本州以西の右肩上がりの有舌尖頭器と北海道の左肩上がりの有舌尖頭器は、斜めの剥離痕が認められる位置を逆にする傾向がある。資料数の少ない九州・東北地方などを除き、中・四国地方、近畿地方、東海・中部・北陸地方における右肩上がりの有舌尖頭器は、右辺に対する斜めの剥離痕を主体とする傾向がある。この傾向は東海・中部・北陸地方で顕著であり、分析資料の約88％（106／121点）が右辺に対して斜めの剥離痕を多く残している。[7]近畿地方で約67％（44／66点）、中・四国地方で50％（13／26点）となり、その割合はやや減少する。この点により、東海・中部・北陸地方の右肩上がりの有舌尖頭器には、その斉一性の高さが指摘される。東海・中部・北陸地方の右肩上がりの有舌尖頭器は、斜めの剥離痕をもつ部位に

斉一性があるという点で、中・四国、近畿地方との地方差を形成している可能性がある。中・四国、近畿地方の右肩上がりの有舌尖頭器に関しては、左辺と右辺に認められる斜めの剥離痕が同数となるもの（b）、左辺に主体的となるもの（a）が約33％（30／92点）認められる（表4-a,b）。上記した斜めの剥離痕部位の差は、本州以西・右肩上がりの有舌尖頭器における"小さな地域色"を示している可能性があり、これについては属性を細分してさらに後述する。

　北海道における左肩上がりの有舌尖頭器（図21）に関しては、右辺ではなく左辺に対して斜めの剥離痕をもつ資料を優勢とする。北海道・左肩上がりの有舌尖頭器に対しては、右辺よりも左辺に対して斜めの剥離痕を多くもつものが70％（63／90点）を占めている。これは本州以西の右肩上がりの有舌尖頭器と逆の優劣差を示している。

　このように、日本列島における斜行有舌尖頭器の全体像を剥離痕の特徴から検討すると、東海・中部・北陸地方の右肩上がりの有舌尖頭器においては、片側の辺に対して斜めの剥離痕を集中させる点が特異であるとわかる。また、その点における斉一性が高く、東海・中部・北陸地方における地域色としての可能性も指摘できる。そして、中・四国、近畿、東海・中部・北陸地方と、北海道地方とでは、斜めの剥離痕が認められる位置を左右逆にする様相が指摘される。つまり、おおむね本州以西の有舌尖頭器に対して、右辺に斜めの剥離痕が多く、北海道の有舌尖頭器に対して、左辺に斜めの剥離痕が多い。

剥離痕のパターンについて

　つぎに、斜めの剥離痕の長さを表裏で分けて類型化した（表5）。a：右辺の斜めの剥離痕が左辺のそれよりも長いもの（剥離痕の遠端〔打面と対向する側の剥離痕末端部〕が石器の主軸の左側へと越すもの）、b：左右辺の斜めの剥離痕がほぼ同じ長さのもの（剥離痕の遠端が石器の主軸のほぼ真上で交わるもの）、c：左辺の斜めの剥離痕が右辺のそれよりも長いもの（剥離痕の遠端が石器の主軸の右側へと越すもの）に類型化して、a,b,cの類型が表と裏でaaの組成、bbの組成、ccの組成、ab／baの組成、ac／caの組成、bc／cbの組成、の6パターンを調べた。

　aaは、表裏ともに右辺の斜めの剥離痕が左辺のそれよりも長く、剥離痕遠端

が石器の主軸の左側へと越すもの、bbは、表裏ともに左と右の辺に対する斜めの剥離痕がほぼ同じ長さで、剥離痕遠端が石器の主軸のほぼ真上で交わるもの、ccは、表裏ともに左辺の斜めの剥離痕が右辺のそれよりも長く、剥離痕遠端が石器の主軸の右側へと越すものである。つまり、aa・bb・ccの組成は、表と裏の剥離痕が同じパターンとなるものである。

他方、ab／baは表面でaの剥離痕となり裏面でbの剥離痕となるもの（ab）あるいはその逆—つまり、表面にbの剥離痕があり裏面にaの剥離痕があるもの—（ba）で（表裏は主観的なものであるからab／baと表記する）、ac／caは表面にaの剥離痕があり裏面にcの剥離痕があるもの（ac）あるいはその逆（ca）で、bc／cbは表面にbの剥離痕があり裏面にcの剥離痕があるもの（bc）あるいはその逆（cb）である。したがって、ab／ba・ac／ca・bc／cbの組成は、表と裏の剥離痕が異なるパターンとなるものである。

なお、写真のみからなる報告資料、不鮮明な図および片面のみの図による報告資料などで、表裏の剥離痕が集計できない資料はすべてd：分析不可に一括した。また、左右からの剥離が石器の主軸に満たないほどに短い剥離だけからなる面が片面以上認められた資料は、すべてd：分析不可に一括した。このdの資料は69点に達している（表5）。剥離痕の長さは、基本的には図により判断し、見た目により左右への長短を決定した。判断に迷うときは、図上の石器主軸に直線を引き、それを越す剥離痕の数が主軸の左右どちらに多く認められるか、あるいは同数となるか調べて決定した。

集計の結果は表5に示した。まず、地方を問わず、日本列島における斜行有舌尖頭器の剥離痕パターンが表と裏で同じになる傾向を指摘しうる。すなわち、表裏の剥離痕類型構成がまったく同じのaa・bb・ccは174点、表裏の剥離痕類型構成が異なるab／ba・ac／ca・bc／cbは62点であり、未分析の資料（69点）を除いた全体の約74％（174／236点）が表と裏の剥離痕類型構成を同じくする。約26％（62／236点）が表と裏の剥離痕類型構成を違えている。このように、表と裏の剥離痕パターンを同一とする傾向は、北海道から本州以西のおおむねどの地方でも認められる（表5；九州地方～北海道地方のaa・bb・ccを参照。東北地方は分析数が少ないことに注意）。この所見は、日本列島の斜行有舌尖頭器が統制的に製作されたとの評価（長井2006c）を裏付けている。

さらに、剥離痕の類型・組成には地方差が認められる。まず、東海・中部・北陸地方では、未分析の資料（45点）を除いた全体の約54％（41／76点）が組成aaにより占められており、東海・中部・北陸地方で組成aaが卓越する傾向が指摘される。また、北海道地方における組成bbの主体的傾向も注意される。組成bbは中・四国、近畿地方でも最多となり、本州以西でもおおむね主体的組成の1つと考えられるが、北海道地方では本州以西に増して組成bbが目立っている。

　また、本州以西・右肩上がりの有舌尖頭器については、aとbの出現数によりaa,bbの主体的様相が指摘される。資料数の少ない九州、東北地方を除く中・四国、近畿、東海・中部・北陸地方に対しては、基本的にはab／baがac／caとbc／cbを凌駕し、aとbの類型が常に優勢で、cの類型が劣勢となっている。左辺からの長い剥離痕（c）が表と裏に認められる組成（cc）に関しては、中・四国、近畿、東海・中部・北陸地方でほとんど認められていない。そして、やはり、cをもつac／caとbc／cbの組成も少ない傾向にある（表5）。このように、本州以西・右肩上がりの有舌尖頭器は、主軸付近か主軸を越す右辺からの長い剥離痕で構成される剥離痕パターンを主体とする傾向にある。こういった剥離痕パターンは、東海・中部・北陸地方に顕著であり（図18）、東海地方の有舌尖頭器に対して常々指摘されてきた剥離技術の特徴と矛盾しない。[8]

　一方、北海道地方における左肩上がりの有舌尖頭器は、本州以西の—とくに東海・中部・北陸地方に認められるような—右肩上がりの有舌尖頭器よりも組成のばらつきが著しい。組成bbが卓越するが、ほかの組成もある程度満遍なく認められる傾向にあり、個体同士の差は本州以西の有舌尖頭器にくらべて幾分顕著である。

6. 日本列島における有舌尖頭器の東西差

　以上、本州以西と北海道の斜行有舌尖頭器は、検出差・石材差・個体差などに地方色をもっているが、右肩上がりと左肩上がりで顕在化する斜方向の大きな地域差を形成している。すなわち、日本列島を俯瞰すると、斜方向を指標とした有舌尖頭器の東西差が形成されている。

本州以西では右肩上がりの有舌尖頭器を量的に圧倒的とし、北海道では左肩上がりの有舌尖頭器を量的に圧倒的とする。本州以西では、左肩上がりの有舌尖頭器がきわめて少数であるが認められており、北海道では、右肩上がりの有舌尖頭器が少数であるが認められている。この理由については後述するが（第3章）、まずは、本州以西と北海道でそれぞれ量的主体を占める「本州以西―右肩上がりの有舌尖頭器」、「北海道―左肩上がりの有舌尖頭器」の関係が強調されるであろう。

本州以西では、資料の少ない東北地方北部が「ぼかしの地帯」となっており、今後、北海道との影響関係が示唆される左肩上がりの有舌尖頭器や、本州西半部からの影響が示唆される右肩上がりの有舌尖頭器、ならびに左肩上がりと右肩上がりの折衷的様態を呈する有舌尖頭器などが発見される可能性がある。また、北海道地方では渡島半島において非斜行有舌尖頭器が目立つが、現在のところそれが地域差によるものか不明といわざるをえない。九州地方も依然として資料不足の観があろう。

しかしながら、右肩上がりの有舌尖頭器は、現在、既集成数の充実する本州西半部を中心として、個体差を有するも、九州地方北部、中・四国地方、近畿地方、東海・中部・北陸地方、東北地方南部に分布することが確実である。これまでに総集された資料の分布から判断すれば、斜方向の境界は、北東北地方付近にあるとみなすのが妥当であろう。

量的に保証されている本州西半部の右肩上がりの有舌尖頭器、および、北海道で主体的に分布する左肩上がりの有舌尖頭器を対比したとき、日本列島における右肩上がりと左肩上がりの有舌尖頭器が、日本列島の東西に対峙するかの如く分布する（図22）。これを有舌尖頭器の東西差とみなして本章の結論とする。本章の結論はつぎのように要約される。

日本列島における一方向型の斜状平行剥離を施す有舌尖頭器（斜行有舌尖頭器）は、斜方向（剥離の向き）の差により異なる分布を示すことが明らかになった。本州西半部で主体的に分布する本州以西の斜行有舌尖頭器は、その斜方向が右肩上がりを量的に圧倒的とする。だが、北海道に分布する斜行有舌尖頭器は、その斜方向が左肩上がりを量的に圧倒的とする。日本列島における有舌

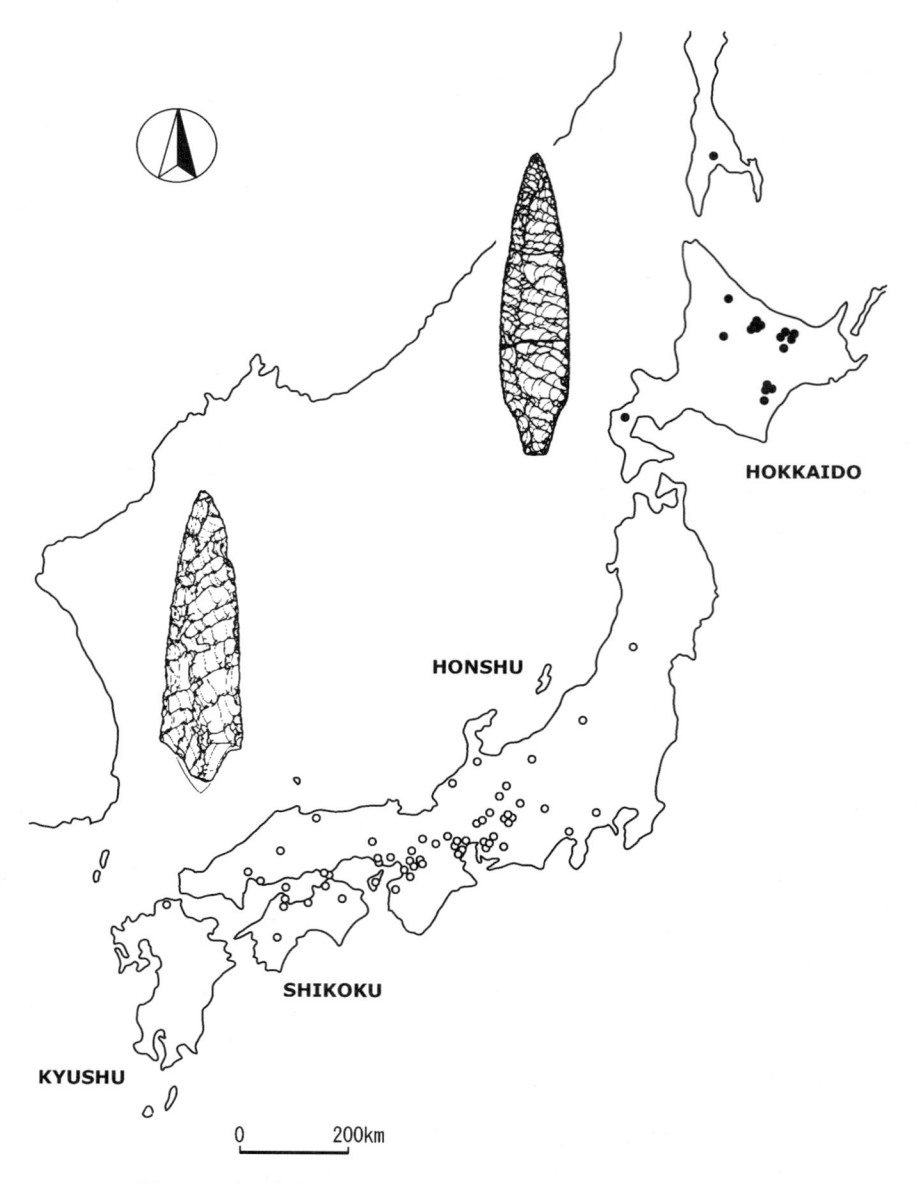

図22 日本列島における有舌尖頭器の東西差 (Nagai 2007に増補)
凡例 ○:右肩上がりの有舌尖頭器
　　 ●:左肩上がりの有舌尖頭器

尖頭器は、北東北地方付近を境とする西方と東方で斜方向を真逆としたようである。

では、この歴史的意義はどのように解かれるのであろうか。なぜ、斜方向は異なるのか。定量的な分析により―表面的かつ静的に―看取された数々の属性差は、なにを物語っているのか。まずは斜方向の仕組みから石器扱いを読み解いていく。

註
（1） 近年、中・四国地方の研究グループ／中・四国旧石器文化談話会による幹事県などで旧石器時代・縄文時代草創期の遺跡が集成されている。また、日本旧石器学会による『旧石器時代遺跡データーベース』で有舌（茎）尖頭器が体系的に集成される予定である。今後のこうした集成活動により、一層の資料の充実が期待される。
（2） 高知県十川駄場崎遺跡のE区6層からは、右肩上がりの斜方向をもつ細身の尖頭器が出土している（山本ほか編 1989）。また、近接するF区5層からは、隆起線文土器が出土している。しかし、同土器を出土したF区5層と尖頭器を出土したE区6層の対応関係は明確ではない。ほかにRL-斜行剥離が施された尖頭器は、香川県羽佐島遺跡南丘陵のC10-1南東ピット、島根県西川津遺跡、広島県速谷神社境内遺跡などでも出土している。異論もあるが、羽佐島遺跡C10-1遺構に無文土器がともなう可能性が指摘されており（多田 2004など）、十川駄場崎、羽佐島C10-1出土の斜状平行剥離をもつ尖頭器は、隆起線文土器以前の所産と考えられている（多田 2002など）。西川津では後世の包含層へ混入して出土しており、有舌尖頭器ないし尖頭器と報告されている（根鈴 1998、湯村 1992）。
（3） 発掘調査中の資料を見学する機会を与えていただいた。
（4） 本書では便宜的にこのような用語を選択したが、より適当な表現があれば変更したいと考えている。
（5） 二上山北麓遺跡群の平地山遺跡では有舌尖頭器・局部磨製石斧・尖頭器など縄文時代草創期の資料が出土しているが（佐藤・森川 2004a,b）、一括性の問題を吟味して遺跡の性格を慎重に評価する必要がある。
（6） 長野県与助尾根遺跡採集例が右肩上がりで黒曜石製である。また、島根県福富Ⅰ遺跡出土例が右肩上がり傾向で黒曜石製である。
（7） 岐阜県域の尖頭器資料について調整剥離のあり方を詳細に検討した長屋幸二氏は、有舌尖頭器の斜並行剥離は右側縁に対して圧倒的に多くみられることをすでに論じている（長屋 2003）。
（8） 増田一裕氏は、斜向する並列剥離痕の一部が両側縁に亘るという技術的特徴を指

摘し、その特徴が東海地方で盛行することを論じた。あわせてその剥離痕における指標的役割の大きさが含意され、東海以西への伝播が暗示された（増田 1981）。やや遅れて、高橋敦氏は、石器の右側縁から施された著しく基軸を越す斜状平行剥離痕に対して、その中心地が東海地方にあることを論じた（高橋 1983a）。

第3章　石器扱いの違い

　この章では、2つの石器扱いを明らかにする。これにより、日本列島の有舌尖頭器が一系統的存在であるということに対して、最初の否定的根拠が提示される。

　日本列島の縄文時代草創期には2つの土器扱いが存在した。大塚達朗氏は土器の詳細な観察から隆起線文土器における施紋時の土器扱いが、九州と本州・四国でまったく異なることを実証し、本州以西の隆起線文土器成立前夜に最低2つの土器文化が存在したことを明らかにした（大塚 1990・1992・2000）。2つの土器文化の収斂によりキメラ土器である本州以西の隆起線文土器が出現する。本州以西の隆起線文土器は、九州の浮線紋表現と本州の環状表現とが収斂することで成立したとみなされている。大塚氏によれば、本州以西で隆起線文土器や豆粒紋土器が現出してから、九州・四国・本州がひとつながりの文化圏を形成したという。

　ではこの場合、本州・四国の隆起線文土器に共伴関係が認められる有舌尖頭器の由来はどのように理解されるのであろうか。すなわち、同土器群の存続時期と前後して製作された本州以西・有舌尖頭器の斜方向が、これまでに述べてきたように、九州・四国・本州という広範な領域で圧倒的に右肩上がりを形成する。この事実が、同土器群が形成したひとつながりの文化圏に内包されている。この事態がまず問題となろう。そこで注目したいのが、有舌尖頭器・尖頭器の「石器扱い」である。

1. 石器扱いとは

　石器扱いとは、石器と作り手の位置関係を問題とした見方である。石器扱い論は、石器づくりが技術知であることを前提とする。つまり、石器づくりは習慣により身につくものであり、1つの石器が普段「している」別々の動作型に

より作られるという見方—すなわち、石器づくりの柔軟性に着目した石器づくりの選択肢（第1章）—に依拠した立論である。

石器づくりは土器づくり（大塚 1990・1992・2000）と同じように学習、伝承されるものであるから、そこには石器づくりにふさわしいいわば「型」としての固有の動作が含まれるはずである（大塚 2000）。石器扱い論とは、固有の動作を復元することで、より実態にそくした理解を目指すことを志向するものである。

石器扱いは、石器づくりの経験（例えば長井 2007）から以下のように、実証的な手続きを経て導き出されることがわかってきた。まずは、斜状平行剥離が押圧剥離により施される前提を覚えていただきたい。そして、同剥離は連続的な押圧剥離により容易に復元できる。こうした石器づくりの経験も共有されたい。このような想定（長井 2006c）は、数多の復元製作例と遺物所見により裏付けられており、多言を要しない（中村 1960b、小林 1961、小林編 1988・1989、Crabtree 1966、Whittaker 1994、Waldorf 1993など）。

また、押圧剥離には多様な固有の「型」が認められる（第1章参照）。なぜならば、素材の内に押し付け／素材の外に逃がす力を適切なタイミングで施せば、自由な動作で押圧剥離ができるからである。すなわち、1つの石器は別々の押圧剥離で作ることができる。こうした知見が、私達の復元製作経験から先に導かれている。石器扱いの検討により、石器づくりの選択肢が読み解かれる糸口がみえているのである。

以下、記述を進めるにあたり、約束事を決めておきたい。以下の記述は、私達の前方に石器の長軸を縦に据え置く表現である。したがって、右辺・左辺とは、石器の主（長）軸を挟んで右側と左側に位置する辺をさす。これは身部の辺に限定して使う。また、手前・向こうとは、上記のように据え置いた石器に対して、我々（割り手）がもつ空間の表現となる。よって、割り手から近い部位が手前で、割り手から遠い部位が向こうとなる（図3）。

図上の石器については、先端を天（上）、舌部端を地（下）とし、石器の長軸を縦に据え置き、記述する。したがって、「手前」は「舌部側」に対応し、「向こう」は「先端側」に対応する（図3-3の左の例となる）。また、実測図における側面や断面を除く左側の面を正面、右側の面を裏面と便宜的にみなす。

2. 正位と逆位の石器扱い

　まず、正位の石器扱いであるが、これは正位の剥離によりなされている。正位の剥離とは、第1章で検討したように、押し出す剥離である。押し出す動きの押圧剥離といったほうがよいかもしれない。
　正位の剥離を施す場合、素材は、その長軸を割り手の腹とほぼ垂直に向けて、割り手の前方に置かれる。素材に対して、割り手から見て、奥へ／向こうへと押し出す動きで押圧剥離が施される。こうした押圧剥離を連続的に行うには、作業面の状況—低所／高所（ネガ／ポジ）の関係—と打点の位置関係が重要となる。その理由は、剥離を誘導する稜線を見通して、作業面の高まりを意識しながら、打点の位置を適切に定める必要があるからである。
　正位の剥離では、手前の高所が打面の壊れを防いでおり、向こうの低所が力の抜けを助けている。というのも、正位の剥離の基本動作が、手前から向こうに押し出すことによる。また、高所と低所がなす稜は、剥離の誘導線となっており、この誘導線が剥離の安定した走行を助けている。こうした点を念頭において、作業面のふくらみを意識しながら、高所と低所の転換点ないしやや高所に対して押圧具を宛がい、一撃は加えられる。向こうに押し出す都合により、手前に対して瞬間的に強い圧力がかかる。そのため、押圧具は高所のある手前側へと常に宛がわれている。相接する剥離の打面は、こうして—強い圧力に耐えうる—高所がある手前に対して設けられる。
　これが正位の剥離の仕組みであり、よって正位の剥離を続けていくと、左辺で向こうから手前に剥離が進行し（↓）、右辺で手前から向こうに剥離が進行する（↑）ことになる。正位の剥離では、割り手に対して素材の長軸が縦位に置かれている。したがって、作中に舌部と先端が向こうと手前に入れ替わっても、右辺と左辺の剥離の進行方向に影響がでることはない。
　一方、逆位の剥離はすべてこの反対の仕組みとなっている。逆位の剥離が手前へ引き出す剥離である以上、向こうの高所（ポジ）と、手前の低所（ネガ）が、打面の強度を保障して、剥離の走行を安定づける。相接する剥離の打面は、圧力に耐えうる向こうの高所に設けられ、押圧具は向こう側へと常に宛がわれ

る。したがって、逆位の剥離のとき、右辺で向こうから手前に剥離が進行し（↓）、左辺で手前から向こうに剥離が進行する（↑）はずなのである。こうした剥離の順序が読み解かれるとき、石器扱いを指摘できる。

このように、正位の石器扱いでは、左辺で向こうから手前（↓）に剥離が進行して、右辺で手前から向こう（↑）に剥離が進行する。逆位の石器扱いでは、右辺で向こうから手前（↓）に剥離が進行して、左辺で手前から向こう（↑）に剥離が進行する。図上の石器に照らし合わせて言い換えれば、正位の石器扱いでは、左辺で先端から基部（↓）、右辺で基部から先端（↑）に切り合いが移動して、逆位の石器扱いでは、右辺で先端から基部（↓）、左辺で基部から先端（↑）に切り合いが移動するわけである。

さて、剥離の順序を読み解く方法は、先達により開発された（松沢 1959・1960）。時間を前後して作られる2つの剥離痕は、一部を接するような位置で打ち割ると、先の面は後の面で重なる一部が剥取られ、元の形を失う。これが切断関係と呼ばれている（松沢 1959）。リングやフィッシャーの切断関係により、「切り合い」の大方は判読される。

松沢亜生氏により先鞭がつけられ、後続の研究者が実践してきた「剥離痕における切り合い関係」の判読とは、このように隣接する剥離痕の間で切取っている、また切取られていると観察することにより、剥離痕が生じた時間的先後を導き出す実証的な分析手法である（以下、松沢手法と略記）。生成の時間差が示された剥離痕相互の関係は、「切り合い関係」を検討して明らかにすることができる[1]。

3. RL-斜行圏の石器扱い：正位の石器扱い

田島富慈美氏とその他の関西地方の研究者達は、近畿周辺で出土した「柳又型」有舌尖頭器群の剥離順序を細かく観察・記載してきた。剥離の順序解析から、剥離痕の構成内容が詳しく検討されてきた。筆者以外の手により剥離の順番が読み解かれた好例が認められるために、先にこれらの先学の業績に触れておく必要があるだろう。

田島富慈美氏（1993）、久保勝正氏（1997）、関川尚功・佐藤良二の諸氏

第3章　石器扱いの違い　77

(1986)、美勢博史氏（1982）らは、「柳又型」有舌尖頭器に施された斜状平行剥離の手順を推測するような、詳しい観察所見を残してきた。また、光石鳴巳氏（2005a）、袖岡正清・三上貞二の諸氏（1968）、松浦五輪美氏（1996）、松井政信氏（1980）なども、剥離の技術に関する比較的詳しい観察所見を残している。このなかでも、田島論文できわめて具体的な検討が行われている。田島氏は、松沢手法により、剥離痕の切断関係を詳細に観察している。

　田島氏が試みた剥離痕の分析によれば、大阪府桑津遺跡（KW82-7）と大阪府長原遺跡（NG92-5）の有舌尖頭器は、図23の剥離痕構成をするという。両者の有舌尖頭器には加工のまとまりや共通点が指摘できるようであり、大阪府桑津遺跡出土の有舌尖頭器（KW82-7；図23-1）に対する田島氏の見解を要約すると、下記のようになる。
(1)　A面中央には樋状剥離前の剥離が残されている（左下斜線密・右下斜線密）。A面左側（左下斜線密）では（○）の剥離を境として上は先端に、下は舌部に向かって加工が進む。A面右側（右下斜線密）では舌部に向かって加工が進む。左右の剥離の前後関係は（○）の剥離を境として逆転する。

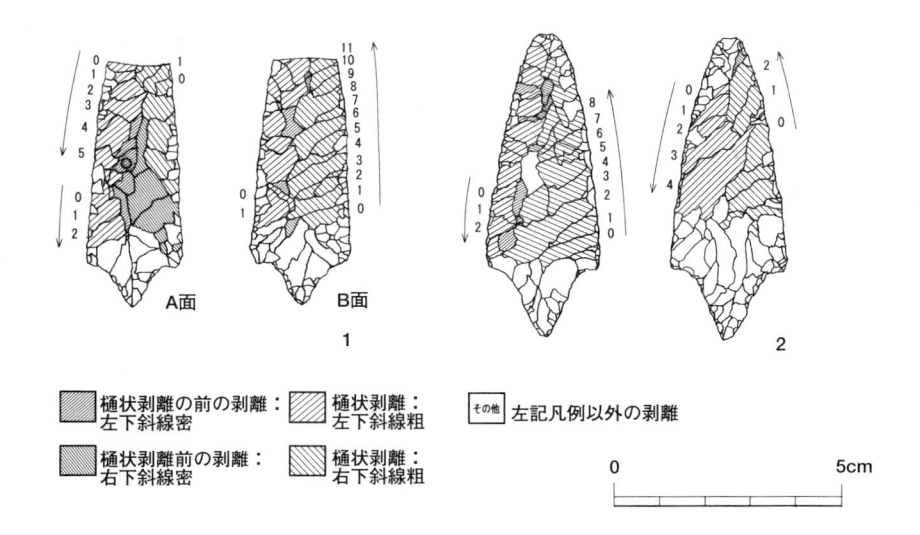

図23　RL-斜行圏の石器扱い（田島［1993］より作図）
1.大阪府桑津遺跡（KW82-7）　2.大阪府長原遺跡（NG92-5）

(2) A面には樋状剥離が残されている（左下斜線粗・右下斜線粗）。A面左側（左下斜線粗）では舌部方向に、右側（右下斜線粗）では先端に向かって加工が進む。左右の前後関係は左→右の順である。
(3) B面中央には樋状剥離前の剥離がわずかに残されている（左下斜線密・右下斜線密）。詳細は不明だが、B面右側（右下斜線密）では舌部に向かって加工が進む。
(4) B面には樋状剥離が残されている（左下斜線粗・右下斜線粗）。B面左側（左下斜線粗）では舌部方向に、右側（右下斜線粗）では先端に向かって加工が進む。B面左側（左下斜線粗）の剥離は末端がステップとなるものを主体とする。左右の前後関係は左→右の順である。

　田島氏によれば、大阪府桑津遺跡の斜行有舌尖頭器に施された斜状平行剥離（田島氏のいう樋状剥離）については、i）左辺の剥離群が先行し、右辺の剥離群が後出するらしい。つまり、表裏面ともに左側の剥離痕群が先に形成されており、右側の剥離痕群が後に形成されているという。また、ii）表裏面ともに、右側の辺では舌部から先端に向かって剥離が進み、左側の辺では先端から舌部に向かって剥離が進む。後者ii）の特徴は、大阪府長原遺跡（NG92-5）（図23-2）と大阪市内の数点のサヌカイト製有舌尖頭器にも確認されるという（田島 1993）。

　田島氏は上記以外の剥離のパターンがあることを認めつつも、大阪府桑津遺跡（KW82-7）と大阪府長原遺跡（NG92-5）の有舌尖頭器は、次の剥離順序となることを読み解いている。すなわち、右辺と左辺に連続的な剥離が形成する剥離痕群が存在し、さらに、右辺で先端方向に剥離が進み（↑）、左辺で舌部方向に剥離が進む（↓）ことを読み解いている（田島氏の見解(2)・(4)を参照）。そして、この田島氏の読解が正しいことを筆者は実見により確認した（筆者実見日：2007年6月5日、於：大阪市文化財協会）。田島氏の分析結果は、筆者の考える正位の石器扱いの仕組みに合致する。

　なお、図23に付した小文字の番号は、田島原図（1993）の左下斜線粗・右下斜線粗—これが田島氏のいう樋状剥離である—に対応している。小文字の番号は筆者実見により剥離の順序を読み解き追記したものである。図24～図29に付

した数字の意味も次のように理解されたい。数字の0は1を判断する基準となった相対的に1より「古」の関係にあるものである。数字の0は剥離痕の全体における最古の面をさすものではない。さらに同じように、2は1より「新」、3は2より「新」、4は3より「新」という隣り合う剥離の相対的な新旧関係を表している。したがって、例えば2の剥離の次に2の剥離と接しない場所で行われた剥離や、3の剥離の下に隠れて行われた小さな剥離などの順序を知ることができない―なぜなら3の剥離によって切り取られているために―のであるから、数字は石器全面に施された剥離の順序を示すものではない。0を見た目の起点としたときに、隣り合う剥離に認められる連なる新旧関係を数字により表したものと理解されたい。この基本的な考え方は松沢手法に従っている（松沢1959）。

正位の石器扱い

さて、これまでに筆者は剥離順序の方向を読み解くための実見調査を繰り返してきたが、この作業により、正位の石器扱いは、本州・四国の右肩上がりの有舌尖頭器および尖頭器などに導き出されることがわかってきた。そのすべては、結果的に本州・四国からである。

まず、近畿地方では、大阪府南住吉遺跡、奈良県勢野バラタニ遺跡、奈良県高田垣内古墳群下層遺跡、奈良県上津大片刈遺跡、兵庫県七日市遺跡、兵庫県北台遺跡、兵庫県有鼻遺跡の有舌尖頭器から正位の石器扱いが導き出される（筆者実見）。これらの資料には、時間を前後して作られた3つ以上の剥離痕に対して、連続する切断関係が観察されている。したがって、これらの剥離痕群に対しては、切り合いが一方向へと移動する様子が看取される。図示したすべての資料に対して、右辺で手前から向こうに剥離が進み（↑）、左辺で向こうから手前に剥離が進む（↓）という切り合い関係が認められる（図24）。例えば、勢野バラタニ遺跡の右肩上がりの有舌尖頭器（同図-1）には、右辺で舌部から先端方向へと進む14枚の連続する剥離痕が認められる。そして、左辺で先端から舌部へと進む7枚の連続する剥離痕が認められる。この右左辺で確かめられる剥離の進行方向は、正位の石器扱いによるものと合致する。

ただし、正位の石器扱いと合致する進行方向が、常に全面（辺）的に認めら

近畿地方

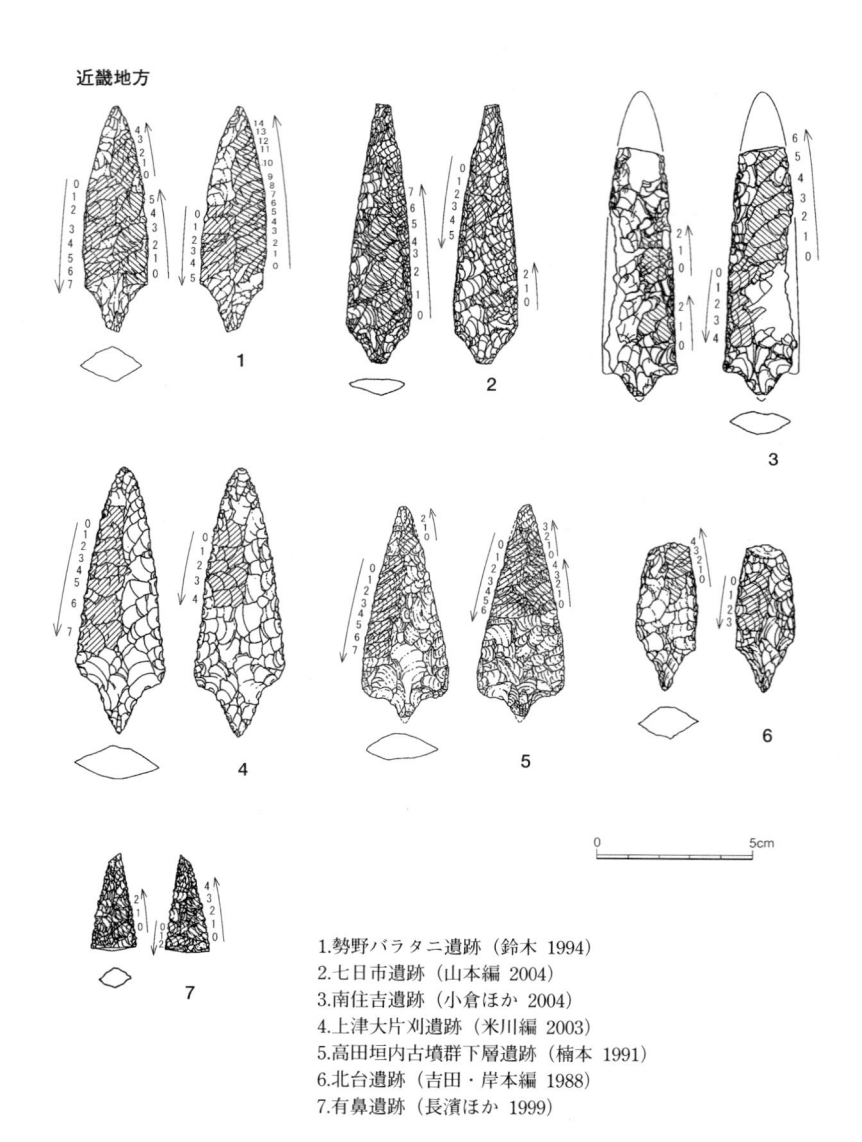

1.勢野バラタニ遺跡（鈴木 1994）
2.七日市遺跡（山本編 2004）
3.南住吉遺跡（小倉ほか 2004）
4.上津大片刈遺跡（米川編 2003）
5.高田垣内古墳群下層遺跡（楠本 1991）
6.北台遺跡（吉田・岸本編 1988）
7.有鼻遺跡（長濱ほか 1999）

図24　RL-斜行圏の石器扱い（2）（報告書より作図）
（図24～図29の番号は斜線に対応する。右辺は右下斜線、左辺は左下斜線に対応する。）

れるとは限らない。右辺や左辺の一部に局所的ないし飛び地的に途切れて確認できたものも少なくない。観察を困難とするさまざまな事情がこの原因となっているが、図示したもののうち、身部に対して間断なく連続する切り合い関係が認められるのは、勢野バラタニ例の裏面右辺に限られる。ほかの一部に関しては、途切れて部分的となり、崩れた格好で認められている。有鼻遺跡（同図-7）、七日市遺跡（同図-2）、南住吉遺跡（同図-3）、高田垣内古墳群下層遺跡（同図-5）などでは、右辺で舌部から先端へ、左辺で先端から舌部へと進行する連続的な切り合い関係が部分的に認められている。

　東海地方では、岐阜県寺田遺跡、岐阜県小の原遺跡、岐阜県越水遺跡、岐阜県岩井谷遺跡、岐阜県砂行遺跡、愛知県上重原遺跡、愛知県二本木遺跡の有舌尖頭器から正位の石器扱いが導き出される（筆者実見）。上記資料には連続的な切り合い関係が認められるが、やはり切り合いが右辺で手前から向こうへ（↑）と移動し、左辺で向こうから手前へ（↓）と移動する様子が観察される。したがって、上記すべての資料に対して、部分的であるか全面的であるかを不問として、正位の石器扱いと一致する剥離の進行方向が認められる。例えば、二本木遺跡（図25-3）や上重原遺跡（同図-4）の右肩上がりの有舌尖頭器には、舌部から先端方向へと進む12枚の連続する剥離痕が認められる。小の原遺跡（同図-1・2）、上重原遺跡（同図-4）、寺田遺跡（同図-12の右面、同図-10）、岩井谷遺跡（同図-8）、砂行遺跡（同図-6）では、右左辺の剥離の進行方向が正位の石器扱いと合致する。砂行例には間断なく続く連続的な剥離痕が全面的に認められる。砂行例は代表的な正位の石器扱いを示す。寺田遺跡の有舌尖頭器1例は例外的である（同図-12：左面が逆の進行方向を示す）が、ほかのすべては正位の石器扱いを示す。

　なお、東海地方の有舌尖頭器からは、図示したもの以外にも、右辺で手前から向こうに剥離が進み（↑）、左辺で向こうから手前に剥離が進む（↓）という、連続的な切り合いが認められる。実見によれば、岐阜県椿洞遺跡の採集資料（岐阜市歴史博物館所蔵：〔安達1972：第34図-18に対応〕）からも右辺で手前から向こう（↑）、左辺で向こうから手前（↓）に順番に施された連続的な剥離が認められる。岐阜県寺田遺跡の採集資料（岐阜市歴史博物館所蔵：未報告）には左辺でも手前から向こう（↑）に進む剥離順序が認められるが、表

東海地方

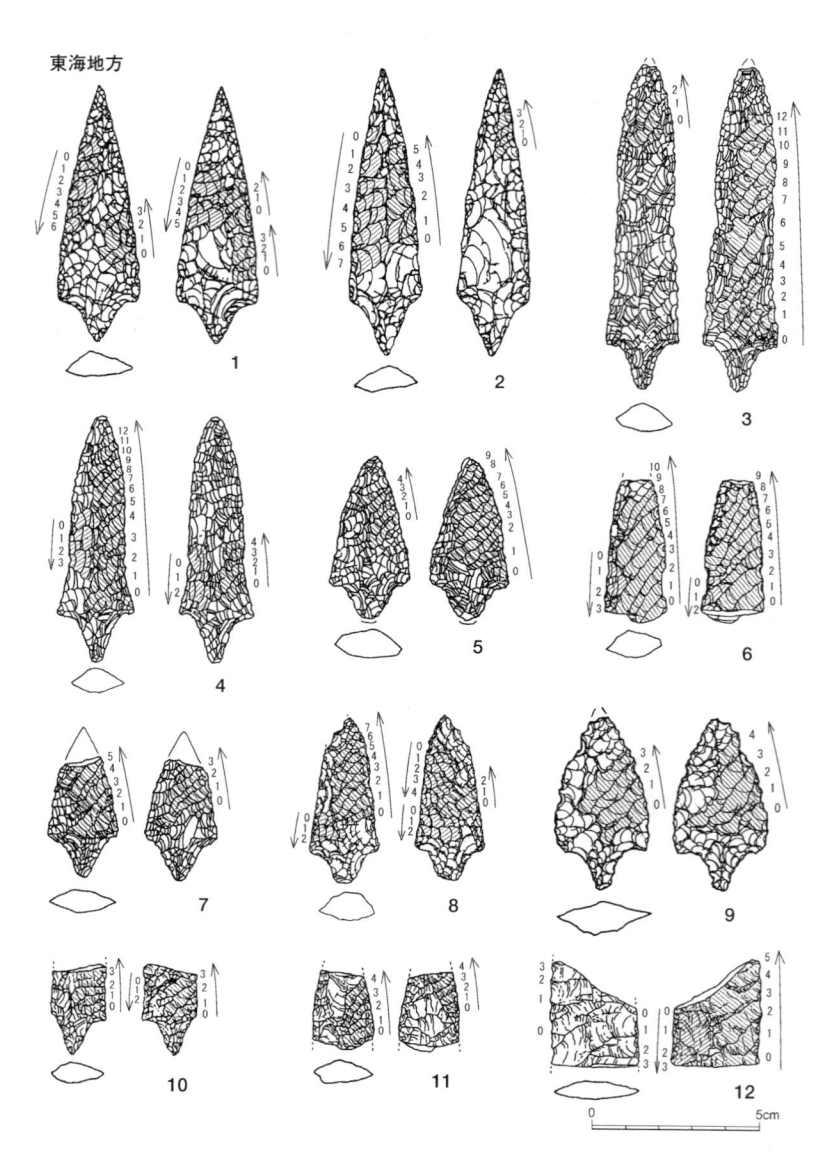

図25 RL-斜行圏の石器扱い（3）（報告書より作図）

1,2.小の原遺跡（大参ほか 1991）3.二本木遺跡（岩野ほか 2002）4,5,7.上重原遺跡（岩野ほか 2002）6.砂行遺跡（成瀬ほか 2000）8.岩井谷遺跡（浅野ほか 2000）9.越水遺跡（長屋 2003）10,11,12.寺田遺跡（吉田・高木 1987）

裏面の右辺で手前から向こう（↑）に進む9枚以上の連続的な剥離が認められる。また、愛知県原遺跡、岐阜県宮下遺跡、岐阜県古宮遺跡の有舌尖頭器には、右辺で手前から向こう（↑）に進行する剥離順序が認められている（筆者実見）。

中部地方・四国地方では、長野県仲町遺跡第4地点、長野県星光山荘B遺跡、高知県不動ヶ岩屋洞窟遺跡[2]、高知県宮地遺跡の有舌尖頭器から正位の石器扱いが導き出される（筆者実見）。これらの資料には、連続する切断関係が観察されており、隣接する剥離を順次一方向へと切っていく剥離痕群が観察されている。したがって、これらすべての資料には、右辺で手前から向こうに剥離が進み（↑）、左辺で向こうから手前に剥離が進む（↓）という、連続的な切り合いが認められる（図26）。星光山荘B遺跡（同図-3）、宮地遺跡（同図-5）の資料は正位の石器扱いによる代表的な例である。

また、仲町遺跡Ⅰ区の上部野尻湖層漸移帯から出土した尖頭器（図29-1）、仲町遺跡上部野尻ローム層Ⅱ黄モヤから出土した尖頭器（同図-2）、増野川子石遺跡A地点の尖頭器（同図-3）からも、右辺で手前から向こう（↑）、左辺で向こうから手前（↓）に進む剥離の順序が各々部分的ではあるが認められている（筆者実見）。ほかには、長野県西又Ⅱ遺跡出土の有舌尖頭器（図38-6）、新潟県田沢遺跡出土の有舌尖頭器（1968年東北大学芹沢長介氏の発掘による）、山形県日向洞窟遺跡西地区出土の掻器（図41-12）、石鏃などにも正位の石器扱いを実見している。

関東地方では、神奈川県相模野第149遺跡の有舌尖頭器から正位の石器扱いが導き出される（図27）。同資料は隆起線文土器最古段階に先行する可能性が高いために注目される（第4章参照）。同資料は裏面身部下半に認められる右辺からの主軸を越す長いRL-斜行剥離が目にとまるが、この剥離は対向する辺付近にまで達しており、これにより器面に右肩の上がる斜方向が表現されている。剥離は主軸付近で交わるものを主体とするが、基本的には左右の両側からRL-斜行剥離が身部に施されている。そして、正面身部下半の3枚および裏面身部下半の3枚の剥離痕からは、正位の石器扱いと同じ剥離の順序が導き出されている。すなわち、正面の左辺で向こうから手前（↓）へ、裏面の右辺で手前から向こうへ（↑）と移動する切り合い関係が実見により認められている。

以上のように、正位の石器扱いの証拠をつきつける剥離の進行方向／剥離の

84

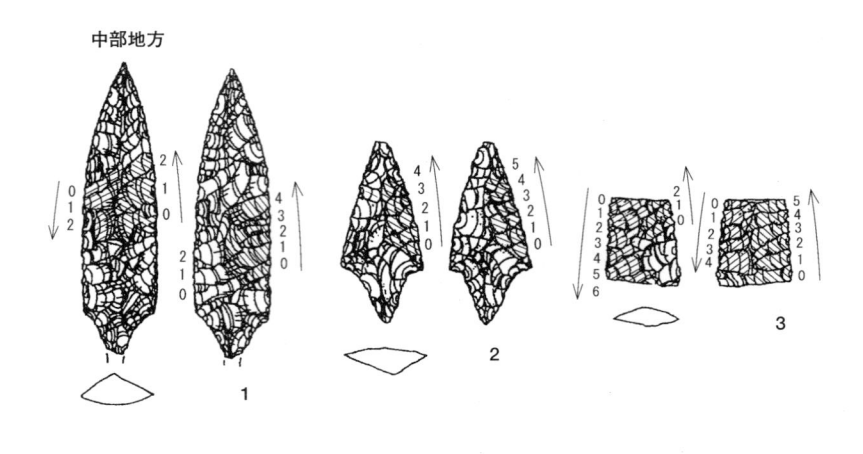

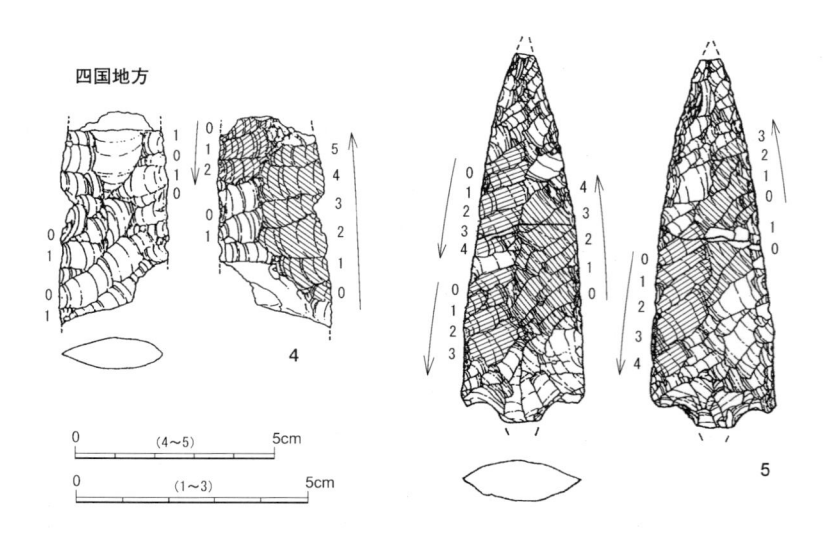

中部地方

四国地方

0　　　　　(4〜5)　　　　5cm
0　　　　　(1〜3)　　　　5cm

図26　RL−斜行圏の石器扱い（4）（報告書より作図）
1.仲町遺跡第4地点（鶴田ほか編 2004）2,3.星光山荘B遺跡（土屋・中島編 2000）
4.不動ヶ岩屋洞窟遺跡（岡本・片岡 1969）5.宮地遺跡（多田 2003）

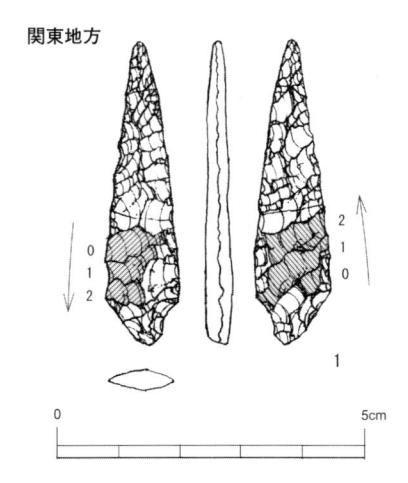

向きは、本州・四国における右肩上がりの有舌尖頭器・尖頭器などから導き出される。

4. LR-斜行圏の石器扱い：逆位の石器扱い

逆位の剝離は正位の剝離と反対の仕組みとなり、逆位の石器扱いは正位の石器扱いとは逆の結果から導き出される。このことは先に述べた。すなわち、逆位の剝離が手前への剝離である以上、向こうの高所（ポジ）と、手前の低所（ネガ）が、打面の強度と剝離の安定した走行を保証する。したがって、右辺で向こうから手前に剝離が進行し（↓）、左辺で手前から向こうに剝離が進行する（↑）はずである。

関東地方

図27 RL-斜行圏の石器扱い(5)（長井 原図）
1.相模野第149遺跡（相模考古学研究会 1989）

逆位の石器扱い

このことを踏まえて、逆位の石器扱いが導き出された。その資料は結果的に北海道の左肩上がりの有舌尖頭器・両面調整石器などからである。

北海道稲田１遺跡第１地点スポット５、北海道札内Ｎ遺跡スポット４～６における左肩上がりの有舌尖頭器からは、逆位の石器扱いが導き出される。これらの資料には、連続する切断関係が観察されており、隣接する剝離を順次一方向へと切っていく剝離痕群が観察されている。図示したすべての資料には、左辺で手前から向こうに進み（↑）、右辺で向こうから手前に進む（↓）、という連続的な切り合い関係が認められる（図28）。片側の辺にのみ連続する切り合いが認められる場合もあり、逆位の石器扱いと合致する進行方向が、常に全面（辺）的に認められるとは限らない。右辺や左辺の一部に局所的ないし飛び地的に途切れて確認できたものも少なくない。この点は正位の場合と同じである。とはいえ、札内Ｎ遺跡スポット６（同図-１・６）、稲田１遺跡第１地点スポット

5 (同図-3・4・5)、札内N遺跡スポット4 (同図-8) からは、右左辺で逆位の石器扱いと同じとなる剥離の進行方向の組み合わせが認められる。

ほかには、北海道美利河1遺跡A地区Sb-13 (図57-8)、北海道東麓郷1遺跡で左肩上がりの有舌尖頭器が出土したが、やはり右辺で基部 (↓) へ、左辺で先端 (↑) へと進行する連続する切断関係が認められており、逆位の石器扱いが想定される。

また、北海道帯広市別府地区で採集された両面調整石器 (図29-4) は、その形態から北海道系・後半期細石刃石器群にともなう可能性が高いと目されるが、端部付近に認められる並列剥離痕に対して、連続剥離により形成された剥離痕群が認められている。この部位を観察すると、左辺で手前から向こうに剥離が進み (↑)、右辺で向こうから手前に剥離が進む (↓) という逆位の石器扱いが認められる。

以上のように、逆位の石器扱いの証拠をつきつける剥離の進行方向／剥離の向きは、北海道の左肩上がりの有舌尖頭器・両面調整石器などから導き出される。

5. 日本列島における2つの石器扱い

以上、第3章では2つの石器扱いを検討した。その結果、正位の石器扱いの証拠をつきつける剥離の進行方向／剥離の向きは、本州・四国における右肩上がりの有舌尖頭器・尖頭器に対して量的に圧倒的となり、逆位の石器扱いの証拠をつきつける剥離の進行方向／剥離の向きは、北海道における左肩上がりの有舌尖頭器・両面調整石器に対して量的に圧倒的となる。このように、有舌尖頭器・尖頭器群の石器扱いは、本州・四国と北海道とで基本的には異なっていると考えられる。

この見解は、単に、異なる剥離の「技術」を指摘するだけにはとどまらない意義をもつと考えられる。なぜならば、2つの石器扱いは、石器づくりに固有の動作で生まれたと考えられるからである。そして、2つの石器扱いは伝承・習得された「身体技法」の表現形ともみなされるからである。石器扱いは石器づくりの動作により生まれるが、これは学習、伝承されるものであるから、石

第 3 章 石器扱いの違い　87

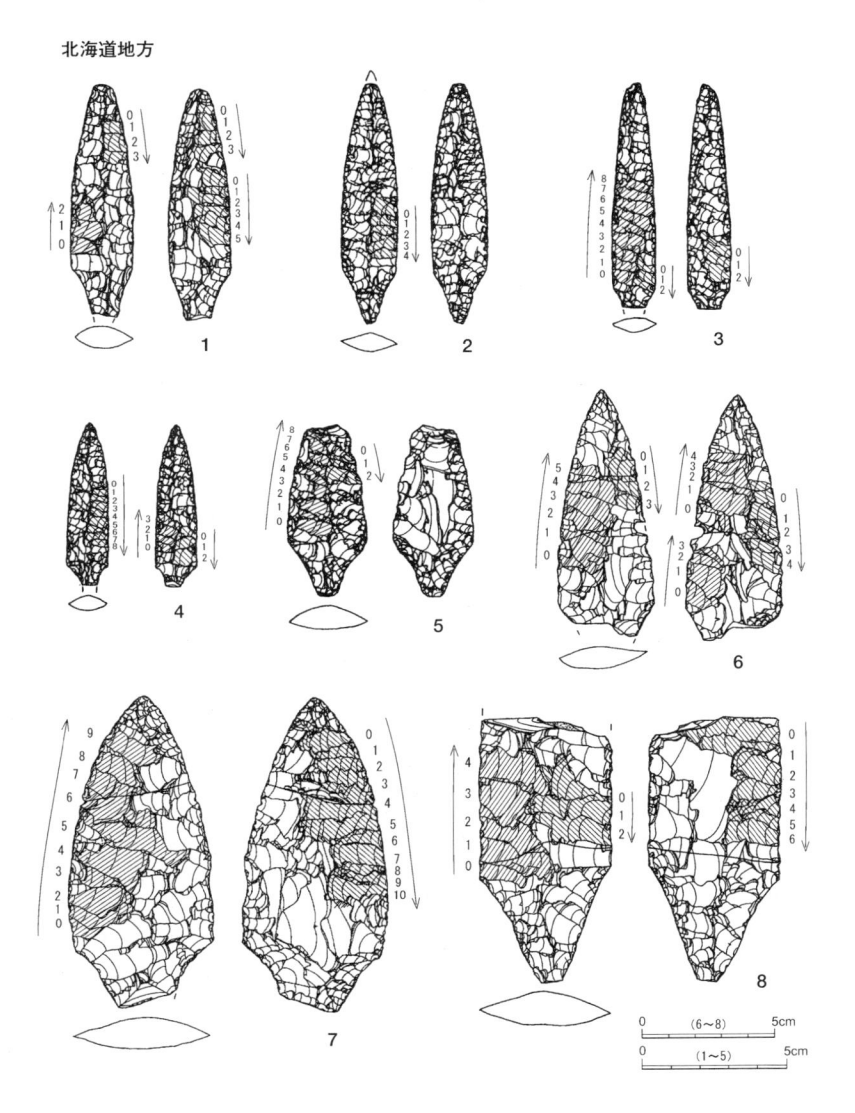

北海道地方

図28　LR-斜行圏の石器扱い（報告書より作図）

1,6.札内N遺跡スポット6（大矢編　2000）2〜5.稲田1遺跡第1地点スポット5（北沢・山原編　1997）
7.札内N遺跡スポット5（大矢編　2000）8.札内N遺跡スポット4（大矢編　2000）

88

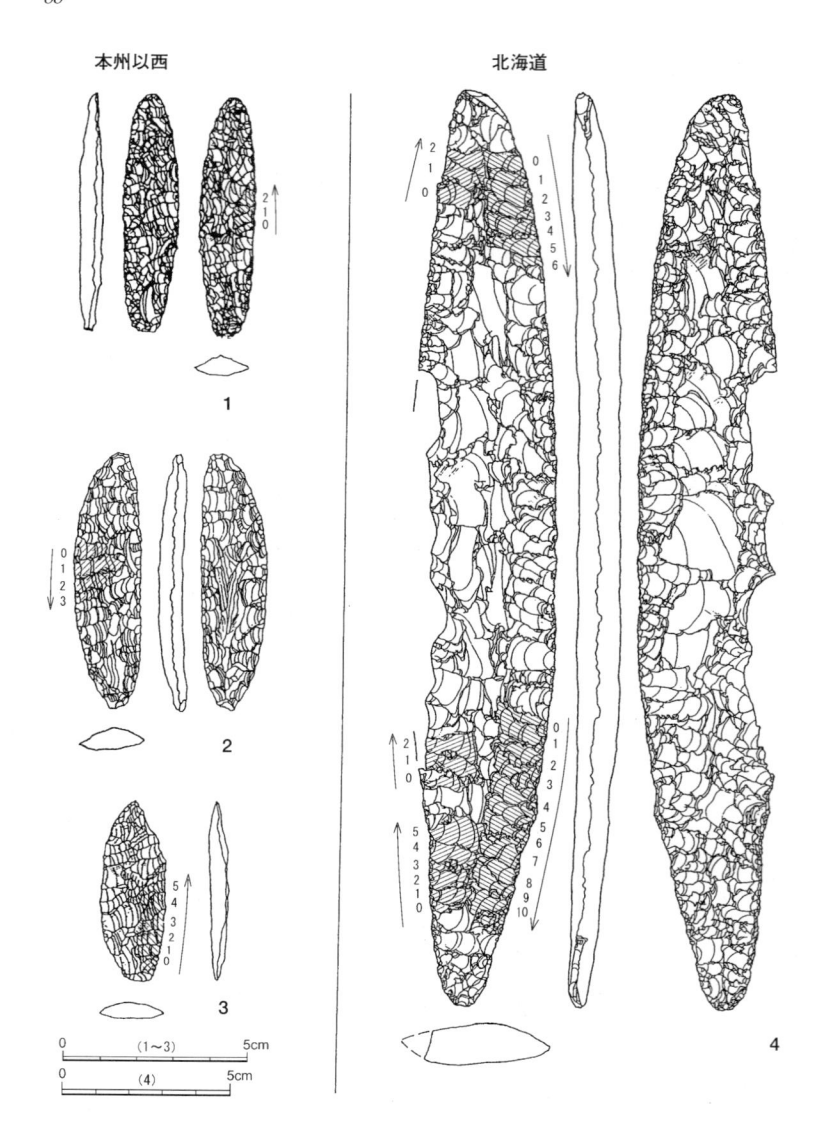

本州以西　　　　　　　北海道

図29　RL―斜行圏ならびにLR―斜行圏の石器扱い（報告書より作図）

1.仲町遺跡Ⅰ区（野尻湖人類考古グループ 1993）2.仲町遺跡上部野尻ローム層Ⅱ（深沢ほか編 1987）
3.増野川子石遺跡A地点（酒井 1973）4.別府地区（北沢・笹島編 2001）

器扱いの違いとは、各地方ですでに存在した石器づくりシステムの違いを反映している可能性が高いと予想される。

そこで、つぎの第4章では斜行剥離をもつ石器群の検討に移り、石器群の成り立ちを解きほぐしていく。第4章以降の検討により、2つの石器扱いが生まれる背景を究明する。

6. 利き手と固定具について

さて、上記の石器扱いは、右利きを対象に特別な固定具を利用しないという前提にある。そこで、利き手と固定具に関する私見を補足的にまとめておく。

固定具とは、素材のぐらつきを防ぐサポーター的役割を果たすものであるが、この利点として考えられるのは、①素材の支持補助、②剥離の伸長促進、③破損（割れ）の防止等々であろう。例えば、溝付きの固定具などを利用した場合には、作業面直下に隙間が確保される。したがって、剥離の足が伸長する効果を予想できるし、隙間により保持面と剥片背面の直な接触が避けられるため、剥片の破損（割れ）を免れると予想できる。

しかし、③の利点に関しては、―剥ぎとられた欠片を目的とする―「素材生産用の」押圧剥離を念頭に評価すべきと考えられる。有舌尖頭器に施されたのは「素材整形用の」押圧剥離であり、基本的には剥ぎとられた欠片を目的としない。したがって、有舌尖頭器などに施される押圧剥離に対しては、その効果を積極的には想定できない。

また、①や②の効果も、必要な条件とはみなしがたい。固定具を使わないで、両面調整石器の主軸を越す剥離痕形成に成功した復元製作事例が、この傍証となっている（Crabtree 1973、Callahan 1979、大沼 2002、Hirth et al. 2003、長井 2006cなどほか多数）。固定具を不用とした復元製作の成功は、固定具を使わずに、素材が強固に固定され、かつ主軸を越す長い剥片が剥離できることを示しており、固定具の不要を物語っている（長井 2008b）。[3]

実験考古学の知見を参考にすれば、有溝保持皮などが当て具のように使われた可能性は否定できない。だが、固定具を不要とした復元製作に我々が何度も成功しているのは確かである。有舌尖頭器づくりに対して、固定具は基本的に

は必要ないと筆者は考えている。

　また、上記の石器扱いは、右利きを例にとっている。先史人の利き手を扱う研究論文は近年多く、国内でも議論が盛んであるが、それらの諸見解を勘案すると、右利きを前提に議論をして差し支えないと考えられる。例えば、およそ紀元前3,000年から現代にいたるまでの利き手を独自の手法で調べたスタンレー・コレン氏によれば、人間全体の93％弱が右利きであり、右利きとなる素因は遺伝的に決定付けられるという（コレン 1994）。また、事例はヨーロッパの諸遺跡に限られているが、石器の使用痕分析からは、紀元前35,000年から紀元前8,000年の石器の約80％が右手で支えた磨滅パターンであると結論できるらしい（Semenov 1964）。また、旧石器時代における石器の使用痕分析からは、右利きの使い手による典型的な運動パターン―時計方向への回転運動―が指摘されている（Keeley 1977）。晩氷期・北海道における石器のキズのつき方から右手の利用が推測された報告文にも目がとまる（加藤・桑原 1969）。また、大塚達朗氏も、利き手については、時代・民族を問わず右利きが多いことを踏まえ、隆起線文土器に認められる量的に圧倒的に多いRの波状紋が右手の指に由来し、量的にきわめて少ないLの波状紋が左手の指に由来すると考えている（大塚 2000）。

　以上の見解により勘案すると、晩氷期・石器扱いは、右利きから立論して基本的には問題ないと考えられる。本州以西で量的にきわめて少ないLR-の剥離痕や、北海道で量的に少ないRL-の剥離痕は、基本的には左利きの割り手による作品であり、本州以西で量的に圧倒的に多いRL-の剥離痕と、北海道で量的に圧倒的に多いLR-の剥離痕は、基本的には右利きの割り手による作品である[4]と筆者は考えている。

註
（1）　なお、分析に入る前に、上記の記載の理解を助けるために、平行稜線の形成過程を補足的に説明しておく。一方向への連続的な剥離で平行稜線が形成される仕組みは、次のようであると考えている。根拠は己の復元経験にもとづく。
　　　すなわち；正位の剥離による場合、最初の向こうへの剥離が作る低所（ネガ）は、次隣の剥離の外形線が直線状となる影響を与える。したがって、次隣の剥離が割り手側に外湾するDの字状の剥離痕を生む。次隣の剥離が手前へと連続して進むので、D

の字状の曲線部（Dのつの部）が新しい剥離で切られていく。ゆえに、Dの字状の直線部（Dの｜の部）が残されて、直線状の平行稜線が形成される。正位の剥離の場合、剥離痕の打点側からみた素材の短軸に対して、Dの字状の剥離痕を生む。逆位の剥離も基本的には正位の剥離と同じ仕組みであるが、逆位の剥離による場合は、剥離痕の打点側からみた素材の短軸に対して、反Dの字状の剥離痕を生む。

（2）　一方向への剥離手順（↑↓と↓↑）が見出しえない資料も実見している。例えば、不動ヶ岩屋のように飛ばし飛ばしに剥離された例もある（図26-4の左面がこれに該当）。このような資料は、最終的な剥離痕がそれぞれ浮いた状態となり、剥離の順番が中途中途で掻き消されているために、判断が難しくなっている。

（3）　固定具と被固定素材は、ある程度対になる必要も指摘できるが、斜行剥離は有舌尖頭器、尖頭器、石鏃、掻器、彫器、削器、細石刃核など多様な石器に対して施されている（第4章）。石器づくりの効率上、それぞれの石器に対応する別な固定具が用意されていたとは考えがたい。また、石鏃・掻器・彫器などに微小な斜行剥離も施されているが、こうしてわずかに施される微調整に対して、固定具を使う効率を筆者はまったく想像できない。

（4）　だからといって、北海道でみつかるすべての右肩上がりが左利きによる作品であり、本州以西でみつかるすべての左肩上がりが左利きによる作品であるといっているわけではない。まとまった点数の右肩上がりが出土した大正3遺跡のように、LR-斜行圏で右肩上がりが石器群全体の斜方向構成の主体となりうる事例に関しては、なんらかの目的のために特殊化した長距離の移動を想定すべきであろう。

第4章　斜行石器群の広がり

　本章では、斜行剥離をもつ石器群（以下、斜行石器群）を検討する。まずは、第2章で明らかにした東西差の存続時期を調べる。日本列島の東側と西側で認められる斜行剥離の東西差は、いつ頃、どのくらいの間、どのように形成されたのか。日本列島における有舌尖頭器の消長を確かめながら、その背景をみていく。検討の対象となる資料は、本州以西および北海道の斜行石器群である。第2章・第3章で検討した斜行有舌尖頭器および正位／逆位の石器扱いが導き出された左肩上がり／右肩上がりの有舌尖頭器は、斜行石器群を構成する一器種として本章では理解する。

　本章では、まず、通時的な斜行有舌尖頭器を地理的に比較して、第2章で述べた「東西差」について具体的に検討する。結論として、斜行有舌尖頭器の東西差は、本州以西・有舌尖頭器の消長と、北海道・各種石器群にともなう斜行石器群の存続時期からみて、約13,000 y.B.P.〈約15,500 cal BP〉から11,000 y.B.P.〈約13,000 cal BP〉頃に顕在化すると推定される。さらに、斜行石器群の成り立ちを検討し、具体相を素描しながら、RL-斜行石器群とLR-斜行石器群の地理的な広がりをみていく。

　本州以西のとくに本州—四国の縄文時代草創期に関しては、土器の編年が大枠でほぼ確立している。むろん、関係性が不明確な地方色の強い土器様式があり、そういった土器様式圏が西南日本を中心に複数存在していることは見逃せない。とはいえ、本州以西の晩氷期後半において、時間的にも空間的にも隆盛をきわめた隆起線文系土器を基準とした時期区分は、草創期石器の変化と画期をとらえるのに有用である。大塚達朗氏により模式的に示された3期区分を参照して、草創期の土器を隆起線文系以前、隆起線文系段階、隆起線文系以後に分けた（大塚 1989）。隆起線文系以前には、隆起線文系以前の土器群（長者久保・神子柴期の無文土器・刺突文土器・沈線文土器など）が対応し、隆起線文系以後には、円孔文系・爪形文系・押圧縄文系・多縄文系土器が対応する（谷

口 2003・2004)。

　隆起線文系を挟む初期土器群3期に関しては、各期がそれぞれ前後に重複した時間的併行関係を有している。また、おおむね放射性炭素年代と整合する勢いを示しており、3期は段階的な新旧関係にある（谷口 2004)。地方色の強い土器様式に関しては、幾分恣意的に3期のいずれかに回収しておく。

　記述は「本州―四国」と「九州」で分け、以下の5群で整理する。本州A群：As-YP（浅間―板鼻黄色軽石）降灰以降で相模野編年段階XIに併行する斜行石器群、本州B群：隆起線文系土器を主体的にともなう斜行石器群、本州C群：爪形文系・多縄文系土器を主体的にともなう斜行石器群、本州BC1群：隆起線文系・爪形文系・多縄文系土器のいずれかをともなう斜行石器群、本州BC2群：無土器ないし土器の詳細が不明であるが、主体が本州B・C群に属すると考えられる斜行石器群、である。

　本州BC1群および本州BC2群は、土器をともなうにせよともなわないにせよ、石器群の様相により、その主体が本州B群あるいは本州C群に属するとみなされるものである。

　一方、本州の縄文草創期と時間的に併行する北海道の石器文化は、比較的明瞭な様相に分かれる石器群から構成される。しかし、各石器群の時間的な前後関係については、さらに厳密な検討を必要としており、不明である。便宜的に以下の4群に分けて記述する。北海道A群：忍路子型細石刃核石器群に関連す

本州A群	As-YP降灰以降で相模野編年段階XIに併行する斜行石器群
本州B群	隆起線文系土器を主体的にともなう斜行石器群
本州C群	爪形文系・多縄文系土器を主体的にともなう斜行石器群
本州BC1群	隆起線文系・爪形文系・多縄文系土器のいずれかをともなう斜行石器群
本州BC2群	無土器ないし土器の詳細が不明であるが、主体が本州B・C群に属すると考えられる斜行石器群
北海道A群	忍路子型細石刃核石器群に関連する斜行石器群
北海道B群	広郷型細石刃核石器群に関連する斜行石器群
北海道C群	小形舟底形石器群に関連する斜行石器群
北海道D群	有舌尖頭器石器群に関連する斜行石器群

表6　石器群一覧

る斜行石器群、北海道B群：広郷型細石刃核石器群に関連する斜行石器群、北海道C群：小形舟底形石器群に関連する斜行石器群、北海道D群：有舌尖頭器石器群に関連する斜行石器群、である。

　以下、「本州―四国」については、「北海道」よりも詳細に記述する。この理由は、本州以西におけるとくに開地遺跡では、文化層のコンタミネーションにより純粋な石器組成を保証しえない遺跡が多く、石器組成に関して他遺跡との詳細な比較検討を必要とする遺跡が少なくないことにある。また、概要的な報告しかない遺跡も多く、遺跡の一般的な理解にも研究者間で齟齬がある。こうした現状から、「本州―四国」の主要遺跡に関しては、個別に概要を記している。「九州」・（関東）に関しては、斜行石器に乏しく、基本的には概観に留めた。

　「北海道」における細石刃石器群に関する最新の研究動向については、山田哲氏の著書（2006）に要領よくまとめられているので、詳細をそこに譲る。ここでは、北海道細石刃石器群と関連する斜行石器群の様相を概観した。

　なお、本州以西の5群については、本州および四国の資料を対象とし、四国の資料も便宜的に「本州群」として扱っている。この理由は、基本資料となるものが圧倒的に本州に存在することである。

1. 本州以西の斜行石器群

本州A群：As-YP降灰以降で相模野編年段階XIに併行する斜行石器群

　さて、今現在、隆起線文土器よりも古い初期土器群および無土器の石器群にともなういくつかの遡源期有舌尖頭器が知られている。こうした資料は、中部地方北部から関東地方南部（相模野台地）の神子柴・長者久保系の石器群、細身の舌部が尖る尖頭器石器群への参入として認められるようである。こうした資料は、石器出土層位と広域火山灰（As-YPk、As-Sj、UGなどを鍵火山灰とする）の位置関係が比較によりまとめられる中部地方北部と相模野台地南部を中心として指摘されている（立木1996、栗島1988、砂田1994、諏訪間1991・2003など）。

　現在のところ、中部地方北部―関東地方南部で認められる6遺跡の資料（山

森 1992、相模考古学研究会 1989、青木・内川 1993、白石・笠井 1999、東京都教育委員会 2002、市川ほか編 1998)、中部地方北部—東北地方の2遺跡の資料(芹沢 1966、加藤編 1978)が遡源期有舌尖頭器の候補であり、後2者は石器の形態および石器群の比較研究によって学史的に古く位置づけられている。このうち、斜行有舌尖頭器が認められ、斜行剥離をもつ有舌尖頭器が安定して認められている立木編年(立木 1996)の縄文時代草創期前半段階3に相当する富山県臼谷岡ノ城北遺跡の斜行石器群が注目される。また、共伴関係の理解には若干の難があるが、部分的なRL-斜行剥離が実見により確かめられた相模野第149遺跡の有舌尖頭器も注目される。相模野第149遺跡の有舌尖頭器が同遺跡の土器(肥厚口縁系)と共伴関係にあれば、隆起線文土器最古段階に先行する関東地方では唯一の斜行石器とみなされる。

As-YP降灰以降で相模野編年段階XIに併行する斜行石器群〔本州A群〕は、As-YP(浅間—板鼻黄色軽石)降灰放射性炭素年代を根拠に、13,600 y.B.P.以降に位置づけられ、最古ドリアス期におおむね対応する。同石器群は、隆起線文系以前の初期土器群(谷口 2004)をともなう石器群を部分的に内包する。また、谷口氏によるPhase1にほぼ相当する(谷口 2003)。したがって、本州A群には、As-YP(浅間—板鼻黄色軽石)の放射性炭素年代平均中央値13,600 y.B.P.(矢口 1999)を上限とする12,800 y.B.P.までの年代幅が与えられる。

なお、As-YP降灰以降の相模野編年段階XIとは、立木編年の縄文時代草創期前半段階1から段階3と併行関係にある(立木 1996)。石器群の様相は、神子柴・長者久保段階の石器群、細身の舌部が尖る石器群に有舌尖頭器が明確に参入する段階にあたる(栗島 1988、立木 1996)。また、砂田編年段階4から段階5、諏訪間編年段階4以降が部分的に相当する(砂田 1994、諏訪間 1991)。また、As-YPは相模野台地でB0層中の立川ローム上部ガラス質テフラ(UG)に対応する(町田 2005)。これを根拠に、本州A群は相模野台地L1S層出土石器群と時間的併行関係が指摘できる。ただし、従前より指摘されているように、本層出土の石器群は非常に複雑な様相を示しており、それらを以下編年的には整理しえない。ここでは、本州A群併行期に本州型の細石刃石器群と「削片系」の細石刃核が認められることを確認しておく。

【臼谷岡ノ城北遺跡】（図30）

　さて、注目したいのは、臼谷岡ノ城北遺跡から出土した斜行石器群である。本石器群は細身の舌部が尖る尖頭器類を主体とし、斜行有舌尖頭器と斜行剥離をもつ有舌尖頭器をともなう。立木編年による縄文時代草創期前半段階3の石器群（立木1996）である。

　遺跡は富山県小矢部市域の南西部、福光町と隣接する小矢部市臼谷に所在する。渋江川上流域、渋江川左岸の南向き舌状台地上（標高70～76m）に立地する。1991年度の圃場整備事業に先立ち、小矢部市教育委員会により緊急調査が行われた。

　調査区はA・B・C・D区に分かれているが、C区中世の遺構面下で縄文時代草創期の石器群が検出された。石器群は、6m×3mの範囲に2か所の集中部を見せて出土したが、第1ブロックで長径約70cm、短径約50cmの焼土面が検出されている。炭化物や灰層も周囲に多く、炉跡と考えられている。

　遺物は砂とシルトに包含されている。砂とシルトは渋江川由来の堆積物であり、遺跡形成の前後に渋江川が傍を流れていたことが推定されている。[3]また、遺物の上下レベル差も約20cm強と小さく、平面分布は調査区内で完結する勢いを示す。石器群は同一時期の純粋な石器組成を保障している可能性が高い。

　縄文時代草創期の遺物は、2か所の遺物集中地点（第1ブロックと第2ブロック）から出土している。出土遺物の総数は22,894点にのぼるが、22,782点が剥片・微細剥片である。第1ブロックで有舌尖頭器6点、槍先形尖頭器18点、削器4点、石刃4点、叩き石2点、石斧破片17点、剥片（2cm以上）1,502点、砕片21,004点、炭化物55点、第2ブロックで槍先形尖頭器1点、削器1点、剥片（2cm以上）39点、砕片237点、炭化物4点となる。石材の大半は流紋岩であるが、一部に安山岩、鉄石英、ハリ質安山岩、玉髄などを存在する。遺物集中地点と重複して土器片（5mm程度の小破片）が1点検出されたというが、その詳細は不明である（山森1992）。

　第1ブロック西縁部からは下呂石製の斜行有舌尖頭器が1点出土している。この斜行有舌尖頭器にはRL-斜行剥離が認められる。RL-斜行剥離は表裏で右辺に対して密に施されており、主軸を越す長いものが主体となっている。一部は他縁付近にまで達している。右辺からRL-斜行剥離が数条施され、それらが

第4章　斜行石器群の広がり　97

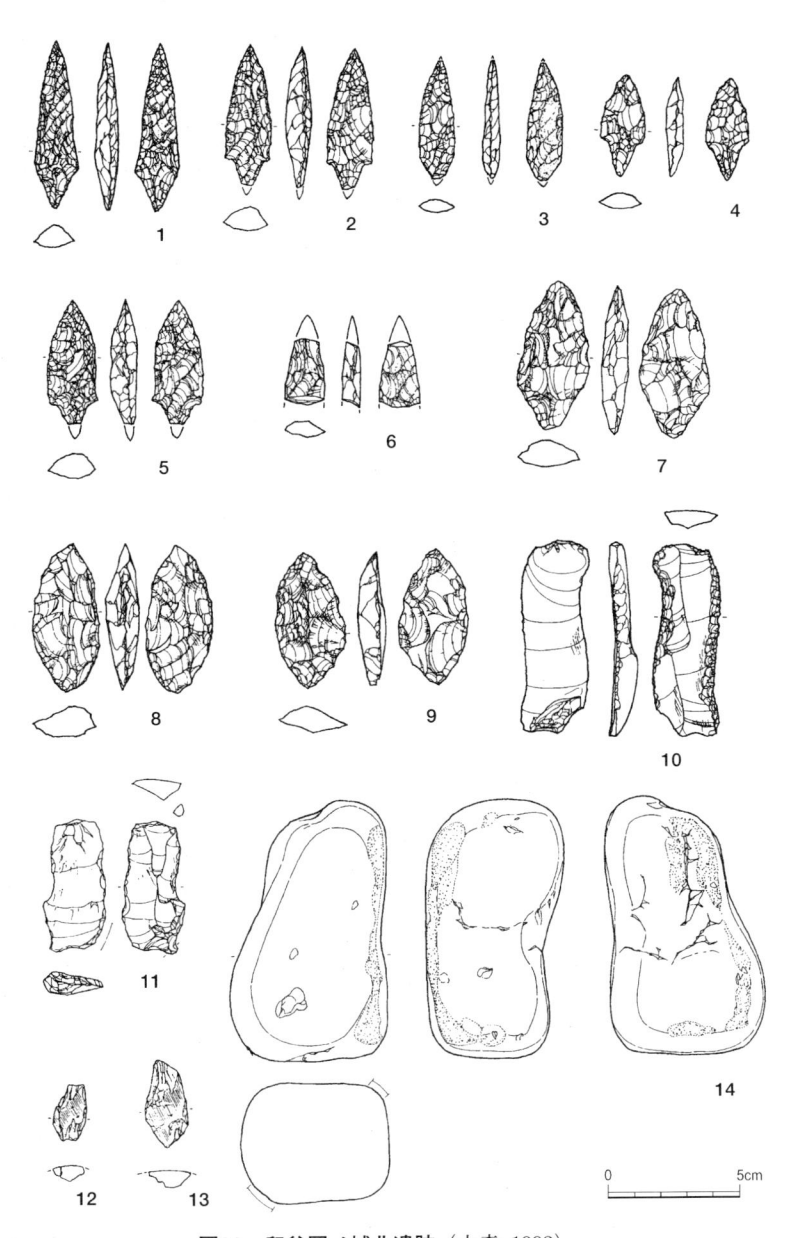

図30　臼谷岡ノ城北遺跡（山森 1992）

並列して、全体として右肩上がりの斜方向を成している（図30-1）。
　また、共伴したほかの有舌尖頭器に対しても基本的には精緻な調整が施されている。これらの調整は、全体的にRL-の斜方向となっており、右肩上がりを呈するものが多い。同図-2右辺にはRL-斜行剥離が認められる。全体に風化が進み、稜線の鈍化が著しいため、判断が難しいが、同図-3の両側辺にはRL-斜行剥離が施されたとわかる。同図-6も稜線の鈍化が著しく判断に迷うが、両側辺にRL-斜行剥離が施された可能性は高い。真正の斜行有舌尖頭器とよべるものは1点（同図-1）にとどまる。槍先形尖頭器（同図-7・9）、削器（同図-10）、錐（同図-11）に斜行剥離は認められない。
　第1ブロックで下呂石を素材とした有舌尖頭器は同図-1に限られるが、第1ブロック出土砕片の実見により、下呂石を素材とした微細剥片Ⅱb類（長井2004・2006a,b）が数点認められた。肉眼による判断ではあるが、Ⅱb類と同図-1の石質は酷似する。これらの微細剥片は、遺跡内でRL-斜行剥離が施されたことを傍証している。
　なお、石刃素材の削器や石刃打面再生時に生じる剥片が存在するなどの理由により、報告者は本石器群に石刃技法が存在したとみなしている（山森1992）。[4]

【相模野第149遺跡】（図31）

　相模野第149遺跡は神奈川県大和市つきみ野に所在し、目黒川東岸、標高80～81mの相模野台地上に立地する。1970年2月に相模野考古学研究会による緊急調査が実施され、細石刃文化層1面（L1S下部文化層）と縄文時代草創期文化層2面（FB下部文化層・L1S上部文化層）が確認されている。
　文化層は富士黒土層（FB）下部（第Ⅰ群の石器群・FB下部文化層）、L1S上部（第Ⅱ群の石器群と土器群・L1S上部文化層）、L1S下部（第Ⅲ群の石器群・L1S下部文化層）にそれぞれ包含される。各文化層は出土層位が異なり、生活面の層位がそれぞれ富士黒土層（FB）下部、L1S上部、L1S下部に推定されており、時期の異なる文化層と考えられている。
　縄文時代草創期の文化層（L1S上部文化層）に関しては、垂直分布ピークの判断により、ある程度の同時性が推定されている。石器群は8m×5mの範囲から出土し、出土位置が記録された資料は357点を数える。平面的にも層位

第4章 斜行石器群の広がり 99

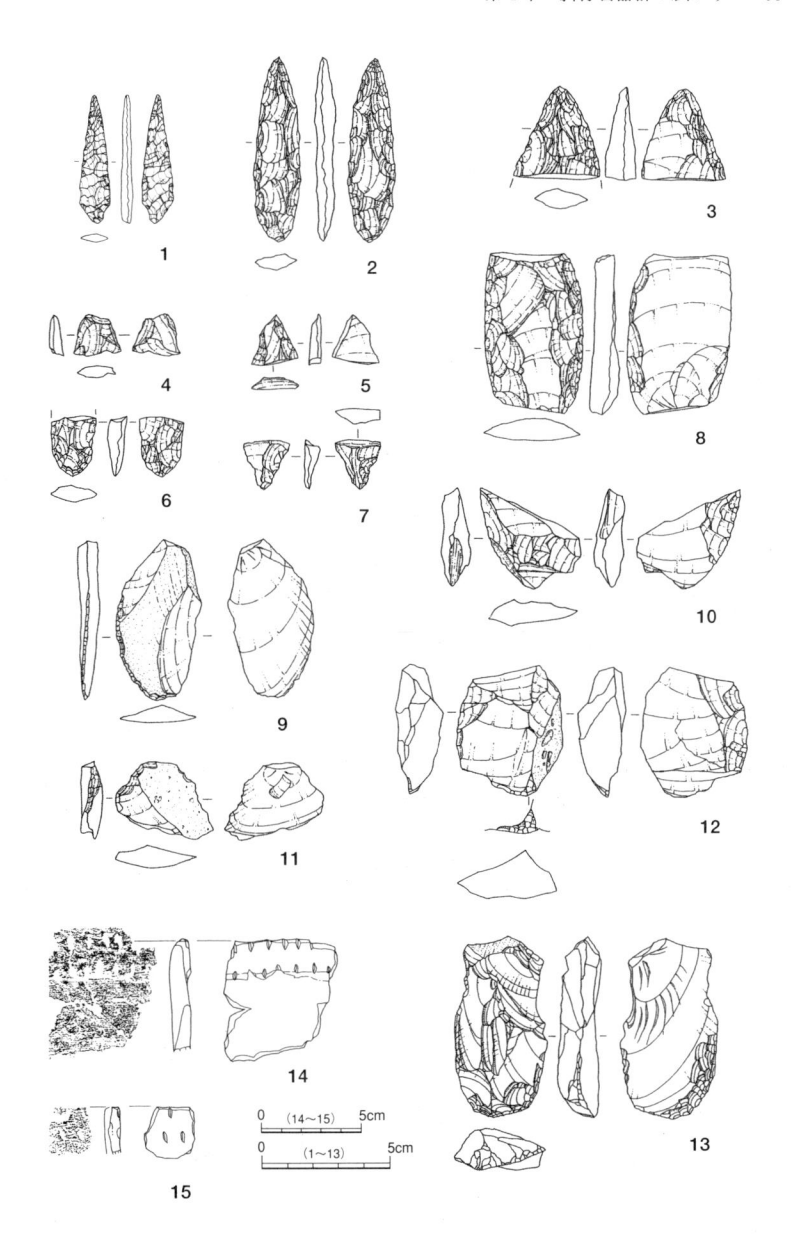

図31 相模野第149遺跡（1：長井 原図、2〜15：相模考古学研究会 1989）

にも土器の分布が一致しており、石器群と土器の共伴が推定されている。ただし、分布の一部は調査区外に拡大する勢いにあり、未回収の石器類の存在も予想される。

　L1S上部文化層の石器遺物総数は461点で、それらの内訳は有舌尖頭器１点、槍先形尖頭器４点、掻器１点、削器３点、石斧（？）１点、加工痕のある剥片13点、剥片・砕片438点である。石材は、有舌尖頭器で流紋岩、掻器で硬砂岩が用いられ、その他はすべて安山岩である。30片の土器片が出土し、土器は２個体が識別されている。そのうち１個体は、口縁端部に粘土紐を貼り付けて隆帯とする特徴をもつ平底の土器であり、隆起線文土器の最古段階に先行する隆起線文土器以前の初期土器と判断されている（相模考古学研究会 1989）。

　L1S上部文化層からは１点の斜行有舌尖頭器が出土している（図31-1、図27）。この資料は、右肩上がりの有舌尖頭器である。剥離は全体的に主軸付近で交わるものを主体とするが、身部下半に明瞭なRL-斜行剥離が認められる。このRL-斜行剥離は、表裏で右辺と左辺から施されている。とりわけ、右辺から施された主軸を越す長いRL-斜行剥離が特徴的である。また、正面（同図左面）の身部左辺下半に認められる３枚のRL-斜行剥離および裏面（同図右面）の身部右辺下半に認められる３枚のRL-斜行剥離には、正位の石器扱いが導き出されている（第３章参照）。正面身部左辺で先端から基部へ、裏面身部右辺で基部から先端へと進む連続的な剥片剥離が認められ、これにより正位の石器扱いが導き出されている（図27）。なお、槍先形尖頭器（図31-2・3・6・8）、掻器（同図-13）に斜行剥離は認められない。

　なお、右肩上がりの有舌尖頭器は調査時の排土から採集されている。原位置は不明であるが、器面にロームが付着していることから、調査者はL1S上部文化層にともなうものとみなしている（相模考古学研究会 1989）。

本州B群：隆起線文系土器を主体的にともなう斜行石器群

　隆起線文系土器を主体的にともなう斜行石器群〔本州B群〕とは、谷口氏によるPhase2にほぼ対応する（谷口 2003）。本州B群には12,800 y.B.P.から11,800 y.B.P.までの年代幅が与えられる。

　本州B群では土器の出土量と遺跡数の増加がみられる。南は種子島から北は

下北半島までに土器使用の普及が認められる。隆起線文系土器には隆起線文（隆線文）土器、隆帯文土器が相当する。隆起線文土器に関しては、隆線（帯）の太さを基準とする一方向型変遷観（小林 1962・1963）にもとづき細分する見方もあるが、その変遷を支える層位事例や良好な個体に乏しく、基本的には隆起線文系土器にまとめて検討する。

　関東地方における本群は、おおむね相模野編年段階XII（諏訪間 2003）に比定される。相模野台地では基本的には漸移層からFB下部に出土位置をもつ（島立 1988）。相模野編年段階XIIとは、立木編年の縄文時代草創期前半段階4と併行関係にある（立木 1996）。

　本州B群は、有舌尖頭器・尖頭器・掻器・削器・錐・石斧を基本的な石器組成とし、石鏃・有溝砥石・石皿・磨石・礫器・植刃・半月形石器・拇指状掻器などが地域性により顕在化する。有舌尖頭器の大きさが本群を特徴づける可能性もあるが、基本的にはさまざまな大きさと形態の有舌尖頭器が本群で出揃う。尖頭器については、最大幅を身の中央や下半部にもつものがあり、基本的には大型から小型の木葉形や柳葉形の尖頭器を組成する。基端部が丸く涙滴状を呈する厚手の小型尖頭器や、剣状を呈するきわめて細身の尖頭器などを地域により特徴的に組成する。局部磨製石斧と打製石斧が認められる。

　石器組成には地方色が認められる。確実な共伴例は乏しいが、東海以東では関東地方を中心として本群に石鏃がともなう可能性が高い。近畿地方では確実な一括例がまだなく、詳しく検討することはできないが、本群に石鏃の共伴を傍証する事例は少なくない。また、本州東半部では両面調整素材の掻器・錐などが卓越する傾向にある。関東地方では扁平で薄身な打製石斧が陵駕し、礫器も目立つ。ちなみに、在地由来の小礫を主要素材とする傾向にある関東・中部地方（ならびにその周辺域）と、大型の両面調整石器製作で生じた調整剥片を素材とする傾向にある東北地方とでは、技術基盤の差異に由来した技術構成の相違がある可能性が高い。

　隆起線文系土器を主体的にともなう斜行石器群は、隆起線文土器の付着炭化物の放射性炭素年代を根拠に、12,300 y.B.P.前後に位置づけられる。本群は最古ドリアス期末期からベーリング期／アレレード期の温暖期におおむね対応する。

　放射性炭素年代値としては、別土層に混入する危険性がある種実試料や微細

な木炭試料、あるいは海洋リザーバー効果の影響が大きい貝試料などを除外し、月見野上野遺跡第2地点（12,480±50 y.B.P.：小林ほか 2005b）、久保寺南遺跡（12,280±50～12,630±50 y.B.P.：辻 2001）、星光山荘B遺跡（12,000±40 y.B.P.～12,340±50 y.B.P.：山形 2000）、万福寺遺跡（12,330±40 y.B.P.：小林ほか 2005a）などを根拠とする。これらの年代値はいずれも加速器質量分析計（AMS）にて土器付着物を測定して得られたものであり、誤差±250年以内で12,300 y.B.P.前後に比較的まとまっている。本州B群には約1,500～1,700年間の時間幅が与えられる。

非関東

　関東地方を除く隆起線文系土器を主体的にともなう斜行石器群は、斜行有舌尖頭器をともなう石器群と、斜行剥離をもつ石器類をともなう石器群とからなる。斜行石器群に属するもので、斜行有舌尖頭器ないし斜行剥離をもつ石器類をともなう（関東地方を除く）主要遺跡は、下記のものとなる。

　中・四国地方で愛媛県上黒岩岩陰遺跡、近畿地方で奈良県桐山和田遺跡、奈良県北野ウチカタビロ遺跡、東海・中部地方で、岐阜県寺田遺跡、岐阜県宮ノ前遺跡15層、愛知県酒呑ジュリンナ遺跡、長野県小馬背遺跡昭和43年調査、長野県西又Ⅱ遺跡、長野県星光山荘B遺跡、長野県仲町遺跡第5a地点、長野県狐久保遺跡、長野県荷取洞窟遺跡、東北地方で山形県日向洞窟遺跡西地区などに、斜行有舌尖頭器ないし斜行剥離をもつ石器類をともなう。そのうち、上黒岩岩陰遺跡、桐山和田遺跡、北野ウチカタビロ遺跡、寺田遺跡、酒呑ジュリンナ遺跡、宮ノ前遺跡15層、小馬背遺跡昭和43年調査、西又Ⅱ遺跡、星光山荘B遺跡などの本州西半部を中心とした遺跡からは、斜行有舌尖頭器が出土する。寺田遺跡、星光山荘B遺跡、日向洞窟遺跡西地区からは、部分的な斜行剥離ないし一方向型の斜状平行剥離が施された尖頭器・植刃・石鏃・掻器が出土する。また、狐久保遺跡、荷取洞窟遺跡で斜行剥離をもつ尖頭器が出土する。石器類の共伴関係については一層の検討を要するが、隆起線文系土器をともなう長野県柳又遺跡A地点の隆起線文系土器群・石器群（栗田 1997）も本群と関連する可能性がある。

　なお、葛原沢第Ⅳ遺跡・埋没谷Bは隆帯文土器が主体となるが、伴出した有

舌尖頭器はいずれも粗い剥離を主体としており、斜行剥離は認められない。

斜行有舌尖頭器をともなう石器群
【上黒岩岩陰遺跡】（図32）
　上黒岩岩陰遺跡は愛媛県上浮穴郡美川村に所在する。標高は397m。1960年代に5次にわたる調査が行われている。報告書が未刊で資料も散逸し、詳細は誰もが知りえる状況にはなかったが、歴博フォーラムの研究成果（小林ほか編2008など）により、全体像が明らかとなりつつある。出土状況を詳細に復原するのは困難であるが、一部の資料に関しては鮮明な実測図と詳しい観察所見が公表されている（光石ほか 2005など）。
　草創期遺物は第2～4次調査でその大半が出土している。第2・3次調査報告の記述にもとづけば、第9層が草創期の遺物を包含する。同層からは細隆起線文土器、有舌尖頭器、礫器などが出土する（江坂・西田 1967）。最近行われた土器群の再整理により、上黒岩岩陰遺跡には最低2つの草創期文化層が存在すると判明している。第6層に無文土器を指標とする草創期後半の文化層、第8層下部から第9層に隆起線文土器を指標とする草創期前半の文化層が存在するという。第9層で12,450 y.B.P.前後の放射年代が、第6層で10,000 y.B.P.前後の放射年代が得られている（小林ほか編 2008）。
　上黒岩岩陰遺跡からは、斜行剥離をもつ有舌尖頭器群が検出されている。辺に対してほぼ垂直の剥離を施したものが多く、多傾する剥離痕をもつ有舌尖頭器が主体的となる。ただし、部分的なRL-斜行剥離を有する有舌尖頭器も一部認められる（図32-1・4など）。同図-1にはRL-斜行剥離が両側辺に認められるが、同図-4は部分的にとどまる。斜行剥離は全体的に幅広で、片側の辺にのみ認められるものが多い。また、一部に素材面を残すものも少なくない。全体に石器が小型であるためか、剥離の長さは幾分短い印象を受ける。同図-1や4は右肩上がりの有舌尖頭器と判断して差し支えない。

【桐山和田遺跡】（図33）
　桐山和田遺跡は奈良県山辺郡山添村桐山に所在する。遺跡は布目川蛇行部の南斜面、北野ウチカタビロ遺跡の下流側対岸（標高275m）に立地する。布目

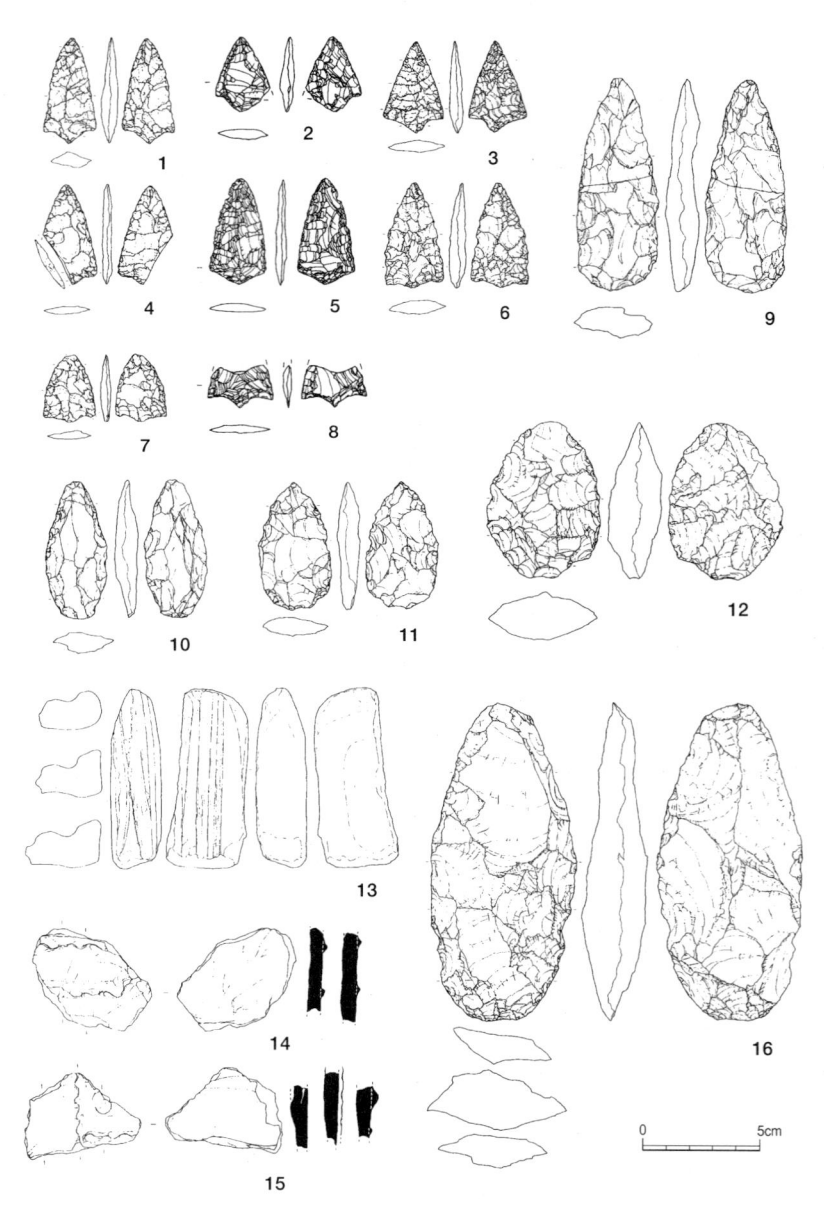

図32　上黒岩岩陰遺跡
2・5・8（多田 1997）1・3・4・6・7・9～16（光石ほか 2005）

ダム建設にともない、1987年から1990年まで奈良県立橿原考古学研究所によって緊急調査が実施された。押型文土器をもつ早期の文化層下に隆起線文土器をもつ草創期の文化層が認められる（松田編 2002）。ただし、桐山和田遺跡における草創期文化層の純粋性は問題であり、石器群は資料操作により分離を必要とする。

　桐山和田遺跡の隆起線文土器は、5e層にのみ検出され、調査区南西部の4E・5E区周辺に集中する。この事実を積極的に評価すると、押型文土器の平面的な分布と重複しない4E区5e層および、重複が比較的少ない4E・5E区周辺の5e類層（報告書による5c.e、5d.e、5e下部、5c.d.e、5c.e（下部）、5e〜6、5c下部が相当する。これらをここでは5e類層と仮称する）の石器類が隆起線文土器にともなうとみなされる。5a〜5d層でも草創期遺物が出土するが、早期遺物も出土しており、草創期文化層への帰属を決定するのは困難である。すなわち、桐山和田遺跡の草創期石器群は、上層遺物との混在が少ない4E・5E区周辺の5e層および5e類層出土石器類に認められる可能性が高い。

　ところで、石器の形態的特徴により草創期資料を抽出することはできる。しかし、そのようにして選び出した資料が、上層遺物（押型文土器）にともなう可能性を完全に否定できるわけではない。したがって、遺物の形態的特徴により草創期石器を恣意的に選び出すことは、押型文土器と有舌尖頭器の共伴が問題とされている現状で、建設的な研究を果たしえないと考える。

　以上の理由により、同遺跡4E・5E区周辺の5e層および5e類層から出土した土器と石器を選出したのが図33である。以下の記述は、4E・5E区周辺の5e層および5e類層から出土した土器と石器に関するものである。

　桐山和田遺跡4E・5E区周辺の5e層および5e類層から出土した土器は、隆起線文土器と無文土器である。4E・5E区周辺の5e層および5e類層の石器群は、有舌尖頭器、尖頭器、石鏃、掻器、削器、石錐、磨石、有溝砥石からなる。有舌尖頭器は小型のものを主体とする。尖頭器は涙滴状を呈する中型および小型の尖頭器で特徴づけられる。石鏃は4E・5E区周辺の5e類層から一定量認められる。石鏃は4E区5e層で25点、5E区5e層で39点、4E区5e下部層で3点出土しており（松田編 2002：表16より）、これは草創期石器群における石鏃の共伴を示唆している。石斧片が5e層で検出されている。

106

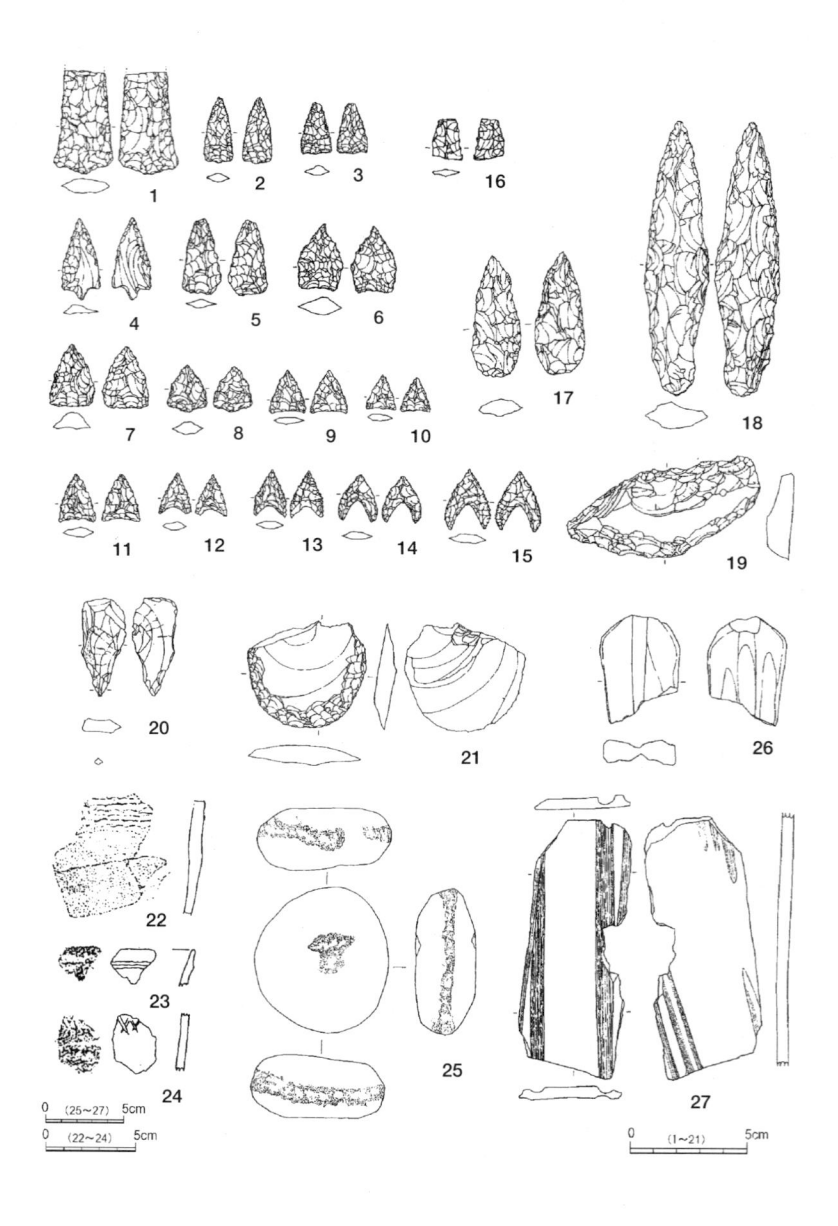

図33 桐山和田遺跡（松田編 2002）

桐山和田遺跡4E・5E区周辺の5e層および5e類層からは、部分的なRL-斜行剥離をもつ有舌尖頭器と石鏃を一部出土する。小型の有舌尖頭器（同図-2）には、右辺から左下がりに施されたRL-斜行剥離が認められる。また、同図-3の両側辺にも、同種の部分的なRL-斜行剥離が認められる。また、石鏃（同図-5）にも幾分幅広のRL-斜行剥離が認められる。このRL-斜行剥離は表裏両側辺に対して施されており、斜方向は右肩上がりを呈する。

【北野ウチカタビロ遺跡】（図34）
　北野ウチカタビロ遺跡は奈良県山辺郡山添村北野に所在する。遺跡は布目川蛇行部の北斜面、桐山和田遺跡の上流側対岸（標高278m）に立地する。布目ダム建設にともない、1989年5月から翌年6月まで、奈良県立橿原考古学研究所によって緊急調査が実施された。縄文時代中期〜後期文化層、早期文化層と草創期文化層が認められている。概要報告によれば、埋没した自然河道（流路）から草創期文化層が層位的に確認できる（松田・近江 1991）。ただし、正式報告を待って再評価する必要を感じる。

　草創期土器は、隆起線文土器、太目の粘土紐を口縁部に貼り付けて肥厚させる土器で特徴づけられる。平底の土器も認められる。土器の一部（図34-17〜21）については、葛原沢Ⅰ式の隆帯文土器に比定されるとの評価もあり（池谷 2003）、隆帯文土器（同図-17〜21）に伴出した石器が隆線文（隆起線文）土器最古段階に近い時期に遡る可能性はある。

　草創期石器は有舌尖頭器、石鏃、掻器、矢柄研磨器、有溝砥石などからなる。一部の石器に対しては明瞭な斜行剥離が認められる。同図-1 正面には顕著なRL-斜行剥離が施されており、それが右肩上がりの斜方向を成している。このRL-斜行剥離は正面身部右辺に対して並列して密に施されているが、正面身部左辺の基部付近にも数条施されている。裏面身部両側辺には並列剥離が施されているが、それらは基本的には辺に対してほぼ垂直となっている。また、同図-2にも表裏両側辺に対してRL-斜行剥離が施されている。表裏ともに右辺に施されたRL-斜行剥離が左辺のそれより急な傾きを呈している。やや不定形な斜行剥離をまじえているが、同図-1・2 は基本的には右肩上がりの有舌尖頭器とみなされる。なお、石鏃、掻器に対しては、基本的には辺に対してほぼ垂直

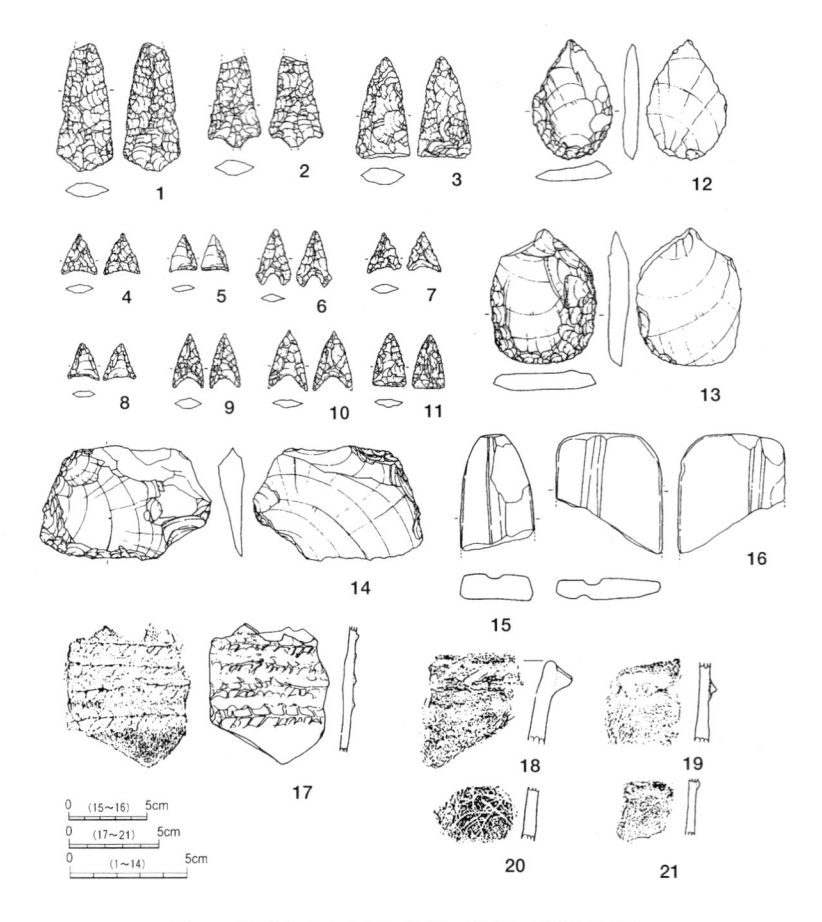

図34 北野ウチカタビロ遺跡（松田・近江 1991）

の調整剥離となっており、明瞭な斜行剥離は認められない。

【寺田遺跡】（図35）

寺田遺跡は長良川右岸、船伏山の南西部に広がる低位段丘上（標高22m）に立地し、岐阜県岐阜市日野に所在する。国道建設にともない、1985年5月から翌年6月まで事前調査が行われた。

縄文時代草創期の文化層はⅢ層上部を中心に包含される。ただし、Ⅲ層上部

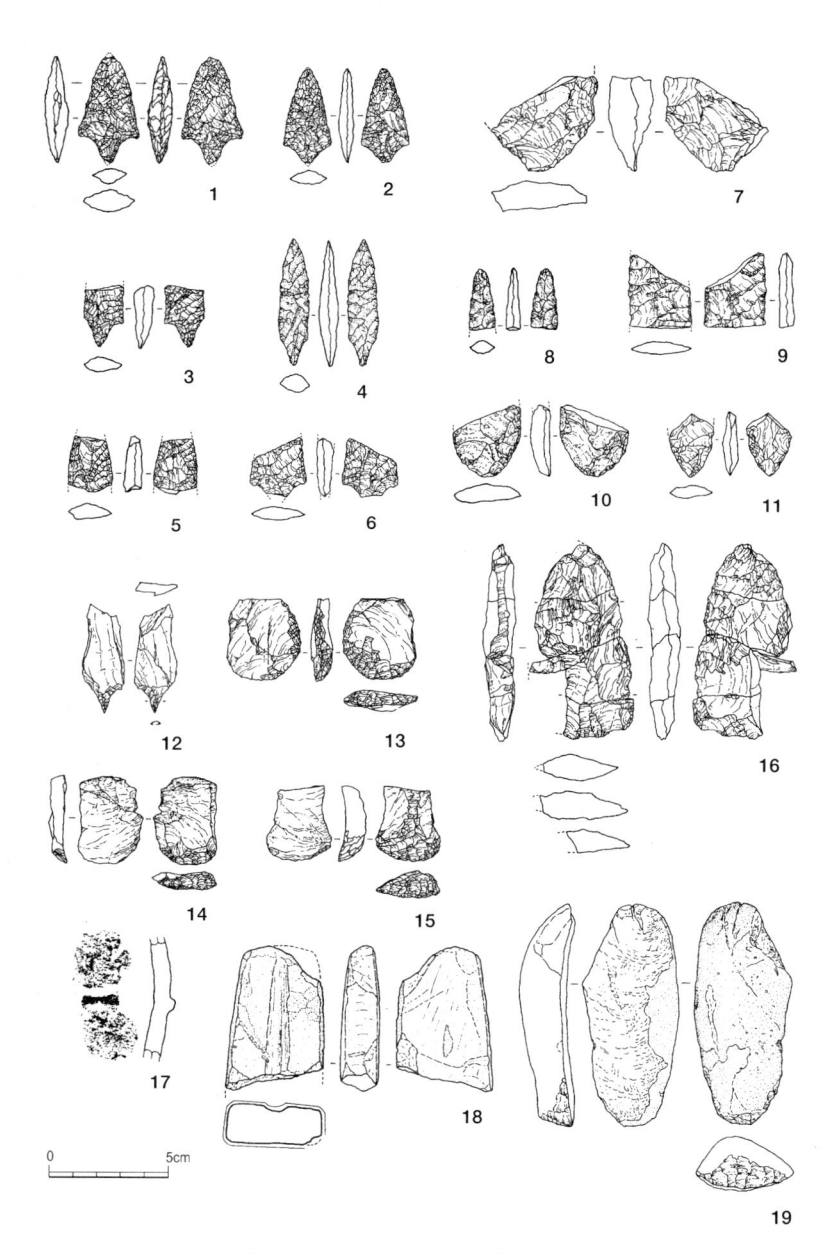

第4章　斜行石器群の広がり　109

図35　寺田遺跡（吉田・高木 1987）

およびⅢ層中部でナイフ形石器群、細石刃石器群が出土しており、自然層区分を超えて遺物は垂直方向に拡散する傾向にある。遺物集中部が平面的な重なりをみせない場所もあり、一括性を検討する余地はあるが、基本的には複数の文化層によるコンタミネーションを回避しきれず、石器組成に関して問題を残している。隆線文土器、有舌尖頭器、尖頭器、掻器、矢柄研磨器などが出土している。拇指状の掻器を主体的にともなう。

　寺田遺跡は約230ｍを隔てて日野遺跡と近接している（吉田・高木 1987、内堀ほか 1995）。寺田遺跡と日野遺跡の尖頭器には接合関係があり、寺田と日野の両遺跡には、ある程度の同時性あるいは石器群形成の連続性が推定されている。日野遺跡からは有舌尖頭器、尖頭器、掻器、神子柴系の石斧などが出土している（吉田・高木 1987）。

　寺田遺跡には代表的な斜行有舌尖頭器が認められており、複数の石器に対して明瞭な斜行剥離が確認できる。有舌尖頭器・植刃にはRL-斜行剥離が顕著に施されており、それらの斜方向はすべて右肩上がりとなっている。岐阜市歴史博物館が所蔵する発掘資料および採集資料を実見すると、6点の斜行有舌尖頭器が抽出できた。うち1点（図35-9）は技術形態学的に植刃である。図35には発掘資料を図示した。同図-4・5・6の右肩上がりの有舌尖頭器には、両側辺に対してRL-斜行剥離が認められる。また、同図-3の右肩上がりの有舌尖頭器には、右辺に対してRL-斜行剥離が認められる。同図-9の植刃にもRL-斜行剥離が認められる。全体として主軸を越すRL-斜行剥離が多く、長いRL-斜行剥離が右辺に多い。尖頭器、石錐、掻器などに斜行剥離は認められていない。同図-4は代表的な右肩上がりの有舌尖頭器である。

　寺田遺跡の有舌尖頭器・植刃には、連続的な切り合い関係を有するものが少なくない。有舌尖頭器（同図-3・5・6）、植刃（同図-9）からは、辺縁部の小剥離を除く身部剥離痕に対して、先端から基部ないしその逆へと移動する切り合い関係が認められており、正位の石器扱いが導き出されている（第3章および図25参照）。

【酒呑ジュリンナ遺跡】

　酒呑ジュリンナ遺跡は愛知県豊田市幸海町に所在し、矢作川の支流、足助川

中流域右岸の小規模な段丘面上（標高120m）に位置する。1966年に第1次調査が、1968年に第2次調査が行われた。

酒呑ジュリンナ遺跡では、局部磨製石斧と木葉形尖頭器を組成する神子柴系石器群と、土器をともなわない有舌尖頭器・石鏃群がみられる。第1次調査では両者は層位的に分離でき、新旧関係にあると理解されたが、第2次調査では両者を分離できず、一時期の所産と考えるにいたっている。近年、第2次調査の所見に再考をうながす見解もあり、遺跡の形成過程、層序の整合性に対する詳細な検討が必須である。なお、第1次調査では配石遺構が検出されている。剥片・砕片類の多くが配石遺構の周辺から出土しており、石器製作址的な様相が推定されているが（澄田・大参1967、大参1970）、その詳細は不明である。

土器としては隆起線文土器（微隆起線文土器）、爪形文土器、無文の土器がある。石器としては有舌尖頭器、尖頭器、掻器、削器、局部磨製石斧、矢柄研磨器などがある。局部磨製石斧は甲高形状を呈する。

酒呑ジュリンナ遺跡には、RL-斜行剥離をもつ有舌尖頭器が認められる。有舌尖頭器の各辺に対する調整は、辺に対してほぼ垂直の剥離を主体とするが、一部の有舌尖頭器には正面右辺に主軸を越す長いRL-斜行剥離が認められる。また、一部の有舌尖頭器には正面に対して両側辺からRL-斜行剥離が施されている。尖頭器、石鏃、掻器、削器などに斜行剥離は認められていない。

【宮ノ前遺跡15層】（図36）

宮ノ前遺跡は岐阜県吉城郡宮川村西忍に所在し、宮川左岸、標高427mの河岸段丘上に立地する。1995年に緊急調査が実施された。旧石器時代から縄文時代早期にかけての文化層が層位的に検出されている。

縄文時代草創期の文化層は13層（表裏縄文土器）、15層（隆起線文土器）、16層（湧別技法細石刃石器群と神子柴系尖頭器）にそれぞれ包含される。ただし、指標的石器の出土層位から明らかなように、自然層区分を超えて遺物が上下方向に拡散するのが常態であり、3つの文化層は一部汚染されている可能性が高い。

15層で尖頭器、石鏃、掻器、楔形石器、磨石、石皿などが出土している。16層で湧別技法細石刃石器群と神子柴系の尖頭器が出土し、13層で表裏縄文土器

112

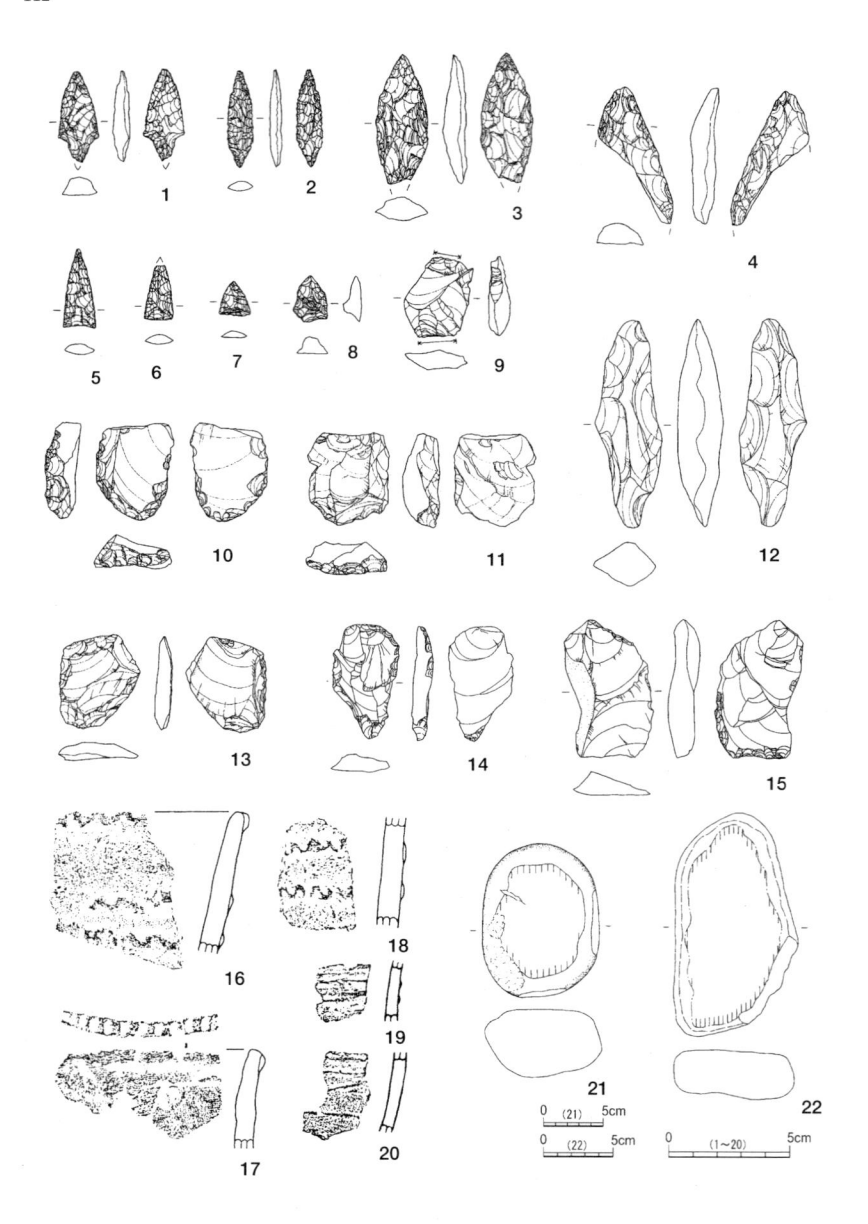

図36　宮ノ前遺跡15層（早川ほか編　1998）

を主体に爪形文土器、石鏃、磨製石斧、掻器などが出土している（早川ほか編 1998）。15層は斜行系の石器群であるが、13層は非斜行系の石器群である。13層は本州C群と併行関係にある可能性が高い。

　宮ノ前遺跡15層には隆起線文土器と右肩上がりの有舌尖頭器が認められる。右肩上がりの有舌尖頭器（図36-1）には、表裏に対して主軸を越えた長いRL-斜行剥離が施されている。このRL-斜行剥離は右辺に対して著しく、数条が並列する。この並列した数条のRL-斜行剥離が、右肩上がりの斜方向を成している。なお、一部の石鏃には部分的な斜行剥離がみえなくもないが、はっきりとはしない。尖頭器、掻器などに明瞭な斜行剥離は認められない。

【小馬背遺跡（1968年調査）】（図37）

　小馬背遺跡はこれまでに4度（1968年、1987・88年、1996年）の発掘調査が行われたが（小林編 1988・1989、永井ほか 2001）、ここで対象とするのは、1968年に山下生六氏と神村透氏が試掘調査した資料である。

　小馬背遺跡は長野県木曽郡開田村西野下向に所在する。遺跡は開田高原（平均標高約1,100 m）に位置し、木曽川支流の西野川右岸の河岸段丘上に立地する。1968年11月、木曽教育会・郷土館調査部事業の一環として調査された。この調査からは、隆起線文系の土器にともなう尖頭器類の石器製作址と土壙1基が検出された。調査範囲は約140m²と小さいが、多量の遺物が出土している。内訳は、有舌尖頭器18点、槍先形尖頭器63点、掻器2点、石鏃1点、片刃打製石斧1点、石核3点、剥片（約10.5kg）、土器4片となる。4点の土器片はいずれも隆起線文系土器と考えられている（小林編 1989）。

　小馬背遺跡からはRL-斜行剥離をもつ有舌尖頭器群が検出されている。非斜行有舌尖頭器もともなっているが、明瞭なRL-斜行剥離が施された有舌尖頭器が一部認められる（図37-2・6）。基本的には精緻な調整によるものが多く、並列剥離が散見される。小型品が多く、剥離の足が全体的には短くなる傾向にある。同図-6には安定したRL-斜行剥離が両側辺に施されており、それが明瞭な右肩上がりの斜方向を成している。同図-2にもRL-斜行剥離が認められるが幾分部分的である。辺に対してほぼ垂直の剥離が施されたもの（同図-1・4）もある。同図-3や同図-5などにも、右辺に対してわずかに斜めの部分

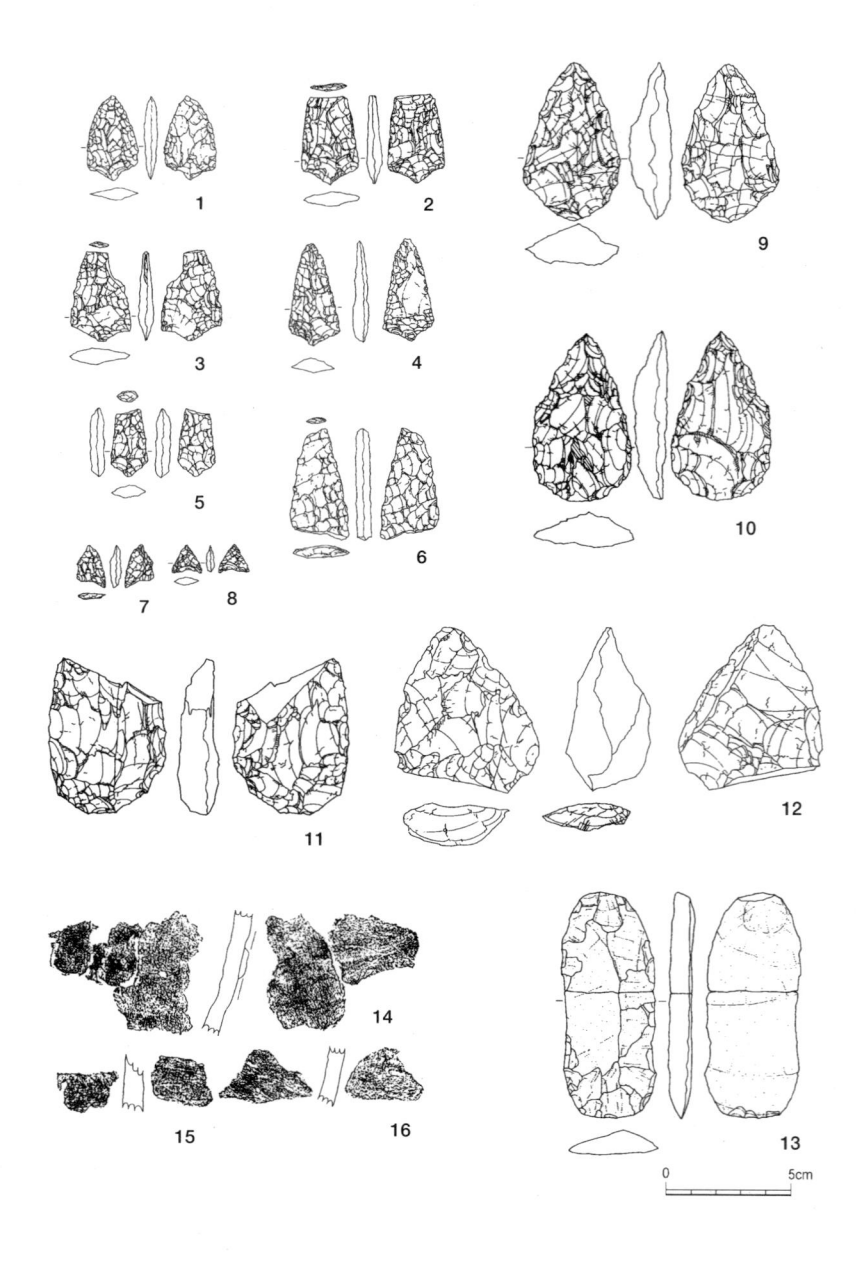

図37 小馬背遺跡（1968年調査）（小林編 1989）

的なRL-斜行剥離が認められる。

【西又Ⅱ遺跡】（図38）

　西又Ⅱ遺跡は長野県木曽郡開田村西野原馬里に所在し、小馬背遺跡の約2km南西、開田高原北西部の西又川西岸に立地する。木曽教育会郷土館資料部の事業として、1969年10月に神村透氏と樋口昇一氏を中心として発掘調査された。1988年と1998年、同遺跡は國學院大學や木曽郡町村会によっても調査されたが、草創期遺物の大半は1969年の調査から出土している。1969年の調査からは、隆起線文系の土器にともなう尖頭器類の石器製作址が検出された。1974年夏の調査記録によれば、調査面積160m²で4つの台石を中心として石斧・有舌尖頭器・剥片類が出土している（神村1973）。

　前後する文献に調査面積と点数の齟齬があるが、調査面積約200m²からは、ローム層の表面を中心として、有舌尖頭器13点、尖頭器17点、両面調整石器75点、掻器23点、抉入状掻器14点、彫刻器11点、石刃9点、石鏃6点、神子柴型石斧3点、石核3点、その他の石器2点、剥片類3,321点、土器80片が出土している（伊深1975）。その後、約7個体分（97点）の隆起線文系土器が識別されている（小林編1989）。また、尖頭器・有舌尖頭器とともに掻器類が比較的多く認められている（神村1973、伊深1971・1975）。また、尖頭器の調整剥片や未製品が認められている（小林編1989）。

　西又Ⅱ遺跡からは、斜行有舌尖頭器およびRL-斜行剥離をもつ尖頭器類が出土している。図38-5・6は斜行有舌尖頭器であるが、双方に安定したRL-斜行剥離が認められる。同図-5には、左辺で右上がり、右辺で左下がりのRL-斜行剥離が施されている。この資料は右肩上がりの有舌尖頭器である。同図-6の右辺には、整然としたRL-斜行剥離が施されている。他縁（左辺）際に達する剥離も一部あり、こうした剥離が一方向型の斜状平行剥離を成している。さらに同図-6右辺には、先端へと向かって移動する約7枚の連続的な切り合いが認められており、正位の石器扱いが導き出されている。同図-2裏面身部の右辺には、主軸を越すRL-斜行剥離が認められる。

　西又Ⅱ遺跡にはRL-斜行剥離をもつ尖頭器・有舌尖頭器が多い。図示していない資料や未報告の尖頭器・有舌尖頭器などにもRL-斜行剥離を実見している。

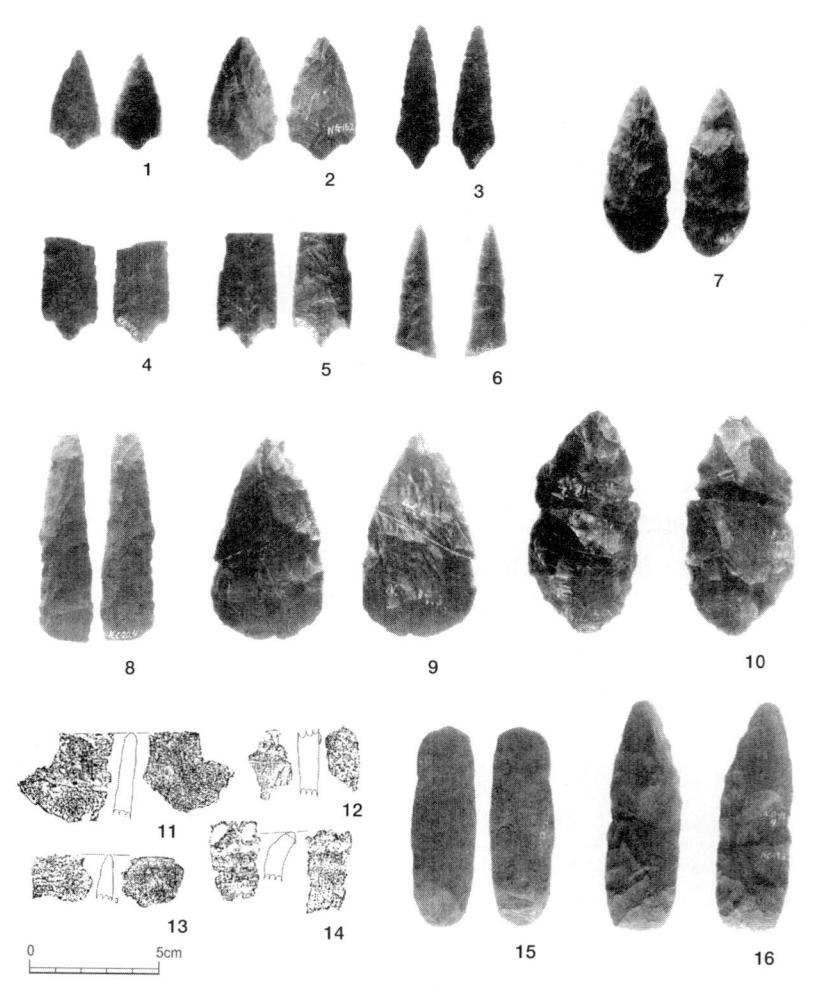

図38 西又Ⅱ遺跡 (小林編 1989)

【星光山荘B遺跡】(図39)
　星光山荘B遺跡(土屋・中島編 2000)からは隆起線文土器とそれにともなう豊富な石器群が出土している。遺跡は長野県上水内郡信濃町下山桑に所在し、池尻川に張り出す舌状段丘上(標高652〜650m)に立地する。上信越自動車道建設工事にともない、1993年から1995年まで財団法人長野県埋蔵文化財センタ

ーによって緊急調査が実施された。縄文時代晩期面の下部より4か所の遺物集中部と集石をともなう縄文時代草創期の文化層が検出された。

遺物には、隆起線文系土器（微隆起線文土器）約1,300点、有舌尖頭器31点、尖頭器34点、石斧16点のほか、石鏃、石錐、掻器、削器、植刃などがある。有舌尖頭器については、2.0〜3.5cm程度の小型のものが主体であり、部分的な斜行剥離が認められるものもあるが、基本的には寸詰まりの剥離による。放射性炭素年代として、隆起線文土器に付着した有機物から、12,000±40 y.B.P. （Beta-133848、AMS）〜12,340±50 y.B.P. （Beta-133847、AMS）の年代値が得られている。年代値は良くまとまっており、これらの年代値は石器群の年代と強い関係をもつ可能性がある。

星光山荘B遺跡には、右肩上がりの斜方向を呈する尖頭器類が認められる。有舌尖頭器（図39-10）、尖頭器（同図-17）、植刃（同図-15）などにRL-斜行剥離が認められており、RL-斜行剥離が右肩上がりの斜方向を成している。RL-斜行剥離はやや大型の有舌尖頭器と細身・薄手の尖頭器に対して主体的に施される傾向にある。一方、小型の有舌尖頭器には斜行剥離がはっきりとは認められない。また、石鏃（同図-13）、錐（同図-14・19）、掻器・削器類（同図-20〜22）にも明瞭な斜行剥離は認められない。

有舌尖頭器（図39-10）にはRL-斜行剥離が施されている。このRL-斜行剥離は右辺に対して部分的に施されている。また、柳葉形の尖頭器（同図-17）、植刃（同図-15）にもRL-斜行剥離が施されている。このRL-斜行剥離は両側辺に対して施されており、それが右肩上がりの斜方向を成している。植刃（同図-15）には非常に安定したRL-斜行剥離が施されており、一方向型の斜状平行剥離と右肩上がりの斜方向が認められる。さらに植刃からは正位の石器扱いが確かめられている（第3章参照：図26-3）。

斜行剥離をもつ石器類をともなう石器群
【仲町遺跡第5a地点】（図40）

仲町遺跡（鶴田ほか編 2004）は古野尻湖に突き出た仲町丘陵（現野尻湖と池尻川低地を東西に分ける通称）北西端に位置し、長野県上水内郡信濃町に所在する。遺跡は一般国道18号野尻バイパス改築工事にともなって、1999年から

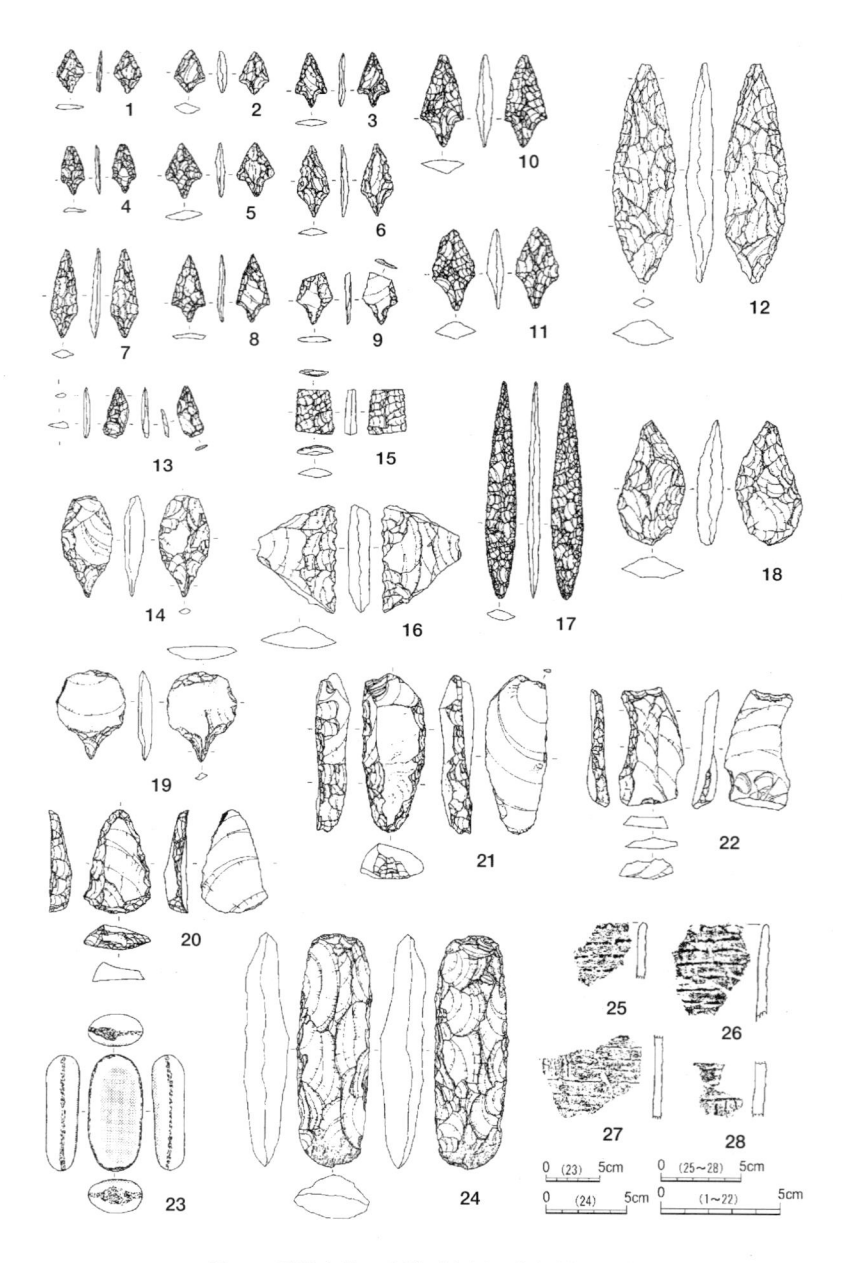

図39 星光山荘B遺跡（土屋・中島編 2000）

2002年まで財団法人長野県埋蔵文化財センターにより調査された。仲町遺跡は1967年以降、野尻湖発掘調査団および信濃町教育委員会などによる10数次の部分的な発掘調査が行われており、仲町丘陵北端の尾根から土壙3基が検出されている（深沢ほか編1987）。ただし、土壙と第5a地点の関係はわかっていない。[6]

　仲町遺跡では大別7地点から遺物の出土が確認されている。縄文時代草創期の遺物は、丘陵北西の斜面に位置するBP第4地点・第5地点（第5a地点、第5c地点、第5d地点）を中心に出土した。第4地点・第5a地点からは土坑、礫群、炭化物集中と遺物集中部をともなう縄文時代草創期の石器群が検出された。BP第4地点・第5地点では、隆起線文土器、円孔文・円形刺突文土器、爪形文土器、多縄文系土器がみつかっている。第4地点で2点の斜行有舌尖頭器が近接して単独的に出土している（図79）。第5a地点の1層は隆起線文土器、円孔文・円形刺突文土器、爪形文土器、無文土器が比較的まとまって出土する。第5a地点の石器群に関しては、第5c地点、第5d地点にくらべて上層遺物と混在が少なく、石器組成の純粋性は比較的高い。土器の破片数だけを参考にすると、第5a地点1層は隆起線文土器が主体となる。ただし、円孔文系土器と爪形文土器の共伴を積極的に評価すると、第5a地点1層には若干の時間幅があると考えられる。

　放射性炭素年代として、第5a地点1層の隆起線文土器、円孔文系土器群に付着した炭化物から、11,420±44 y.B.P.（NUTA2-7388、AMS）～12,280±110 y.B.P.（PLD-1843、AMS）の年代値が得られている。年代値は12,000 y.B.P.前後にまとまっており、一連の年代値は第5a地点石器群の年代と強い関係をもつ可能性がある。ただし、測定値には約800年の年代幅があり、同一個体の土器に270年の差がある。この点は留意しておかねばならない。

　仲町遺跡第5a地点には、右肩上がり傾向の斜方向を呈する石器が認められる。尖頭器（図40-16）、石鏃（同図-10）などにRL-斜行剥離が一部認められる。同図-11の有舌尖頭器にも不安定なRL-斜行剥離が施されており、右肩上がり傾向の斜方向が認められる。ただし、有舌尖頭器に対しては基本的には辺に対して直交する非斜行剥離が主体となっており、明瞭な斜行剥離が認められないものも多い。形状に関しては、縁辺に対して鋸歯縁状の細調整が施されたものが特筆される（同図-2）。錐（同図-19）、掻器（同図-13・18）、削器（同

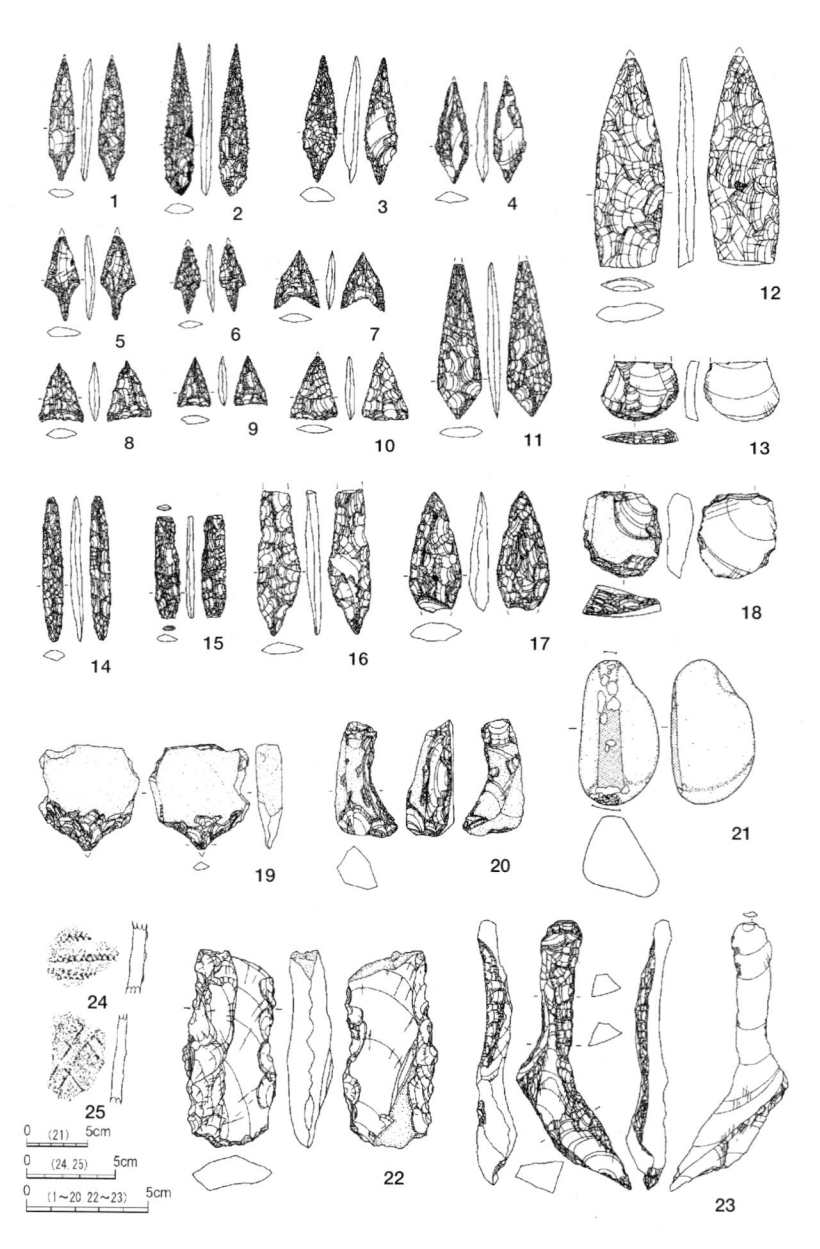

図40　仲町遺跡第5a地点（鶴田ほか編 2004）

図-20）などに斜行剥離は認められない。

なお、尖頭器（同図-16）には両側辺に対してRL-斜行剥離が多くみられるが、LR-の斜方向を呈する斜行剥離も数条みられる。この資料は、全体に粗い調整となっており、斜方向はやや乱れている。

【日向洞窟遺跡西地区】（図41）

日向洞窟遺跡西地区（佐川・鈴木編 2006など）は山形県東置賜郡高畠町に所在する。米沢盆地の東北部、長峯山から西南にのびる丘陵端部の平地に立地し、日向洞窟第Ⅰ洞窟から約130m西側に位置する。1987年から1989年まで高畠町教育委員会が緊急調査を行い、その後、東北学院大学佐川正敏ゼミナールの諸氏が石器群の整理を行っている。縄文中期〜早期の遺物包含層の下に縄文草創期の遺物包含層が認められた。Ⅵ層・Ⅵc層から多量の縄文草創期石器とそれらにともなう遺構が確認されている。

草創期の出土遺物は隆起線文系土器（微隆起線文土器）、爪形文土器と1,678点以上の縄文草創期石器群からなる。石器は石鏃549点、尖頭器428点、掻器・削器類490点、箆形石器67点、打製石斧61点、石錐50点、有溝砥石18点、局部磨製石斧11点、有舌尖頭器4点などが報告されている（佐川・鈴木編 2006）。石鏃・尖頭器・掻器・削器類を主体とする石器群であるが、それらに占める有舌尖頭器は少ない。尖頭器には柳葉形と木葉形を呈するものが認められる。尖頭器のなかには、植刃や半月形石器の形態的特徴をもつものもある。有舌尖頭器はわずかな形態差をもつが、すべて小型である。

日向洞窟遺跡西地区Ⅵ層（Ⅵ・Ⅵc層）には、右肩上がりの斜方向を呈する石器が多く認められる。尖頭器（図41-4・5・7・8・9）、石鏃（同図-11）、植刃（同図-6）、大形の半月形石器（同図-10）、掻器（同図-12）に対してRL-斜行剥離が認められる。石器群全体においてRL-斜行剥離は尖頭器・植刃に主体的に施される。同図4〜11はすべて右肩上がりの斜方向を呈している。

図示した柳葉形の尖頭器（同図-4・5・7・8）には、両側辺に対してRL-斜行剥離が認められる。また、植刃（同図-6）には非常に安定したRL-斜行剥離が認められる。このRL-斜行剥離は両側辺に対して精緻に施されており、右肩上がりの斜方向を成している。また、大形の半月形石器（同図-10）には正面

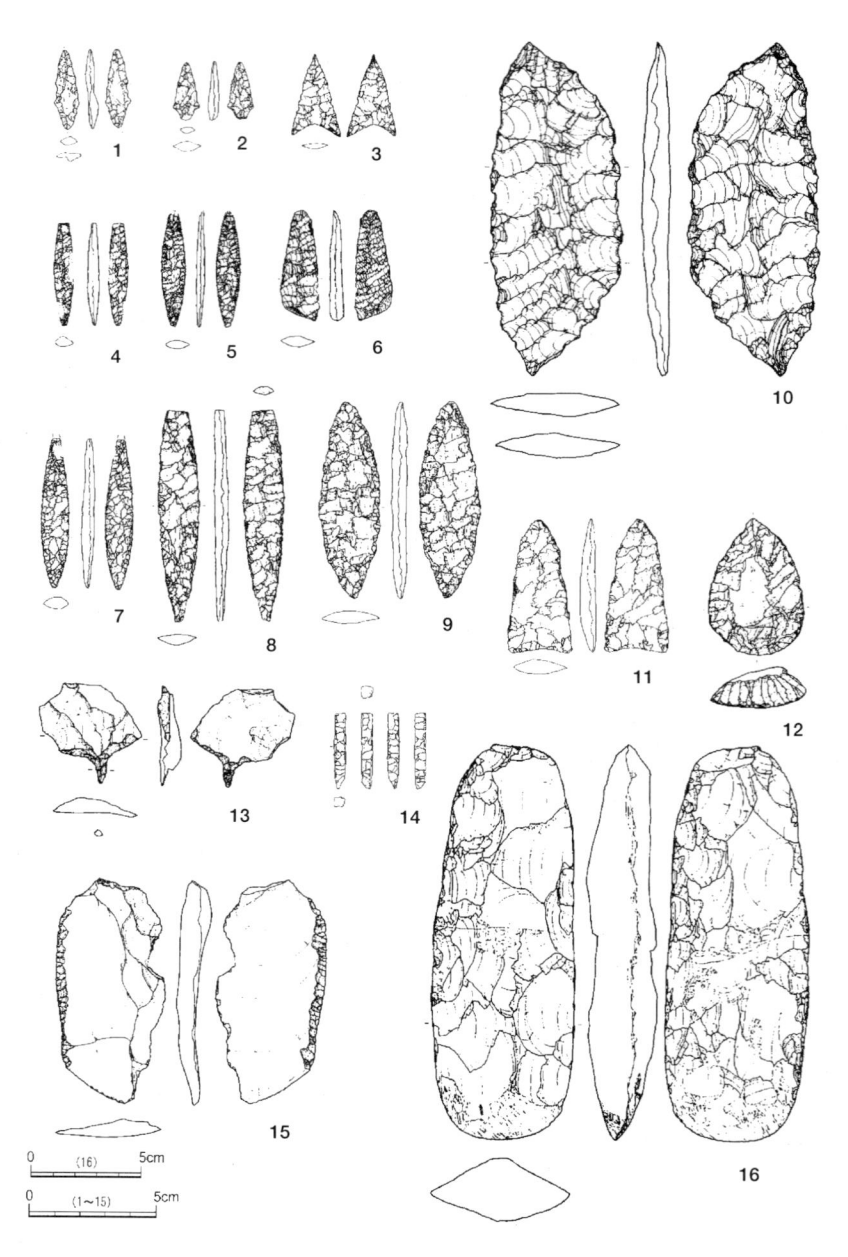

図41　日向洞窟遺跡西地区（佐川・鈴木編 2006）

左辺下半に対して、掻器（同図-12）には右辺中央に対して明瞭なRL-斜行剥離が施されており、それが右肩上がりの斜方向を成している。石鏃、掻器、尖頭器（同図-9）に認められるRL-斜行剥離は部分的である。

共伴した有舌尖頭器は小型品（同図-1・2）のみで構成されるが、その調整剥離は寸詰りで短小な非斜行剥離からなっており、斜行剥離は認められない。また、錐（同図-13・14）、削器（同図-15）にも明瞭な斜行剥離は認められない。

【狐久保遺跡】

長野県・狐久保遺跡は上水内郡信濃町野尻狐久保に所在する。詳細は不明であるが、無文の土器とわずかに隆起線文系土器が出土している。また、有舌尖頭器片、尖頭器、尖頭器片、掻器、礫器などが出土している（小林孚 1968・1982）。ほぼ完形の有舌尖頭器が採集されている。

発掘調査で出土した尖頭器片には、部分的なRL-斜行剥離が認められる。左辺で右上がり、右辺で左下がりのRL-斜行剥離が施されており、右肩上がりの斜方向が認められる。

【荷取洞窟遺跡】

長野県・荷取洞窟遺跡は上水内郡戸隠村柵追通荷取に所在する。標高は650m。詳細は不明であるが、無文の土器とわずかに隆起線文系土器（微隆起線をもつ有文の土器）が出土している。尖頭器（石槍と報告されている〔小林達 1982〕）、石鏃などと多量の剥片類が出土している。

粘板岩製の石槍にRL-斜行剥離が認められる。

関東

関東地方では、本州A群に属する相模野第149遺跡を除けば、斜行石器がはっきりとしない。本書ですでに述べているように、多傾の剥離痕構成を呈するのが本地方の特徴となっている。全体に幅広・寸詰まりの剥離が主流となっており、石器器面の剥離稜線が多方向に傾く石器が多い。

本州B群に属する関東地方の遺跡としては、神奈川県月見野上野遺跡第2地

点、神奈川県花見山遺跡、神奈川県遠藤山崎遺跡、神奈川県南鍛冶山遺跡、群馬県小島田八日市遺跡などがあげられる。上記の遺跡では、断片的にではあるが、非斜行有舌尖頭器とともにRL-斜行剥離をもつ有舌尖頭器・尖頭器（小形半月形石器）などが認められる。

　小島田八日市遺跡に関しては、草創期遺物の共伴について問題を残しているが、周辺地域における石器組成の様相により判断すると、隆起線文土器にともなう比較的まとまった草創期石器群が存在した可能性が高い。小島田八日市の有舌尖頭器（図19-4）、小形半月形石器（図72-9）には部分的ではあるがRL-斜行剥離が認められる。また、南鍛冶山遺跡では3個体の隆起線文土器が出土しており、共伴する一部の有舌尖頭器に部分的なRL-斜行剥離が認められる。柳葉形の尖頭器（図70-17）にも一部RL-斜行剥離が認められる。月見野上野遺跡第2地点では、わずかに右肩上がりの斜方向を呈するRL-斜行剥離をもつ有舌尖頭器（図19-5）が認められる。遠藤山崎遺跡の有舌尖頭器は非斜行有舌尖頭器を主体とするが、柳葉形の尖頭器と大型の両面調整石器などにRL-斜行剥離が認められる。花見山遺跡では非斜行有舌尖頭器が量的に圧倒しているが、右辺に対してわずかに左下がりに施されたRL-斜行剥離が認められる。

本州C群：爪形文系・多縄文系土器を主体的にともなう斜行石器群

　爪形文系・多縄文系土器を主体的にともなう斜行石器群〔本州C群〕は、谷口氏によるPhase3a・3bにほぼ相当する（谷口 2003）。本州C群には11,800 y.B.P.から9,800 y.B.P.までの年代幅が与えられる。

　本州C群は、相模野編年段階XII以降に比定され、爪形文土器・円孔文土器・押圧縄文土器・回転縄文系土器（室谷上層・表裏縄文系）・条痕文土器・無文土器などを指標土器群とする。

　本群は斜行有舌尖頭器をともなう石器群と、斜行剥離をもつ石器類をともなう石器群からなる。石鏃・尖頭器・掻器・削器・錐・石斧を基本的な石器組成とし、有溝砥石・石皿・磨石・礫器・植刃・半月形石器などが地域性により顕在化する。石器組成には多様さが顕著である。石鏃を主体的にともなうが、有舌尖頭器をともなう遺跡とともなわない遺跡が認められる。楔形石器・掻器・削器・石錘・有溝砥石・磨石・石匙（ヒ）・槍先形尖頭器などは地域性により

顕在化している。とくに、地域によっては円形刃部状の掻器が卓越する。石斧には局部磨製石斧と打製石斧が認められる。本州B群と比して、甲高で断面三角形を呈する石斧が減少して、扁平化する傾向にある。土器は薄手・軽量化する傾向（谷口2003）がある。

　爪形文系・多縄文系土器を主体的にともなう斜行石器群は、前橋台地におけるAs-Sj（約11,400 y.B.P.）と、野尻湖Ⅱ～Ⅲ層における粗粒堆積物の卓越などを根拠に、11,000 y.B.P.（約13,000 cal BP）前後に再寒冷化に直面しているとみられる。

　東日本における爪形文土器・押圧縄文土器の一部は、隆起線文土器からの連続的な型式変化が指摘されており、爪形文土器と多縄文系土器に関しては、爪形文土器と隆起線文系土器の年代幅よりも開きがある傾向にある。また、爪形文土器の単純期をめぐって、短い時間幅の同時性を遺跡内で厳密詳細に検討することにより、地域的な単独段階が設定でき（村上2007など）、本州C群は土器群の細分によってさらに議論が深まる余地がある。ただし、細分化された土器群と石器組成が連動しない地域もあり、短い時間幅がかえって不都合となることもある。他方、西南日本における条痕調整系の無文土器と多縄文系土器の関係、あるいは地方色の強い九州の隆帯文土器・爪形文土器と多縄文系土器の関係についてはまだ不明確な点があり、議論されているところである。

　ここでは、爪形文土器・押圧縄文土器をともなう石器群と多縄文系土器単純の石器群に基本的な共有関係がある小形半月形石器（図72）の存在を積極的に評価し、「爪形文」・「押圧縄文」・「多縄文系」にともなう石器群を幾分便宜的に広く同群で扱う。小形半月形石器は型式的安定性が高く、広域的に認められることから、本州C群の指標的な役割を果たす石器と考えられる。

[非関東]

　本州C群に属するもので、斜行有舌尖頭器ないし斜行剥離をもつ石器類をともなう（関東地方を除く）主要遺跡は、近畿地方で、奈良県上津大片刈遺跡、東海・中部・北陸地方で、岐阜県椛の湖遺跡、長野県仲町遺跡1・2号土壙、長野県増野川子石遺跡A地点、長野県お宮の森裏遺跡、東北地方で、宮城県仙台内前遺跡A地点である。栃木県大町遺跡、静岡県大鹿窪遺跡6号竪穴状遺構、

宮城県野川遺跡、静岡県葛原沢第Ⅳ遺跡第1号住居址などでも斜行剥離をもつ尖頭器・石鏃類をともなう。上津大片刈遺跡、椛の湖遺跡Ⅰ文化層からは斜行有舌尖頭器が出土する。詳細は不明であるが、爪形文土器の小片をともなう三重県高皿遺跡（松葉 1996）も本群に属する可能性があり、同遺跡には斜行有舌尖頭器が認められる。お宮の森裏遺跡、仙台内前遺跡A地点には有舌尖頭器をともなわないが、RL-斜行剥離をもつ植刃をともなう。

斜行有舌尖頭器をともなう石器群

【上津大片刈遺跡】（図42）

　上津大片刈遺跡（米川編 2003）は奈良県山辺郡山添村西波多に所在し、名張川・木津川の支流、遅瀬川の右岸低位段丘上（標高290m）に立地する。上津ダム建設にともない、1996年8月から翌年9月まで、奈良県立橿原考古学研究所によって緊急調査が実施された。早期文化層下から草創期文化層が確認されている。

　草創期文化層からは、集石遺構1基と遺物集中地点が検出された。遺物集中地点は5か所（第1～5遺物集中地点）あるが、一部の遺物集中地点には爪形文土器を共伴する可能性がある。爪形文土器がまとまって出土した河岸段丘第3面のR・S-14～18グリッドは、同面の第1・2遺物集中地点と重複関係にある。したがって、同遺物集中地点を包括するR・S-14～18グリッド付近で出土した草創期石器は、爪形文土器に共伴しているとみてあまり問題はないように思われる。さらに、土層観察用ベルトの記載によれば、第1・2遺物集中地点付近の第5・6・12ベルトで早期遺物包含層下に草創期遺物包含層（明黄褐色砂質土）が認められる。したがって、第1・2遺物集中地点付近には草創期の単純層が一部存在した可能性もあろう。ただし、自然層位を超えた遺物の上下移動を検証できず、早期の遺構にともなう遺物が混在する可能性は捨てきれない。また、撚糸文系土器や押圧縄文土器の出土状況については詳細が不明である。むろん、こういった点は十分に吟味されるべきだろう。

　第1・2遺物集中地点付近からは有舌尖頭器、尖頭器、掻器、削器などが出土している。また、集石遺構および第3～5遺物集中地点周辺からは有舌尖頭器、有溝砥石および多量の石器類が出土している。局部磨製石斧は単独的にみ

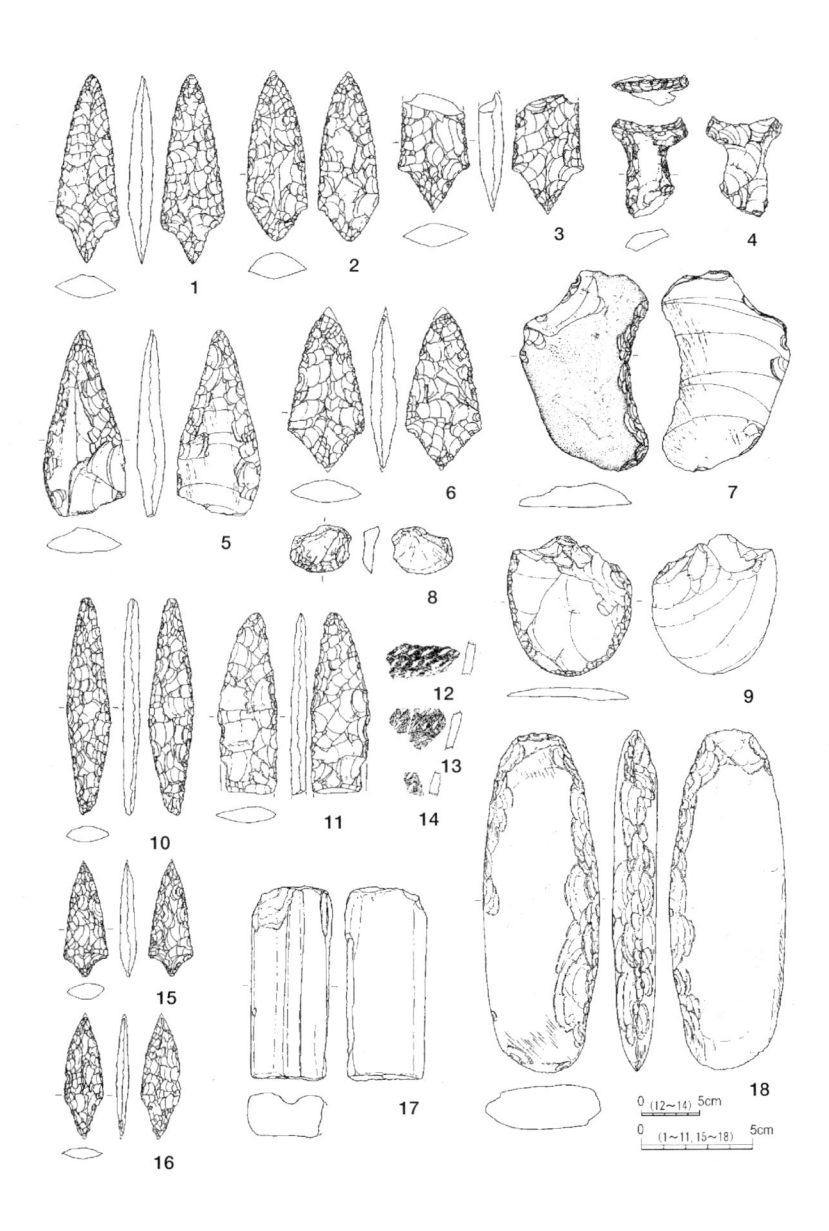

第4章　斜行石器群の広がり　127

図42　上津大片刈遺跡（米川編 2003）

つかっている。集石遺構および第3～5遺物集中地点周辺と、局部磨製石斧を出土したP-13グリッド周辺に草創期の土器は出土していない。石鏃も出土しているが、それとほかの石器類との共伴関係は不明である。

　第1・2遺物集中地点周辺からは、斜行有舌尖頭器と斜行剥離をもつ尖頭器類が認められる。有舌尖頭器（図42-1）には安定したRL-斜行剥離が認められる。明瞭な右肩上がりの斜方向を呈しており、正位の石器扱いが導き出されている（第3章）。これは代表的な右肩上がりの有舌尖頭器である。また、同図-3は上半分を欠損しているが、RL-斜行剥離が一部認められている。これも右肩上がりの有舌尖頭器とみて問題はない。右肩上がりの斜方向は尖頭器（同図-10・11）にも一部認められる。同図-10正面左辺中央と裏面右辺上半にはRL-斜行剥離が一部認められる。また、同図-11裏面右辺上半には長いRL-斜行剥離が認められる。同図-1・3・10・11はすべて右肩上がりの斜方向を呈している。また、同図-5・6にも一部RL-斜行剥離が施されており、同図-5では表裏右辺、同図-6では正面左辺に対して認められる。同図-6正面左辺のRL-斜行剥離については、リングが右上がりに傾いているのがわかる。なお、掻器（同図-8・9）、削器（同図-7）に斜行剥離は認められない。

　同図-10は縦長の菱形状を呈する。器体中央付近に最大幅を有し、先端から基部にかけて、両側縁を器体中央付近で屈曲させている。また、同図-11は欠損品で、端部は左右非対称となっている。一側縁は直線的で、もう一側縁が緩やかに外湾する形状を呈する。全体形状を復原して推定すると、これは半月形を呈する可能性がある。同図-5は端部が収斂する尖頭削器様を呈している。

【椛の湖遺跡（椛の湖Ⅰ）】（図43）

　椛の湖遺跡（紅村・原 1974）は岐阜県恵那郡坂下町上野に所在する。遺跡は1954年における椛の湖築堤の際に発見され、1956年以降、紅村弘・原寛、坂下町教育委員会によって調査が実施された。遺跡は、木曽川から約4km隔てた高原地帯西奥部に位置する。標高は550m。

　椛の湖遺跡では、爪形文土器をともなう石器群（椛の湖Ⅰ文化層）が、表裏縄文土器をともなう石器群（椛の湖Ⅱ文化層）の下位より層位的に検出された。椛の湖底の舌状小丘が調査地であり、調査区は第1地点・第2地点・第3地点

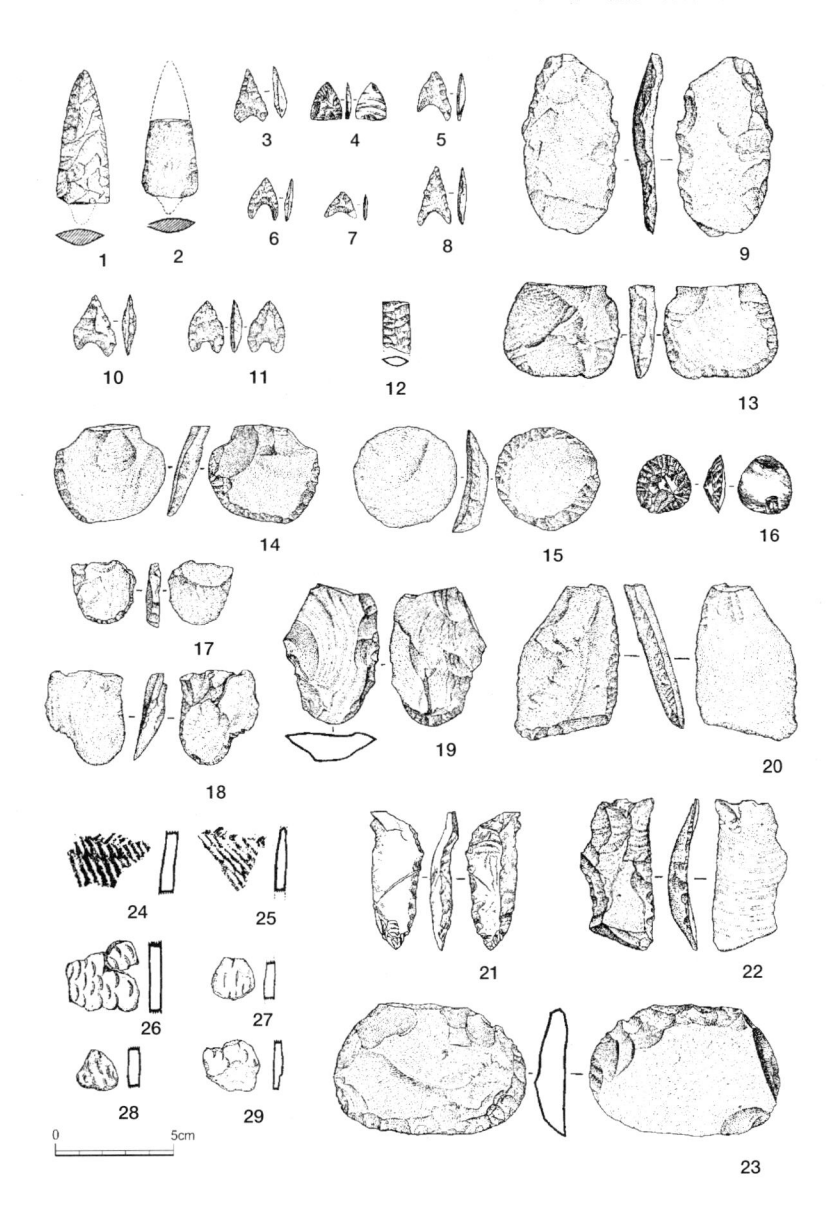

第 4 章　斜行石器群の広がり　129

図43　椛の湖遺跡（椛の湖Ⅰ）（紅村・原 1974）

に分かれている。層位的出土例は第1地点で認められている。黒色土層、灰褐色土層、黄褐色土層、黄色土層の順に層序が確認されており、文化層は合計2枚検出されている。黄褐色土層に椛の湖Ⅰ文化層、灰褐色土層に椛の湖Ⅱ文化層が知られている。近年、椛の湖Ⅰ文化層には、押圧縄文土器が共存する可能性が指摘されている（原 2008）。

椛の湖Ⅰ文化層では、爪形文土器、押圧縄文土器、無文の土器、有舌尖頭器、石鏃、掻器、削器、加工痕をもつ石片などが出土しており、斜行有舌尖頭器と斜行剥離をもつ植刃が認められる。有舌尖頭器（図43-1）にはRL-斜行剥離が施されており、右肩上がりの斜方向が認められる。図示した面（同図-1）の斜行剥離に関しては、左辺と右辺とで傾きがわずかに異なっているが、裏面に関しては、両側辺でほぼ同じ傾きとなっている。したがって、裏面は一方向型の斜状平行剥離を呈している。また、同図-2の有舌尖頭器に対しては、稜線が著しく鈍化しているが、実見によりRL-斜行剥離が認められている。また、植刃（同図-12）に関しては、右辺に対して比較的明瞭なRL-斜行剥離が認められる。このRL-斜行剥離は、主軸付近で交わっており、やや傾きが弱く短い。

斜行剥離をもつ石器類をともなう石器群
【仲町遺跡1・2号土壙】（図44）

仲町遺跡1・2号土壙（深沢ほか編 1987）は古野尻湖に突き出た仲町丘陵（現野尻湖と池尻川低地を東西に分ける通称）北端に位置する。土壙は風成層堆積地域に位置し、上部野尻ローム層Ⅱの最上部から掘り込まれている。平面プランは円形ないし長楕円形を呈する。壁の立ち上がりはほぼ垂直となっている。土壙の覆土には多量の炭化物が含まれている。土壙の性格については、墓穴としての評価もあるが、定かではない。

2基の土壙からは、有舌尖頭器1点、尖頭器2点、石鏃8点、削器1点、細石刃4点、有溝砥石2点、および爪形文土器片7点が出土している。

仲町遺跡1・2号土壙からは、斜行剥離をもつ尖頭器・石鏃が出土している。尖頭器（図44-11）にはRL-斜行剥離が一部認められる。この尖頭器はわずかに左右非対称で、半月形を呈している。RL-斜行剥離は、正面右辺と裏面左辺に対して施されている。また、石鏃（同図-4）にもRL-斜行剥離が認められる。

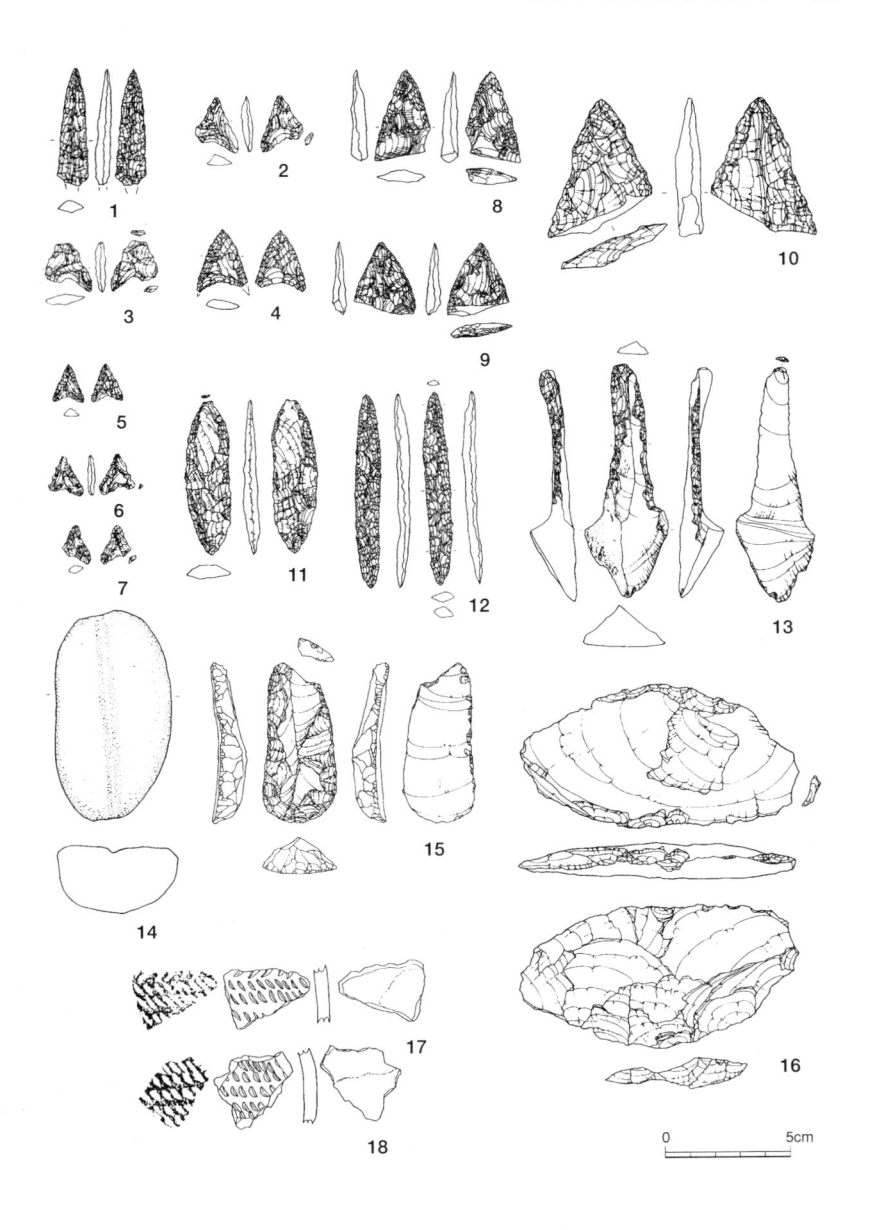

第 4 章 斜行石器群の広がり 131

図44 仲町遺跡1・2号土壙（深沢ほか編 1987）

このRL-斜行剥離は部分的であるが、表裏右辺に施されている。有舌尖頭器（同図-1）に関しては、全体的に短小で精緻な調整が施されており、明瞭な斜行剥離は認められない。

　尖頭器（同図-11）は、その型式的な安定性から、本書では「小形半月形石器」とも記述される。小形半月形石器（同図-11）と類似の石器は、同遺跡Ⅰ区—上部野尻湖層漸移帯（図72-10）、同遺跡上部野尻ローム層Ⅱ—黄モヤからもそれぞれ1点ずつ出土している（同図-2）。既述のように、これらの石器からは正位の石器扱いが導き出されている（第3章：図29-1・2）。

【増野川子石遺跡A地点】（図45）
　増野川子石遺跡は長野県下伊那郡高森町山吹に所在し、天竜川西岸、標高645〜655mの扇状地南端部に立地する。中央道建設にともない、1972年に長野県中央道遺跡調査会によって緊急調査が実施された。調査区南部のA地点より、回転縄文系土器群とそれにともなう草創期石器群が検出されている。増野川子石遺跡A地点は表裏縄文土器の単純遺跡として知られている。

　A地点の草創期遺物は16×18mの範囲に集中して認められた。草創期土器は700点余が検出されており、内訳は表裏両面に縄文施文するもの594点、表面のみ縄文施文するもの84点、押型文20点、爪形文1点、押圧縄文（？）1点となる。全体の85％が表裏縄文土器で、97％が斜縄文土器である。草創期石器群としては有舌尖頭器、石鏃、尖頭器、掻器、削器、楔形石器（曽根型石核）、礫器、磨製石斧、砥石、台石などが出土している（酒井 1973）。

　増野川子石遺跡A地点には、斜行剥離をもつ有舌尖頭器・尖頭器が認められる。図45-1は有舌尖頭器であるが、裏面右辺の先端付近に部分的なRL-斜行剥離が施されている。また、尖頭器（同図-2）にもRL-斜行剥離が認められる。このRL-斜行剥離は表裏両側辺に施されている（裏面の様子は実見により確認）。RL-斜行剥離が成す稜線は、器面のほぼ中央で交差しており、一方向型の斜状平行剥離を呈しており、全体的に右肩上がりの斜方向をみせている。なお、同図-2の形状は小形の半月形様を呈しており、これは小形半月形石器とみなされる。石鏃、掻器、削器類にはっきりとした斜行剥離は認められない。

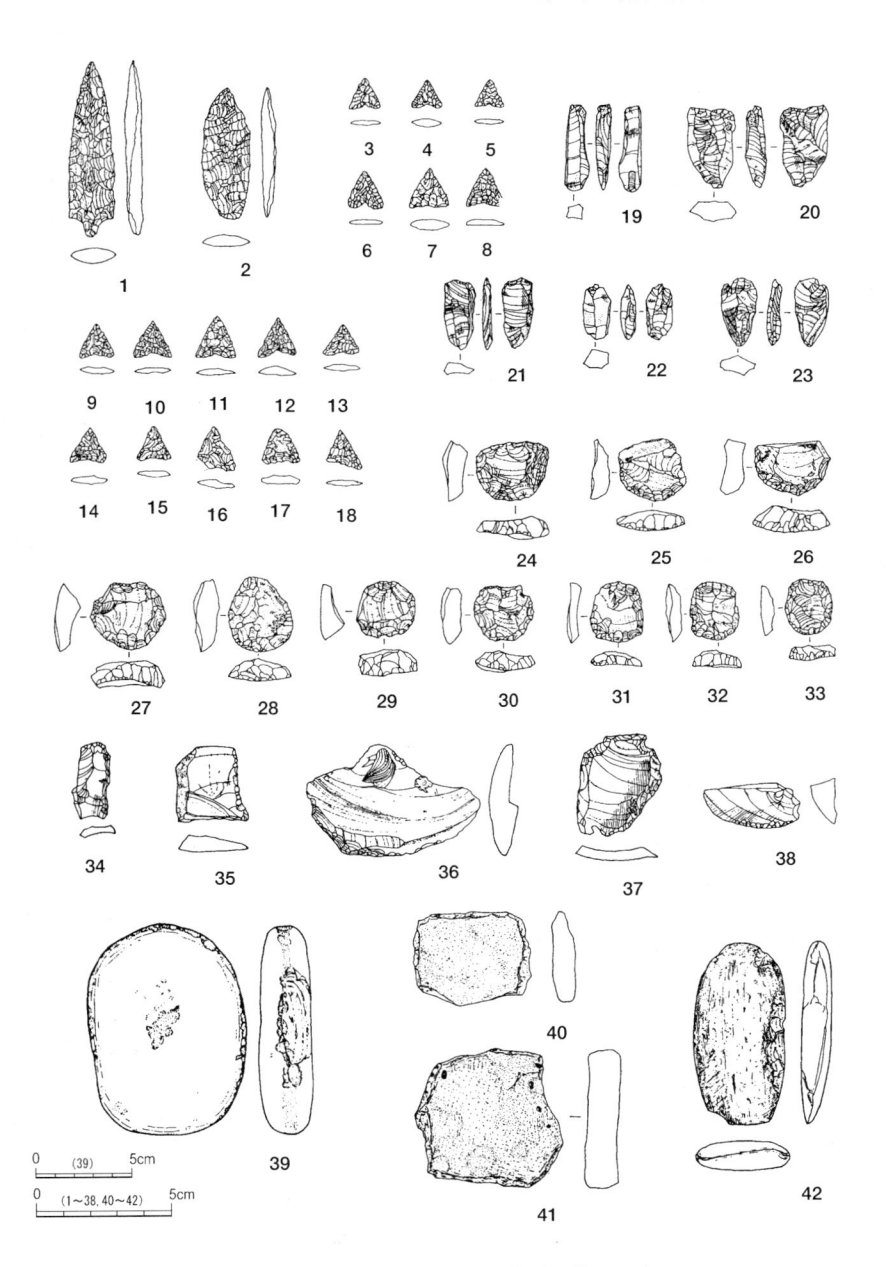

第4章　斜行石器群の広がり　133

図45　増野川子石遺跡A地点（酒井 1973）

【お宮の森裏遺跡】（図46）

　お宮の森裏遺跡は長野県木曽郡上松町大字久保寺に所在し、中沢川と木曽川の合流点から約1km北の南向き尾根上に立地する。標高は約750m。1991年4月から1995年3月まで上松町教育委員会によって緊急調査が実施された。表裏縄文土器をともなう複数の住居址、土壙、遺物集中地点と草創期石器群が検出された（新谷ほか 1995）。

　草創期土器としては、爪形文土器、絡条体圧痕文土器、表裏縄文土器などが出土する。縦位密接施紋を基調とした葛原沢Ⅱ式に対比される土器（図46-25・26）、部分的な斜位施紋をもつ土器も認められる。表裏縄文土器にともなう石器として858点が抽出されており、石鏃、掻器、石錐、楔形石器、磨石、凹石、石皿などが存在する。有舌尖頭器は出土していない。

　お宮の森裏遺跡には斜行剥離をもつ石器が認められる。石鏃（同図-1）の正面右辺には、3枚程度のRL-斜行剥離が認められる。また、尖頭器（同図-5）にもRL-斜行剥離が認められる。このRL-斜行剥離は、全体に傾きが弱く、部分的であり、幾分短い。RL-斜行剥離は、表裏左辺でやや右斜め上方へ、裏面右辺下半でやや左斜め下方へと施されている。外形については、左右非対称となっており、一側縁は直線的で、もう一側縁が緩やかに外湾する。実見したところ、端部は折れ面ではなく尖らない。同図-5 に関しては、やや細身の部類ではあるが、小形の半月形様を呈しており、細身の小形半月形石器とみなされる。掻器、削器、錐類に明瞭な斜行剥離は認められない。

【大鹿窪遺跡6号竪穴状遺構】

　大鹿窪遺跡は静岡県富士郡芝川町に所在する。6号竪穴状遺構（SB3006）からは、押圧縄文土器を主体的に爪形文土器と無文の土器が出土している。同遺構には尖頭器、石鏃、掻器、磨石、石皿などをともなう（小金澤 2006）。有舌尖頭器は出土していない。

　6号竪穴状遺構には半月状を呈する尖頭器が認められる。やや粗い剥離を主体としているが、一部RL-斜行剥離が施されている。石鏃、掻器などに明瞭な斜行剥離は認められない。

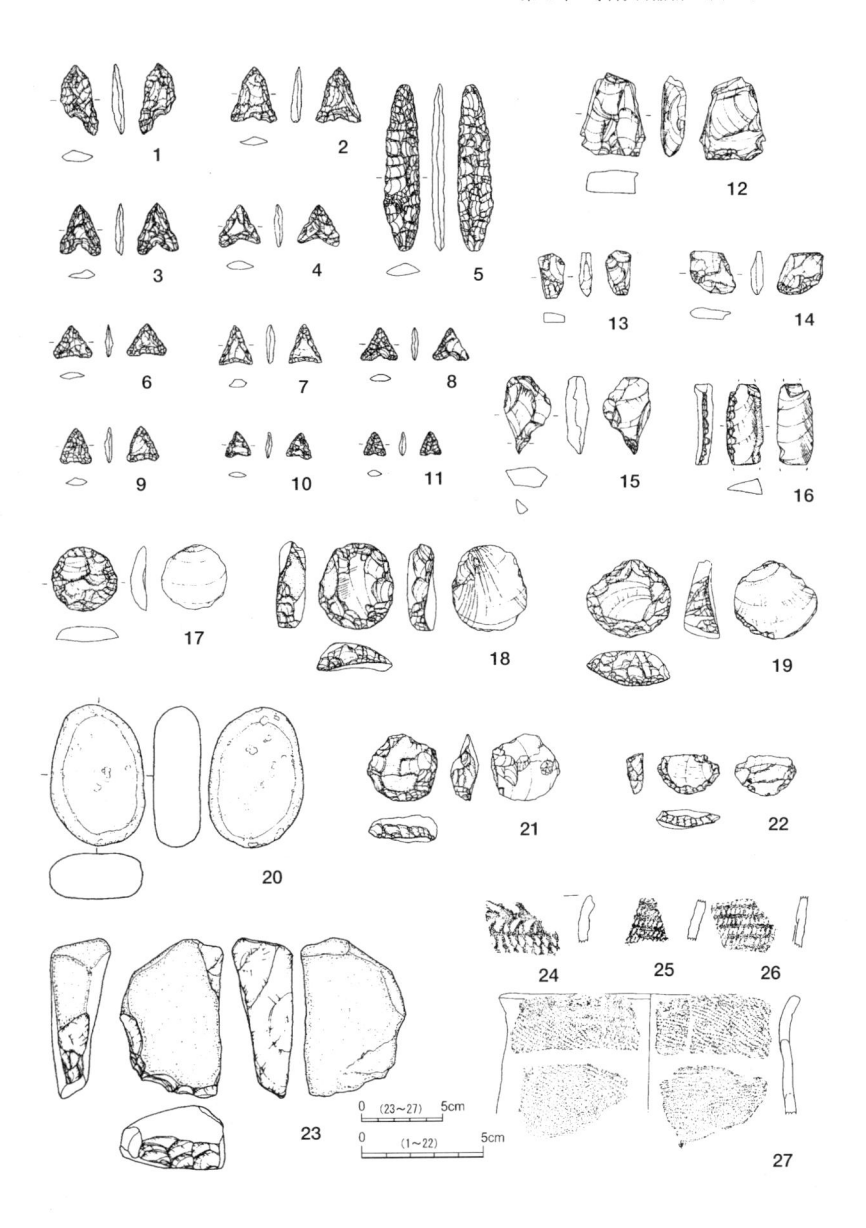

第4章　斜行石器群の広がり　135

図46　お宮の森裏遺跡（新谷ほか 1995）

【葛原沢第Ⅳ遺跡第1号住居址】

　葛原沢第Ⅳ遺跡は静岡県沼津市足高尾上に所在する。第1号住居址から押圧縄文期の草創期遺物がまとまって出土している。同住居址からは押圧縄文土器（葛原沢Ⅱ式）にともなって尖頭器、石鏃、石錐、掻器、削器、礫塊石器類が出土している（池谷2001）。有舌尖頭器は出土していない。

　一部の尖頭器にはきわめて部分的なRL-斜行剥離が認められている。石鏃、石錐、掻器、削器などに明瞭な斜行剥離は認められない。

【大町遺跡】

　大町遺跡は栃木県河内郡上三川町に所在する。すべて遊離資料であり詳細は不明であるが、爪形文土器と尖頭器、掻器、削器などが出土している（諏訪間ほか1985）。有舌尖頭器は出土していない。

　尖頭器（図72-4）は上部を欠損しているが、左右非対称の基部を有している。これは小形半月形石器とみられる。この石器には全体的に密なRL-斜行剥離が施されており、右肩上がりの斜方向が認められる。掻器、削器などに斜行剥離は認められない。

【仙台内前遺跡A地点】（図47）

　仙台内前遺跡は福島県福島市松川町水原字仙台内前に所在する。遺跡は水原川沿いに発達した中位段丘上に立地する。調査区南部のA地点より爪形文土器とそれにともなう草創期石器群が検出された。A地点LⅢ文化層からは爪形文土器、石鏃、石匙（ヒ）、掻器、削器、大形の半月形石器、円盤状石器、大型磨製石斧、打製石斧、剥片・微細剥片などが出土した。有舌尖頭器は出土していない。A地点では南北2つのブロックが認められているが、北のブロックと重複して大型磨製石斧・大形の半月形石器・削器が集中して出土しており、これらはデポと目されている。A地点の石器と爪形文土器は共伴すると考えられている（武田ほか1988）。

　仙台内前遺跡A地点には斜行剥離をもつ石器が認められる。図47-6は石匙（ヒ）であるが、表裏両側辺からRL-斜行剥離が施されている。RL-斜行剥離はやや不揃いとの印象を受けるが、ほぼ右肩上がりの斜方向となっている。同

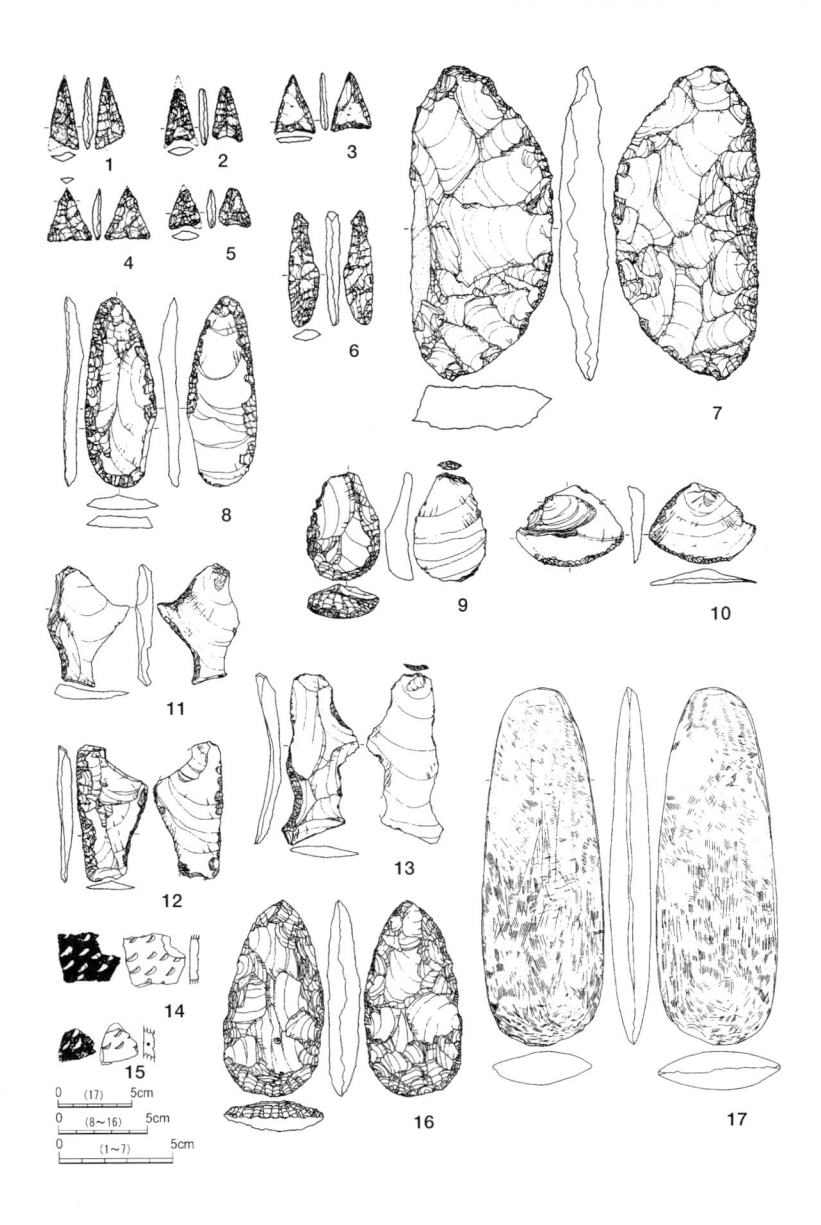

第4章　斜行石器群の広がり　137

図47　仙台内前遺跡A地点（武田ほか　1988）

石器は端部に対してごくわずかな抉入部を有する。この抉入部は実見によると、端部直下に急斜度の調整を施して作出されている。全体の形状は左右非対称となり、身部は半月形に近い形態を呈する。なお、一部の削器にもRL-斜行剥離が認められる。このRL-斜行剥離は両側辺に並列して施されており、右辺で左下がり、左辺で右上がりとなっている（同図-8・12）。

　ところで、A地点の北東約30mの場所で草創期の住居址（2号住居址）が検出されている。堆積土および床面から多数の剥片類とともに、数点の石鏃と約100点の薄手無文土器の小破片が出土している。同住居址の堆積土中における炭化物の放射性炭素年代値は、9,750±100 y.B.P.（NUTA-604）、9,590±100 y.B.P.（NUTA-605）である。なお、A地点南側のLⅢ文化層から採取された炭化物の放射性炭素年代値は、6,930±100 y.B.P.（NUTA-603）であるが、この値は爪形文土器の存続時期に対して非整合的であり積極的に扱うことはできない。

【野川遺跡】

　野川遺跡は宮城県仙台市青葉区熊ケ根に所在する。同遺跡からは、第5・第6トレンチの3b層下部〜4層上面で縄文時代草創期の遺構・遺物が検出されている。同遺跡からは、押圧縄文土器がまとまって出土している。草創期土器が約30点、草創期石器が約1,000点出土している（工藤編1996）。

　実見によると、第6トレンチ3層〜4層で出土した比較的大型の石鏃には、部分的ではあるがRL-斜行剥離が認められる。また、第2土坑出土の掻器などにもRL-斜行剥離が認められる。掻器のRL-斜行剥離は背面縁調整に認められる場合と、腹面縁調整に認められる場合がある。

関東

　関東地方で本州C群に属する遺跡は明確ではない。層位的な安定性には欠けるが、埼玉県ハケ上遺跡では、爪形文土器をともなう石鏃からRL-斜行剥離が認められている。このRL-斜行剥離は、右辺に対して左斜め下方へ施されている。なお、神奈川県南葛野遺跡では、爪形文土器を主体的にともなっているが、明瞭な斜行剥離は認められない。

本州BC1群：隆起線文系・爪形文系・多縄文系土器のいずれかをともなう斜行石器群

　本群は隆起線文系土器・爪形文系土器・多縄文系土器のいずれかをともなう可能性がある斜行石器群であり、複数の土器群が混在する斜行石器群である。1つの土器型式と対応する石器群の様相が不明であり、石器群の主体は上記の土器群のいずれか1つないし複数に帰属する可能性をもつ（したがって、幾分便宜的に本州BC群とする）。石器群の様相から判断して、石器群の主体が本州A群にあるものではないとみなされる。

　本群に属するもので、斜行有舌尖頭器ないし斜行剥離をもつ石器類をともなう（関東地方を除く）代表的な遺跡は、新潟県小瀬が沢洞窟遺跡、山形県日向第Ⅰ洞窟遺跡である。ほかに、静岡県葛原沢第Ⅳ遺跡、静岡県大鹿窪遺跡2号竪穴状遺構、長野県石小屋洞穴、長野県仲町遺跡第5c地点・同遺跡第5d地点、山梨県神取遺跡などが本群に属する。

　本群には、隆起線文系段階から多縄文系段階までの時期幅を与える。したがって、本州B群および本州C群と重複するおよそ12,800 y.B.P.～9,800 y.B.P.の年代幅を想定する。

斜行有舌尖頭器をともなう石器群
【小瀬が沢洞窟遺跡】（図48）

　小瀬が沢洞窟遺跡は新潟県の中央北東寄り、福島県境に接する東蒲原郡上川村神谷に所在し、小瀬が沢川の左岸、南面する流紋岩の岩壁（標高約200m）に位置する。1958年と1959年、長岡市科学博物館の中村孝三郎を中心に2次にわたる発掘調査が実施された。小瀬が沢洞窟遺跡は草創期石器群を代表する質・量ともに優れた資料群を有し、学史的に重要な位置を占めている。しかし遺跡の性格上、数種の土器群が混在して出土するために、石器群は隆起線文系土器・爪形文土器・多縄文系土器・無文土器、その他の土器のいずれかにともなう可能性を有している。

　出土遺物は総数13,539点にのぼり、内訳は縄文時代草創期・早期を中心とする土器1,370点、石器類4,419点、剥片類7,509点、骨器・獣骨241点となっている（中村 1960a,b、小熊・前山 1993）。

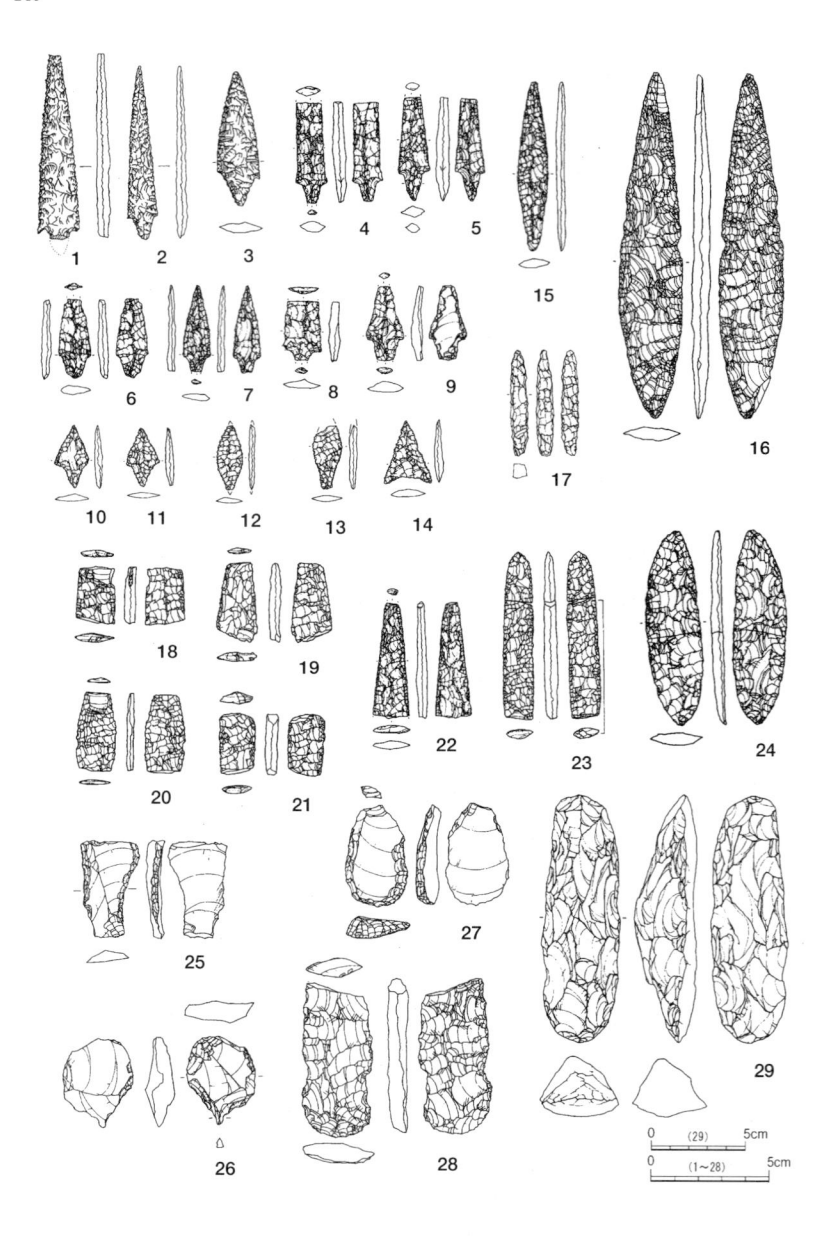

図48　小瀬が沢洞窟遺跡（小熊・前山　1993）

小瀬が沢洞窟遺跡では尖頭器、有舌尖頭器、石鏃、植刃、舟底状石器、錐、掻器、石斧、磨石、敲石、石皿などが出土する（小熊・前山 1993）。尖頭器（図48-16・24）、石鏃（同図-12・13）、植刃（同図-18・19・20・21・23）、掻器（同図-28）などにRL-斜行剥離が認められる。石器群全体の中で、RL-斜行剥離は植刃・尖頭器に主体的に認められる傾向がある。一部の有舌尖頭器（同図-5・6・22）に対しては、部分的なRL-斜行剥離が認められる。錐（同図-17・26）、削器（同図-25）、掻器（同図-27）には斜行剥離が認められない。RL-斜行剥離が認められる掻器（同図-28）もあるが、これについては尖頭器類の転用である可能性があり、例外的とみる。尖頭器、植刃、石鏃、有舌尖頭器の一部に対しては、RL-斜行剥離が両側辺に認められる。また、主軸をわずかに越すものも認められる。右肩上がりの斜方向を呈する石器類が多く認められている（同図-12・13・16・18・19・20・21など）。

【仲町遺跡第5c地点・第5d地点】（図49）
　仲町遺跡は古野尻湖に突き出た仲町丘陵（現野尻湖と池尻川低地を東西に分ける通称）北西端に位置する。同遺跡は一般国道18号野尻バイパス改築工事にともなって、1999年から2002年まで長野県埋蔵文化財センターによって調査された。遺跡は長野県上水内郡信濃町に所在する。
　仲町遺跡からは大別7地点が確認されるが、丘陵北西端の斜面に位置する第5c地点2層、第5d地点13層からは隆起線文土器、格子目沈線文土器、爪形文土器、多縄文系土器などが比較的まとまってみつかっている（鶴田ほか編 2004）。ただし、第5c地点・第5d地点の草創期遺物に関しては、第5a地点よりも混在する状況にあり、ある程度の時間幅を考慮する必要がある。草創期土器群の破片数だけを参考にすると、第5c地点は多縄文系の土器群をやや主体的にともなうとみられる。なお、第5c地点・第5d地点からは、第5a地点Ⅰ層にともなう円孔文系の土器が認められない。この点は留意しておく必要があろう。
　仲町遺跡第5c地点・第5d地点の縄文草創期石器群にはRL-斜行剥離をもつ尖頭器類が認められる。一部の有舌尖頭器（図49-5・7・9・11）には、片面ないし片側辺に対して、部分的にRL-斜行剥離が認められる。また、辺に対してほぼ垂直の剥離が施された有舌尖頭器（同図-3）も認められる。なお、尖

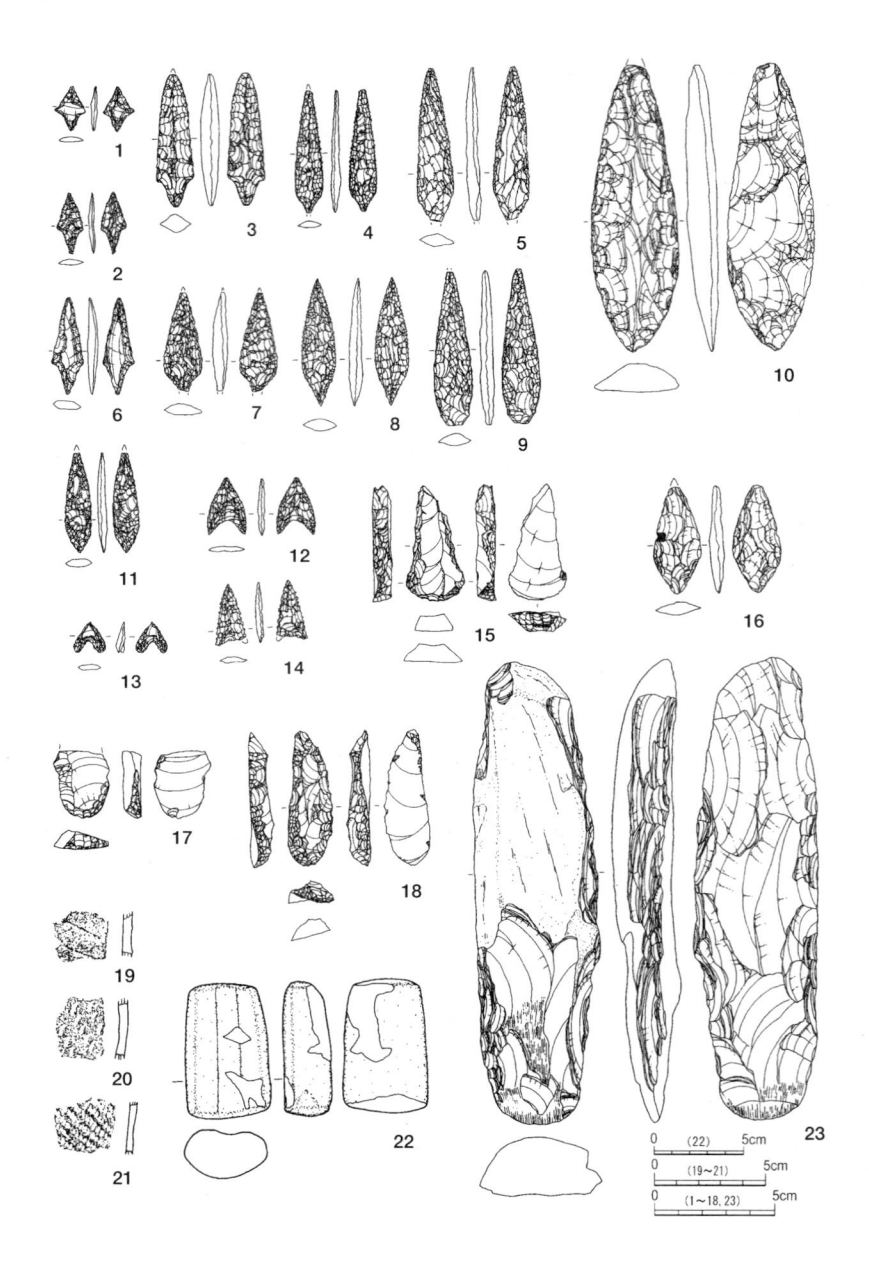

図49　仲町遺跡第5c地点・第5d地点（鶴田ほか編　2004）

頭器（同図-10・16）、掻器（同図-15・17・18）、石鏃（同図-12・13）などに明瞭な斜行剥離は認められない。

【神取遺跡】（図50）
　神取遺跡は山梨県北巨摩郡明野村下神取に所在する。遺跡は中位段丘（神取面）上、標高約485mに立地する。1992年、明野村教育委員会によって緊急調査が行われた。一部後世の攪乱を受けるが、草創期の遺物群が比較的まとまって出土している。
　尖頭器、有舌尖頭器、石鏃、掻器、削器、錐、楔形石器、局部磨製石斧、礫器、剥片類、隆起線文系の土器片2点、爪形文土器片4点、表裏縄文系の土器片4点、絡状体圧痕文土器片1点などが出土している（佐野 1994）。出土状況の詳細については不明なところが多い。石器群は爪形文・多縄文系土器を主体に隆起線文系土器をともなう。
　全体的に非斜行剥離を主流とした石器群であるが、右肩上がりの有舌尖頭器も認められる（図50-1・2）。それらの有舌尖頭器にはRL-斜行剥離が施されている。RL-斜行剥離は、同図-1では両側辺に対して施されており、同図-2では右辺に対して施されている。尖頭器（同図-6・7・8・11）、掻器（同図-10・12）、石鏃（同図-5）などに明瞭な斜行剥離は認められない。

斜行剥離をもつ石器類をともなう石器群
【日向第Ⅰ洞窟遺跡】（図51）
　日向第Ⅰ洞窟遺跡は山形県東置賜郡高畠町に所在する。米沢盆地の東北部、長峯山から西南にのびる丘陵の南斜面に露出する洞窟で、標高約230mに位置する。1955年と1957年、日向洞窟遺跡発掘調査団によって発掘調査され、縄文時代草創期土器群とそれらにともなう石器が出土している。
　草創期の出土遺物は最下層（洞内第3層・洞外第4層）にあり、土器では隆起線文土器、爪形文土器、押圧縄文土器、絡条体圧痕文土器、その他石器では尖頭器、有舌尖頭器、石鏃、掻器、錐、局部磨製石斧、矢柄研磨器などが出土している（佐々木 1971・1973・1975、加藤 1967）。
　尖頭器（図51-11・12・15・16）、植刃（同図-9）、掻器（同図-24）には

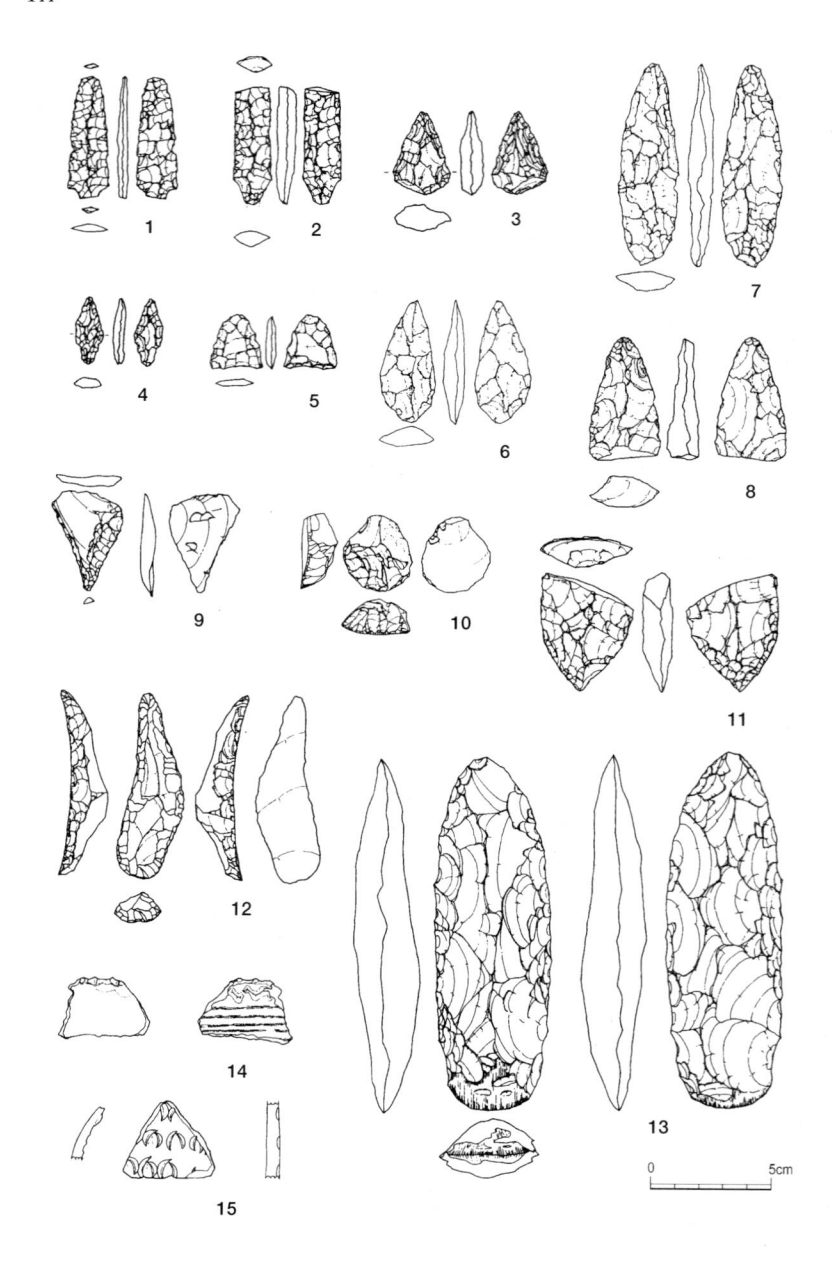

図50　神取遺跡（佐野 1994）

RL-斜行剥離が認められる。石器群全体でRL-斜行剥離は細身の尖頭器に主体的に認められる傾向がある。有舌尖頭器は小型品で構成される。有舌尖頭器（同図-1）、錐（同図-14・21・22・23）、削器（同図-25）、掻器（同図-19・20）には斜行剥離は認められていない。

尖頭器、掻器（同図-12・24）には部分的なRL-斜行剥離が認められるが、細身の尖頭器（同図-11・16）、植刃（同図-9）には全面的なRL-斜行剥離が認められる。同図-9には精緻で安定したRL-斜行剥離が整然と施されている。また、同図-16には、他縁にわたるほどに長いRL-斜行剥離が施されており、それが右肩上がりの斜方向を成している。また、尖頭器（同図-15）の辺縁部にはRL-斜行剥離が認められる。

なお、尖頭器・植刃などの未報告資料からも、右肩上がりの斜方向をもつ石器類が多く確認されている（佐々木1973の写真などを参照）。

【葛原沢第Ⅳ遺跡】（図52）

葛原沢第Ⅳ遺跡は静岡県沼津市足高尾上に所在する。遺跡は愛鷹山南東麓に位置し、中沢川と松沢川に区分された南向きの丘陵中心部に立地する。県営愛鷹運動公園内の建設に先立ち、1993年から1994年まで、沼津市教育委員会により緊急調査が行われた。縄文時代草創期の住居址および遺構群、土器群とそれらにともなう豊富な石器が出土している。草創期遺物は、埋没谷Aと第1号住居址周辺を中心に出土している。

草創期土器としては、隆帯文土器（葛原沢Ⅰ式）、爪形文土器、押圧縄文土器（葛原沢Ⅱ式）、表裏縄文土器などが出土している。草創期遺物は、出土層位と位置の厳密な検討によって二段階に分けられているが（池谷2001）、ここでは包含層資料を一括する。包含層資料には、隆帯文土器と押圧縄文土器にともなう可能性のある石器が含まれる。

包含層の石器には、尖頭器、有舌尖頭器、石鏃、掻器、石錐、楔形石器、礫器などが認められる。一部の尖頭器（図52-17）には幅広のRL-斜行剥離が施されている。このRL-斜行剥離は並列して施され樋状を呈しており、裏面右辺でよく平行している。斜方向は右肩上がり傾向となっている。

なお、葛原沢Ⅰ式（隆帯文土器）にともなう石器からは、明瞭な斜行剥離が

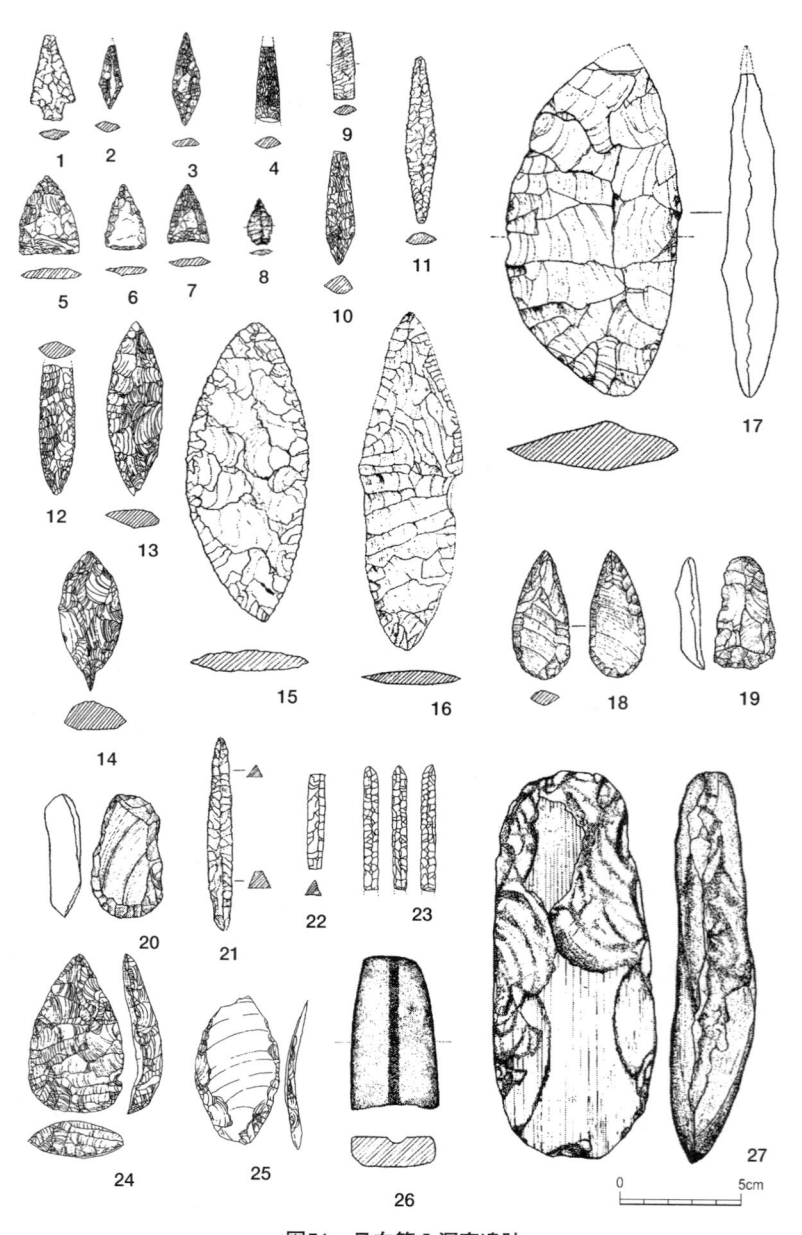

図51 日向第Ⅰ洞窟遺跡
(1・8・9・11・15〜21・26・27：佐々木 1971, 2〜7・10・12〜14・22〜25：加藤 1967)

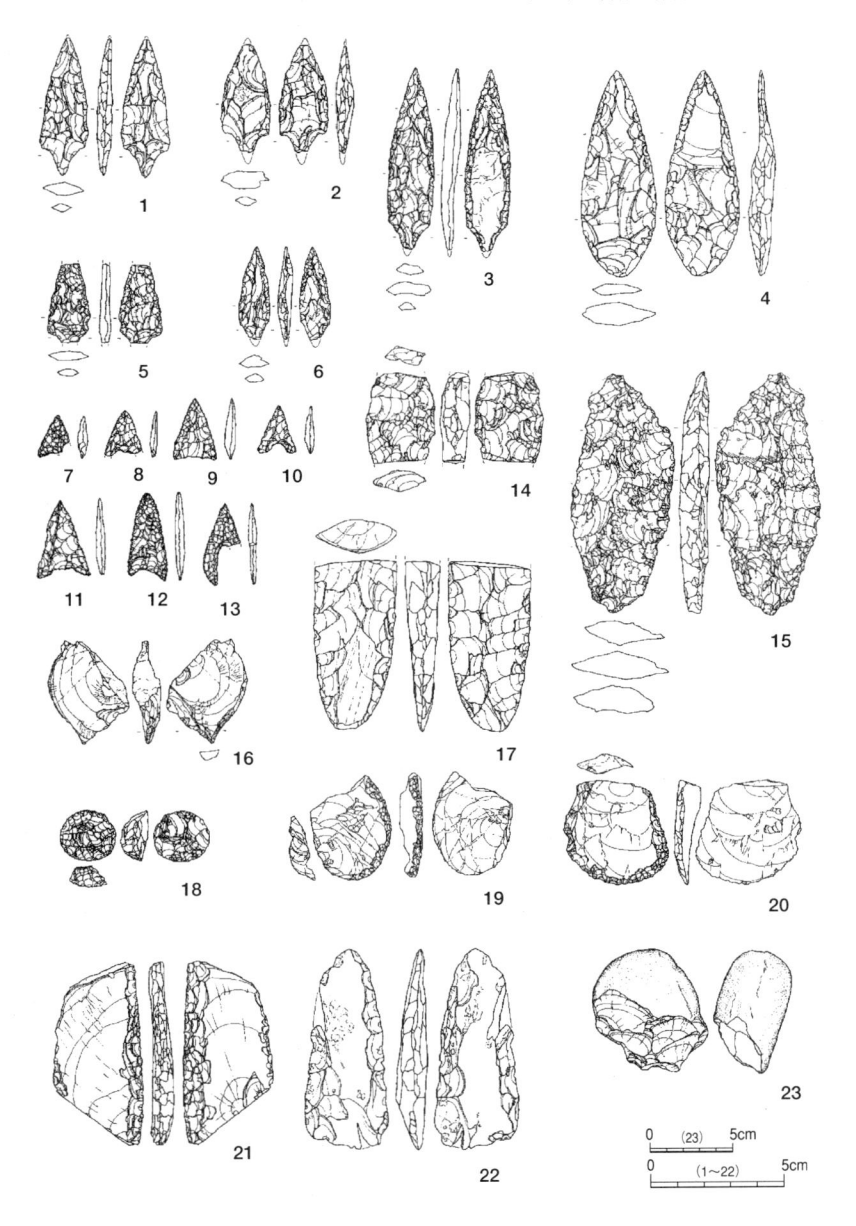

第4章　斜行石器群の広がり　147

図52　葛原沢第Ⅳ遺跡（池谷 2001）

認められていない。辺に対してほぼ垂直に施された剥離が多く、幅広・寸詰まりで粗いもの（同図-2・6）、精緻なもの（同図-13）などが認められる。埋没谷Bの資料にも斜行剥離は認められていない。

【大鹿窪遺跡2号竪穴状遺構】
　大鹿窪遺跡は静岡県富士郡芝川町に所在する。同遺跡2号竪穴状遺構から隆線文土器、爪形文土器、押圧縄文土器、条痕文土器などが出土している。石器には尖頭器、小形半月形石器、石鏃、掻器、削器、礫器、磨石、石皿、有溝砥石などがある（小金澤2006）。
　尖頭器・小形半月形石器に対してRL-斜行剥離が認められる。ともに右肩上がりの斜方向を呈している。一部の尖頭器には、右辺を中心に比較的整然と並列したRL-斜行剥離が認められる。石鏃、掻器、削器などに明確な斜行剥離は認められない。

【石小屋洞穴】
　長野県・石小屋洞穴は須坂市仁礼仁礼山に所在する。標高は約920m。第Ⅶ・Ⅷ層には絡条体圧痕文、縄の側面圧痕文、斜縄文、羽状縄文、爪形文、無文、微隆起線文などの草創期土器をともなう。
　第Ⅶ・Ⅷ層出土の草創期石器には尖頭器、植刃、石鏃、掻器、削器などが認められる（永峯1967）。植刃にはやや傾きの弱いRL-斜行剥離が両側辺に認められる。また、掻器の背面にも一部RL-斜行剥離が認められる。細身を呈し、端部が圭頭状を呈する尖頭器がみられる。

本州BC2群：無土器ないし土器の詳細が不明であるが、主体が本州B・C群に属すると考えられる斜行石器群
　本群は隆起線文系土器・爪形文系土器・多縄文系土器のいずれかをともなう可能性をもつ斜行石器群である。出土した土器が脆弱・無文・小片であり、土器の詳細が不明な斜行石器群、および土器を伴出しない斜行石器群が該当する。石器群の様相から判断して石器群の主体が本州A群にはないとみなされるもの

であり、本州B群ないし本州C群と併行関係にある。

　本群は、複数の土器群を有する本州BC1群とは対照的な石器群である。したがって、本群を本州BC2群と幾分便宜的に呼称する。土器との対応関係を不明としており、石器群の主体は上記の土器群のいずれか1つないし複数に帰属する可能性をもつ。

　本群に属するもので、斜行有舌尖頭器をともなう（関東地方を除く）代表的な遺跡は、兵庫県まるやま遺跡、長野県仲町遺跡第4地点である。ほかに、斜行剥離をもつ石器類をともなう代表的な遺跡は、山形県尼子第Ⅱ岩蔭、青森県明前（4）遺跡である。

　本群には、隆起線文系土器から多縄文系土器までの時期幅を与える。したがって、本州B群および本州C群と重複するおよそ12,800 y.B.P.～9,800 y.B.P.の年代幅を想定する（谷口2003・2004）。このことは本州BC1群と同じである。

斜行有舌尖頭器をともなう石器群
【仲町遺跡第4地点】
　仲町遺跡は古野尻湖に突き出た仲町丘陵（現野尻湖と池尻川低地を東西に分ける通称）北西端に位置する。遺跡は長野県上水内郡信濃町に所在する。

　仲町遺跡からは大別7地点が確認されているが、丘陵西側斜面に位置するBP第4地点からは、神子柴系の石斧、石鏃などと2点の有舌尖頭器が単独的に出土している。出土状況は詳細に記録されているが、それによると遺物は北側の第5a地点（本州B群）から約60m離れて単独的に出土しているとわかる（図79）。最も近接した土器集中部（SQ18）については、そのほとんどが同一個体の押型文土器から構成されている。ただし、第4地点出土の有舌尖頭器（同図-①・②）は押型文土器群（SQ18）と共伴関係にはない。[8]

　仲町遺跡第4地点の有舌尖頭器（図79-①・②）は精緻な調整による。同図-①の有舌尖頭器には、辺に対して直交する並列剥離が主体的に施されているが、部分的なRL-斜行剥離も認められる。全体的にわずかに右肩の上がる斜方向を呈している。同図-①は、おおむね右肩上がりの有舌尖頭器である。また、同図-②の有舌尖頭器には、両側辺から密にRL-斜行剥離が施されている。この有舌尖頭器は明瞭に右肩の上がる斜方向を呈している。同図-②は、典型

的な右肩上がりの有舌尖頭器である。

斜行剥離をもつ石器類をともなう石器群
【まるやま遺跡丸山地点】（図53）
　まるやま遺跡（三原編 1998、山本編 2002）は兵庫県津名郡淡路町岩屋に所在する。淡路島の北端に位置し、津名山地北端から派生する尾根の北斜面に立地する。標高は36～40mである。明石海峡大橋の建設にともない、1992年に緊急調査が行われた。石器群は3か所の集中部を形成する。石器約800点、土器3点が検出されている。土器については遺存状態が悪く、その詳細が不明である。

　まるやま遺跡丸山地点からは、有舌尖頭器、尖頭器、石鏃、掻器、剥片、微細剥片などが出土している。掻器と楔形石器が卓越する。有舌尖頭器（図53-1）には、縁辺部に対して短いRL-斜行剥離が認められる。石鏃、尖頭器、掻器などに明瞭な斜行剥離は認められていない。

　なお、器種不明と報告された石器（同図-14）は板状の結晶片岩を素材としている。実見によれば、この石器の器体のほぼ中央から、器体の長軸と並行する弱い一条の磨滅が観察された。石材と形状の特徴から判断すると、これは有溝砥石と関連した石器である可能性が高い。ただし、使用痕分析などを行って、その検証が厳密に行われる必要もあろう。

【明前（4）遺跡】
　明前（4）遺跡は青森県上北郡野辺地町に所在する。調査区南端で約5,300点の草創期石器がまとまって出土している。石器は3つのブロックに分かれて千曳浮石層の再堆積層中から出土した。各ブロックはすべて同時期の所産であると考えられている。土器は出土していない。

　遺物は、尖頭器24点、石鏃2点、彫器2点、彫器様石器2点、掻器3点、石錐1点、抉入削器1点、削器、使用痕のある剥片類などからなる。尖頭器を主体とする石器群であるが、明確な石刃素材の石器が認められない。また、掻器・彫器などに調整が顕著であり、剣状の尖頭器や凹基石鏃を有する。こうした点に石器群の特徴が指摘されている（瀬川編 2003）。長者久保遺跡や大平山

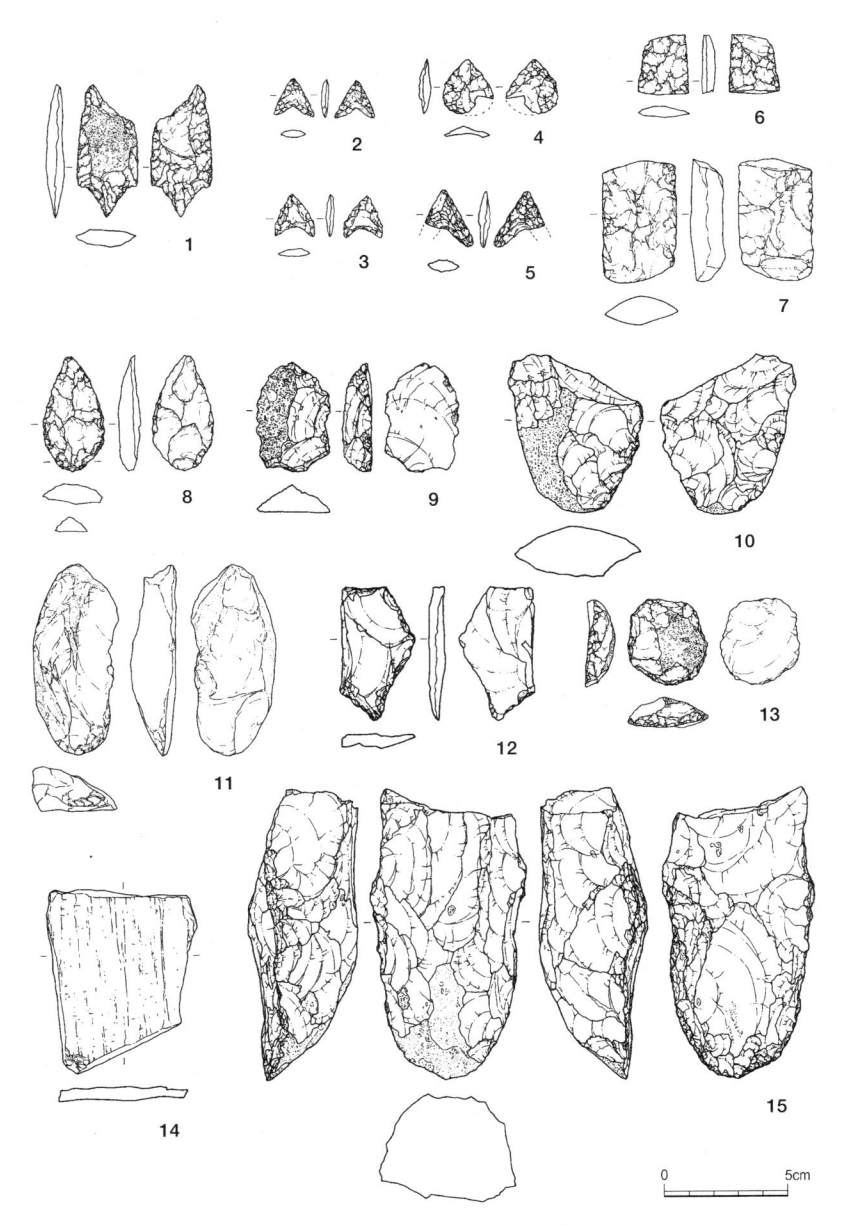

第4章　斜行石器群の広がり　　151

図53　まるやま遺跡丸山地点
(1～3・6～8・11・13・14：三原編 1998，4・5・9・10・12・15：山本編 2002)

元Ⅰ遺跡よりは後出の石器群であると報告者は考えている。

RL-斜行剥離をもつ剣状の尖頭器（図70-11・22）が認められる。

【尼子第Ⅱ岩蔭】

山形県・尼子第Ⅱ岩蔭からは土器をともなわない第6層—最下層—で右肩上がりの斜状平行剥離をもつ小形の半月形石器群が出土している（加藤・菅原1968）。攪乱を受けていない第6層は、室谷第1群土器・本ノ木式をともなう第5層とは年代的に画されて検出されたとされる（加藤1976）。したがって、第6層は室谷第1群土器・本ノ木式以前の草創期石器群と考えられている。

第6層から出土した小形の半月形石器の両側辺には、整然としたRL-斜行剥離が施されている。右肩上がりの斜状平行剥離を呈している。

九州

九州地方は有舌尖頭器と斜行石器群の痕跡が乏しいうえに、概観的には九州北部と九州南部で土器石器ともに著しい地域性を有している。したがって、九州地方における有舌尖頭器と斜行石器群の時間軸を、九州と本州—四国の土器群の比較により設けるのは容易ではない。南部九州と本州—四国における隆起線文系土器の併行関係をめぐっては、例えば九州系隆帯文土器と本州—四国系爪形文・多縄文（系）土器を対比する見方と、九州系隆帯文土器と本州—四国系隆起線文土器を対比する見方が並存する。

本州—四国で隆起線文系土器が盛行した頃、九州地方には九州系の細石刃石器群が展開する。ただし、九州系の細石刃石器群に斜行剥離をもつ石器類はあまり認められない。また、有舌尖頭器は散発的にしか分布せず、単独に近い条件でみつかることが多い。福岡県井堀遺跡からは右肩上がりの有舌尖頭器が出土しているが、共伴する資料は定かではない。また、宮崎県雀ヶ野第3遺跡からは細石刃石器群と有舌尖頭器が出土しているが、細石刃石器群と有舌尖頭器の共伴関係はやはり不明である（近沢編2005）。

現在のところ、宮崎県・高城町雀ヶ野第3遺跡、清武町坂元遺跡の有舌尖頭器が日本列島最南端域の有舌尖頭器である。泉福寺洞穴の第七次調査以降、九州の有舌尖頭器には本州からの影響が指摘されている（麻生・白石1976など）。

以後常々指摘されているように、その分布は東九州に偏る勢いを示している。また、瀬戸内海沿岸地域という枠組みで有舌尖頭器の分布域を俯瞰すると、量的には近畿地方から九州にかけて漸次的減少をみせつつ分布する。こうした様相は、九州・有舌尖頭器の由来が本州側にあるとみなす仮説を裏付けている。ただし、九州への南遷説は分布論とは別の角度から検証される余地もあろう。

　西日本における有舌尖頭器の南遷に対しては、九州・各種石器群における時間的先後の厳密な検討により総合的に判断する必要がある。その際、常々神子柴系と関連付けられ、最近は縄文時代早期の所産である可能性も指摘されている槍先形尖頭器の詳細な検討は必要と考える。例えば、熊本県柿原遺跡（杉村1985）、鹿児島県園田遺跡（田平・野平編 2004）から検出された薄身に仕上げられた多久産槍先形尖頭器には、本州側の尖頭器群と類似した右肩上がりの斜方向が認められる（図54）。

　柿原遺跡の石槍（同図-11）に関しては、正面左辺上半に対して幅広のRL-斜行剥離が施されている。このRL-斜行剥離はリングを右斜め上方へと傾けている。また、裏面両側辺に対しても、やや幅広のRL-斜行剥離が施されている。また、園田遺跡埋納遺構の石槍には、一部に密なRL-斜行剥離が施されており、右肩上がりの斜方向が卓越する。このように、柿原・園田遺跡の石槍にはRL-斜行剥離が施されており、右肩上がりの斜方向が看取される。柿原・園田に認められる右肩上がりの斜方向は、本州側からの影響を示している可能性がきわめて高い。

　上記以外には、大分県目久保第1遺跡で出土した小型の有舌尖頭器（同図-2）に対して、一部RL-斜行剥離が認められる。また、同県神ノ原遺跡で出土した中型の有舌尖頭器にも部分的なRL-斜行剥離が認められる。双方に対して右肩上がり傾向の斜方向が認められている。また、宮崎県雀ヶ野第3遺跡C地区の有舌尖頭器は辺に対するほぼ垂直の剥離を主体とするが、表裏に対して右辺から斜走する数条のRL-斜行剥離が認められる。この斜めの剥離は局部的でやや不揃いとなっているが、斜方向は全体的に右肩上がり傾向となっている。

　あるいは、長崎県平野遺跡、同県千束野遺跡、大分県二日市洞穴第9文化層、同洞穴第8文化層、宮崎県雀ヶ野第3遺跡などでは、RL-斜行剥離をもつ細身の尖頭器が認められる。また、大分県上下田遺跡、宮崎県阿蘇原上遺跡、熊本

図54 九州地方の斜行石器群（1）

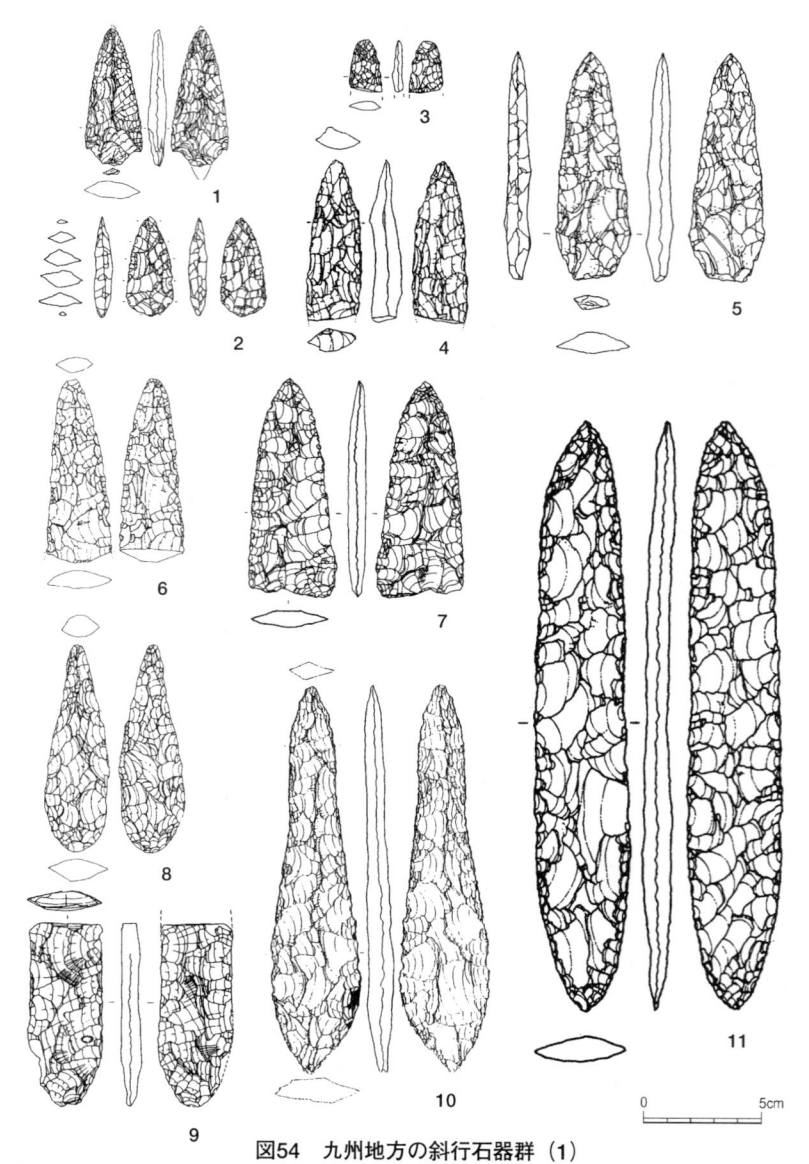

1.井堀遺跡（平ノ内 1997) 2.目久保第1遺跡（高橋 1993) 3.志風頭遺跡（上東・福永 1999) 4.上下田遺跡（橘 1983) 5.平野遺跡（高原 1999) 6.二日市洞穴第9文化層（橘 1980) 7.里の城遺跡（大田ほか 1980) 8.二日市洞穴第8文化層（橘 1980) 9.千束野遺跡（川道 1988) 10.小川遺跡（村崎 1998) 11.柿原遺跡（杉村 1985)

県小川遺跡などでは、部分的なRL-斜行剥離をもつ細身の尖頭器が認められる。
　鹿児島県志風頭遺跡にはRL-斜行剥離をもつ石鏃が認められる。また、宮崎県元野河内遺跡、熊本県里の城遺跡の尖頭器・石鏃には、わずかに傾きを有するRL-斜行剥離が認められる（図54、図55）。

2. 北海道の斜行石器群

　現在、北海道における有舌尖頭器は、忍路子型細石刃核石器群、広郷型細石刃核石器群、小形舟底形石器を主体とする石器群と、細石刃・細石刃核を基本的にはともなわず、有舌尖頭器・尖頭器を主体とする有舌尖頭器石器群から伴出することが確実である（寺崎1999・2006、山田2006）[10]。忍路子型細石刃核石器群、広郷型細石刃核石器群、有舌尖頭器石器群には共有する部分的な要素が認められているものの、3者を時間差で段階的に位置づけることはできない（寺崎2006）。また、有舌尖頭器石器群が細石刃をともなわないことを根拠に、忍路子型や広郷型の細石刃核石器群に後続したとの評価はできないし、その可能性を支える確かな層位的・年代的根拠も乏しい。有舌尖頭器は峠下2類の細石刃核と共伴する可能性もあるが（寺崎2006）、この問題に関して十分に議論がし尽くされているとはいいがたい。また、幌加型細石刃核と有舌尖頭器の共伴関係が認められる可能性もあるが、この根拠となる遺跡における各種細石刃

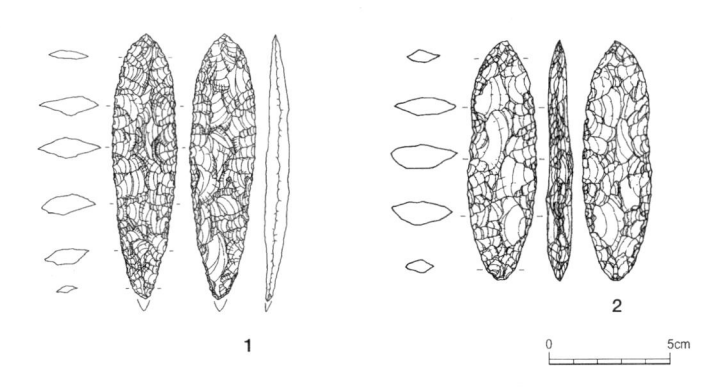

図55　九州地方の斜行石器群（2）
1.阿蘇原上遺跡（甲斐・松本編 2003）2.雀ヶ野第3遺跡第1次調査（近沢編 2005）

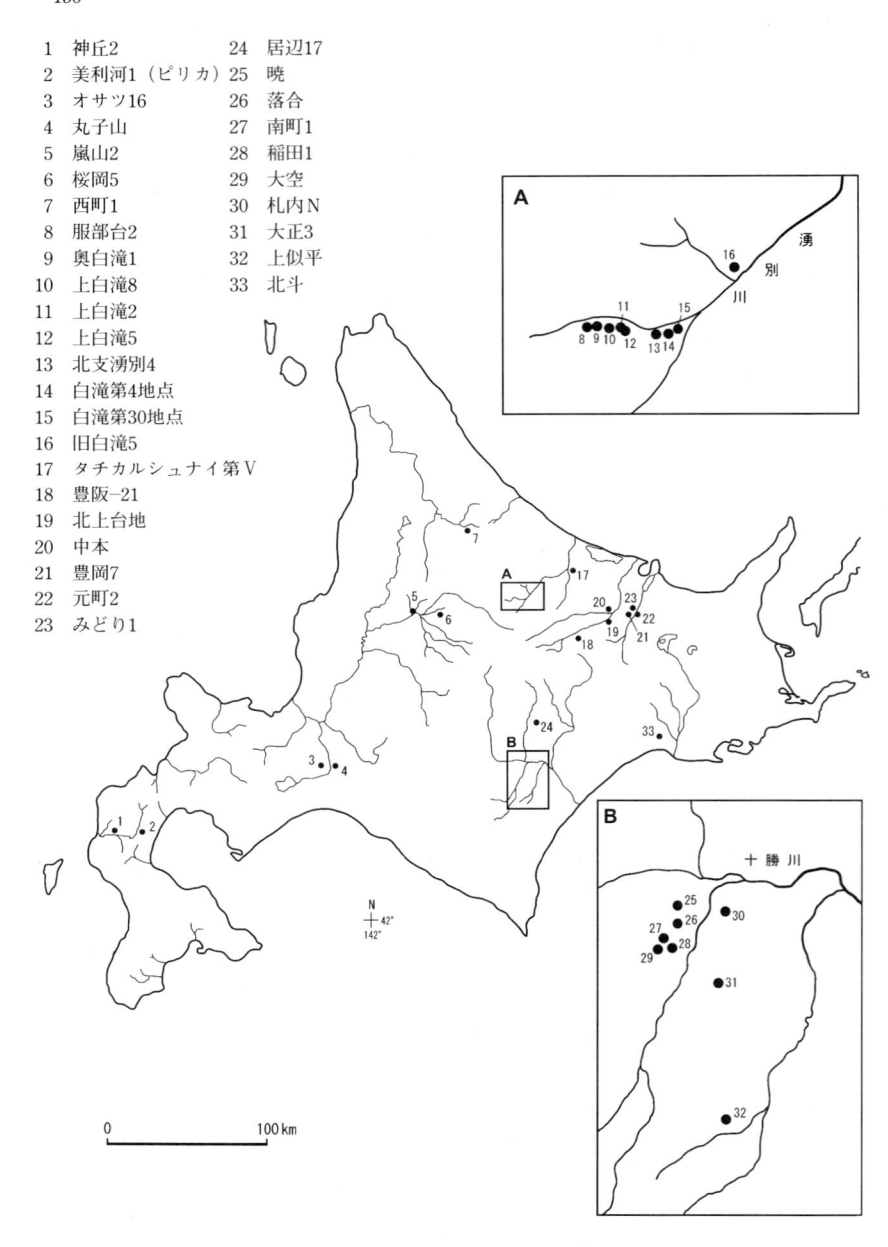

1	神丘2	24	居辺17
2	美利河1（ピリカ）	25	暁
3	オサツ16	26	落合
4	丸子山	27	南町1
5	嵐山2	28	稲田1
6	桜岡5	29	大空
7	西町1	30	札内N
8	服部台2	31	大正3
9	奥白滝1	32	上似平
10	上白滝8	33	北斗
11	上白滝2		
12	上白滝5		
13	北支湧別4		
14	白滝第4地点		
15	白滝第30地点		
16	旧白滝5		
17	タチカルシュナイ第Ⅴ		
18	豊阪-21		
19	北上台地		
20	中本		
21	豊岡7		
22	元町2		
23	みどり1		

図56　北海道の斜行石器群・遺跡の位置（●：代表的な遺跡）

核の同時性を厳密に検討する余地もある。当面は、忍路子型細石刃核石器群、広郷型細石刃核石器群、有舌尖頭器石器群に対して有舌尖頭器の共伴を認めて議論を進めるのが適当であろう。

　資料操作に関して、遺跡によっては石器類の厳密な共伴関係を把握することが難しい。そのため、本書において各種の細石刃核石器群に属する遺跡を選別する基準は、とくに断りがない限り（あるいは新たな資料を除いて）、各種の細石刃核（小形舟底形石器）およびそれに関連する細石刃製作技術が顕著な石器群（山田 2006：山田氏によるA～G群が対応）に基本的には置いている。また、小形舟底形石器については、相対的に幅狭で精緻な調整剥離をもつ均一製の高い一群と、幌加型細石刃核に近似するサイズをもち相対的に幅広で大形の一群があり、さらにいくつかに細分されるが（山原 1999、山原編 2002など）、本書では論旨の都合上、各種の小形舟底形石器を主体的にともなう石器群を小形舟底形石器群として幾分便宜的に一括する。

　さて、新潟県小瀬が沢洞窟遺跡には舟底形石器が伴出する（長沼2003など）。小瀬が沢洞窟は先述したように、本州B・C群に比定される。この小瀬が沢洞窟の舟底形石器は、道内の小形舟底形石器群となんらかの関係を有する可能性が指摘されている（長沼2003）。さらにこの関係は、北海道と小瀬が沢洞窟遺跡で飛び地的な関連をみせる広域的黒曜石交換ネットワークの存在（佐藤ほか2002、直江 2008など）が傍証している。東北地方の様相が不明であり評価は難しいが、このように道内の小形舟底形石器は本州以西の縄文時代草創期と関連があることを示唆しており、小形舟底形石器群が忍路子型や広郷型と比してやや異質であり、しかも忍路子型や広郷型に後出する可能性（寺崎 1999・2006、長沼 2003など）はある。ただし、後述するように、帯広市大正3遺跡を代表的とする小型両面加工尖頭器の一群が、北海道系・細石刃核石器群および小形舟底形石器群のいずれかと共時的に存在した可能性は高く、土器群の様相、放射年代値、両面調整石器の加工技術などがこれを傍証している。

　このように、道内の各種石器群については、今現在、本州以西の段階編年ときわめて断片的にしか対応関係が得られておらず、本州以西と北海道の具体的な関係については今後の研究にゆだねられている部分が大きい。研究の現状においては、北海道における後期細石刃石器群の一部と小型両面加工尖頭器の一

群は、道内でリゾーム状の分布をみせながら、同時異相的に存在したとみなすのが妥当であろう。このような各種石器群に参画する可能性がある石器群は、幅広有舌尖頭器を含む石器群、小型鋸歯縁尖頭器を含む石器群（直江 2008）とその他の後期細石刃石器群（山田 2006）であろう。

　参考までに、山田哲氏によれば、忍路子型細石刃核石器群に対しては、おおむね13,000 y.B.P.以降の年代値が想定されている。また、広郷型細石刃核石器群に対しては、およそ13,500～11,000 y.B.P.を中心とした時期が想定されている。また、小形舟底形石器群に対しては、13,000 y.B.P.前後を含む時期ないし13,000 y.B.P.以降に位置づけられる可能性が指摘されている（山田 2006）。だが、各石器群の存続年代幅は不明確であり、互いの石器群が前後関係にあるとみなせる証拠は得られていない。

　いずれにせよ、忍路子型細石刃核、広郷型細石刃核、小形舟底形石器に代表される北海道・後半期細石刃石器群に対して斜行剥離が安定して認められる。さらに有舌尖頭器石器群を含めた上記の全群において、右辺で左上がり、左辺で右下がりを呈する―すなわち、器面上で左肩上がりの斜方向を生み出す―LR-斜行剥離が主体的に認められる。

北海道A群：忍路子型細石刃核石器群に関連する斜行石器群

　帯広市大空遺跡、上士幌町居辺17遺跡、北見市北上台地遺跡、鷹栖町嵐山2遺跡、千歳市丸子山遺跡、千歳市オサツ16遺跡B地区、白滝村白滝第30地点遺跡ブロック3、美幌町豊岡7遺跡などの忍路子型細石刃核およびそれに関連する細石刃剥離技術が顕著な石器群からは、斜行剥離を有する石器類が認められる。上記遺跡で認められる斜行剥離は、右辺で左上がり、左辺で右下がりを呈する―すなわち、器面上で左肩上がりの斜方向を生み出す―LR-斜行剥離となることに顕著な特徴をもつ。

　北見市北上台地遺跡A・B・C地点3層からは、LR-斜行剥離が施された忍路子型細石刃核と左肩上がりの有舌尖頭器をともなう忍路子型細石刃核石器群が検出されている（大場ほか 1984）。細石刃核はその形態と器面調整加工のあり方から忍路子型2類である（寺崎 1999、山田 2006）。忍路子型細石刃核にはその基軸（石器の長軸）を上下としたときに右辺で左上がり、左辺で右下がりと

第 4 章　斜行石器群の広がり

北海道 A 群

1 北上台地
2 北上台地
3 北上台地
4 北上台地
5 大空

北海道 B 群

6 白滝第4
7 白滝第4
8 美利河1

北海道 C 群

9 南町1
10 白滝第30

北海道 D 群

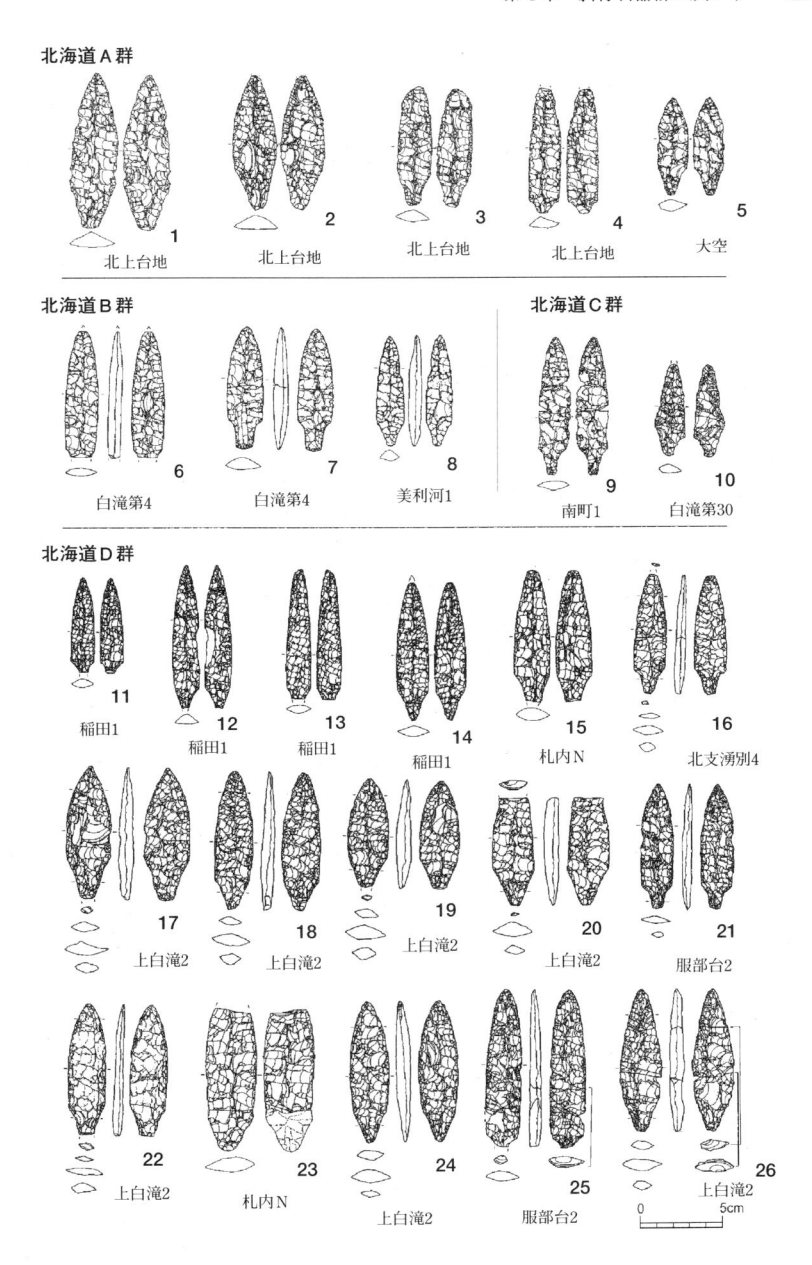

11 稲田1
12 稲田1
13 稲田1
14 稲田1
15 札内N
16 北支湧別4
17 上白滝2
18 上白滝2
19 上白滝2
20 上白滝2
21 服部台2
22 上白滝2
23 札内N
24 上白滝2
25 服部台2
26 上白滝2

0　　5cm

図57　北海道A・B・C・D群にともなう左肩上がりの有舌尖頭器

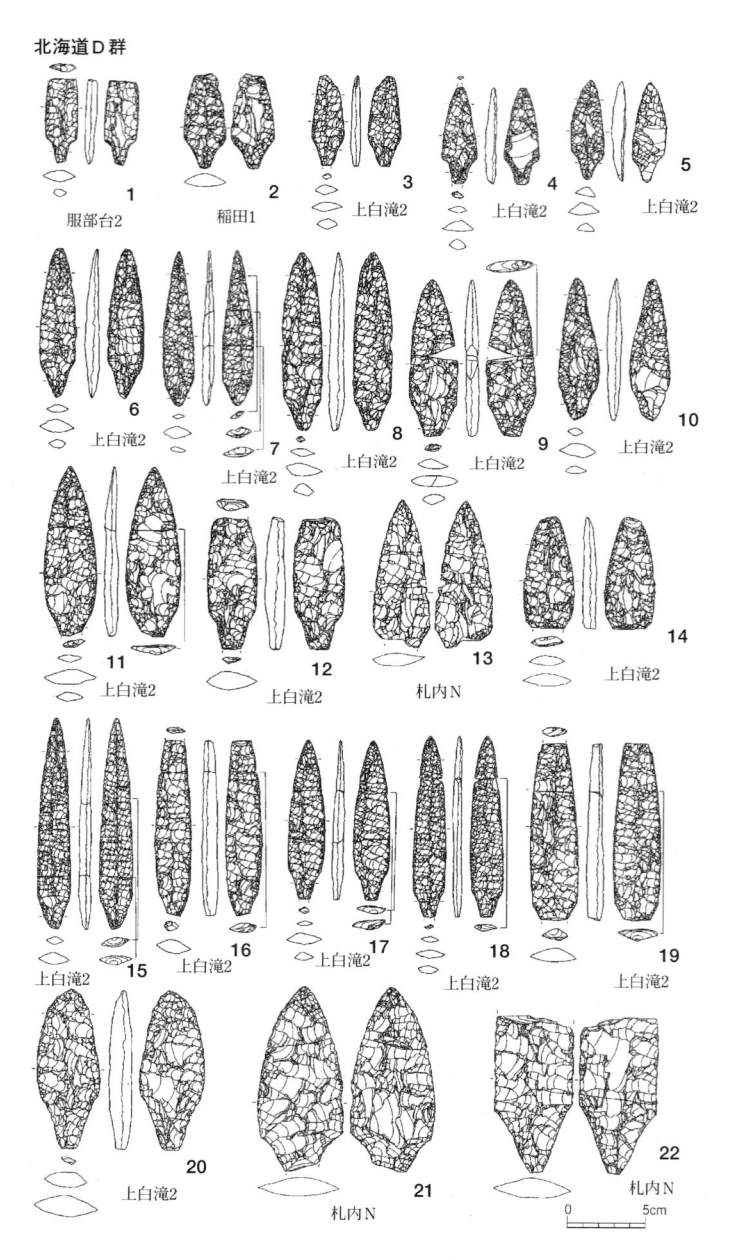

図58　北海道D群にともなう左肩上がりの有舌尖頭器

なるLR-斜行剥離が整然と施されている。そのために、器面調整剥離痕は左肩上がりに傾くものがほとんどで、一方向型の斜状平行剥離が多くみられる（図59-1・3・5・6・7・8・9）。同石核調整に用いられているLR-斜行剥離は、同遺跡から出土する左肩上がりの有舌尖頭器に認められるLR-斜行剥離とその様子が似ている（同図-12）。こうした指摘は先学もしている（寺崎1989・1999、白石1993）。また、共伴した一部の尖頭器にもLR-斜行剥離が施されており、これらの尖頭器には明瞭な左肩上がりの斜方向が認められる（同図-13・14）。また、彫器（同図-15）・削器などの一部にもLR-斜行剥離が認められる。彫器に関しては、素材腹面にLR-斜行剥離が施されたものと、素材背面にLR-斜行剥離が施されたものがある。北上台地遺跡A・B・C地点の石器群には、掻器を除く基本的な石器器種に対して、左肩上がりの斜方向が顕著に認められる。なお、同遺跡桝本地点と狛地点は共伴関係にある石器の判断が難しいが、両地点で出土あるいは採集された左肩上がりの有舌尖頭器・尖頭器に関しては、一応本群でとらえておく。

　放射性炭素年代として、北上台地遺跡B地点で採取されたサンプルから10,300±1,300 y.B.P.（Gak）の年代値が得られている（大場ほか1965）。測定試料と遺物の分布に対応関係が指摘できるために、この年代値はB地点石器群の年代と強い関係をもつと思われる。

　居辺17遺跡、嵐山2遺跡、丸子山遺跡、オサツ16遺跡B地区、白滝村白滝第30地点遺跡ブロック3、豊岡7遺跡には有舌尖頭器をともなわないが、尖頭器、彫器、忍路子型細石刃核などにLR-斜行剥離が認められる（図64）。居辺17遺跡では彫器裏面端部に対してLR-斜行剥離が安定的に認められる（同図-5〜7・9・11・12）。このLR-斜行剥離は左肩の上がる斜方向をみせている。また、嵐山2遺跡には、左辺で右下がり、右辺で左上がりのLR-斜行剥離を施して、面上で左肩の上がる斜方向を呈する尖頭器の破片（同図-21）、あるいはLR-斜行剥離によって器面調整が施され、左肩上がりの斜方向を呈する両面調整素材の彫器（同図-22）が認められる。また、丸子山遺跡の彫器裏面端部の調整には、やや左肩上がりの斜方向を呈するLR-斜行剥離が認められる（同図-10）。また、オサツ16遺跡B地区では、縁辺付近の調整が左肩上がりの斜方向を呈する尖頭器（同図-20）、LR-斜行剥離が認められる彫器、さらに、基軸を上下と

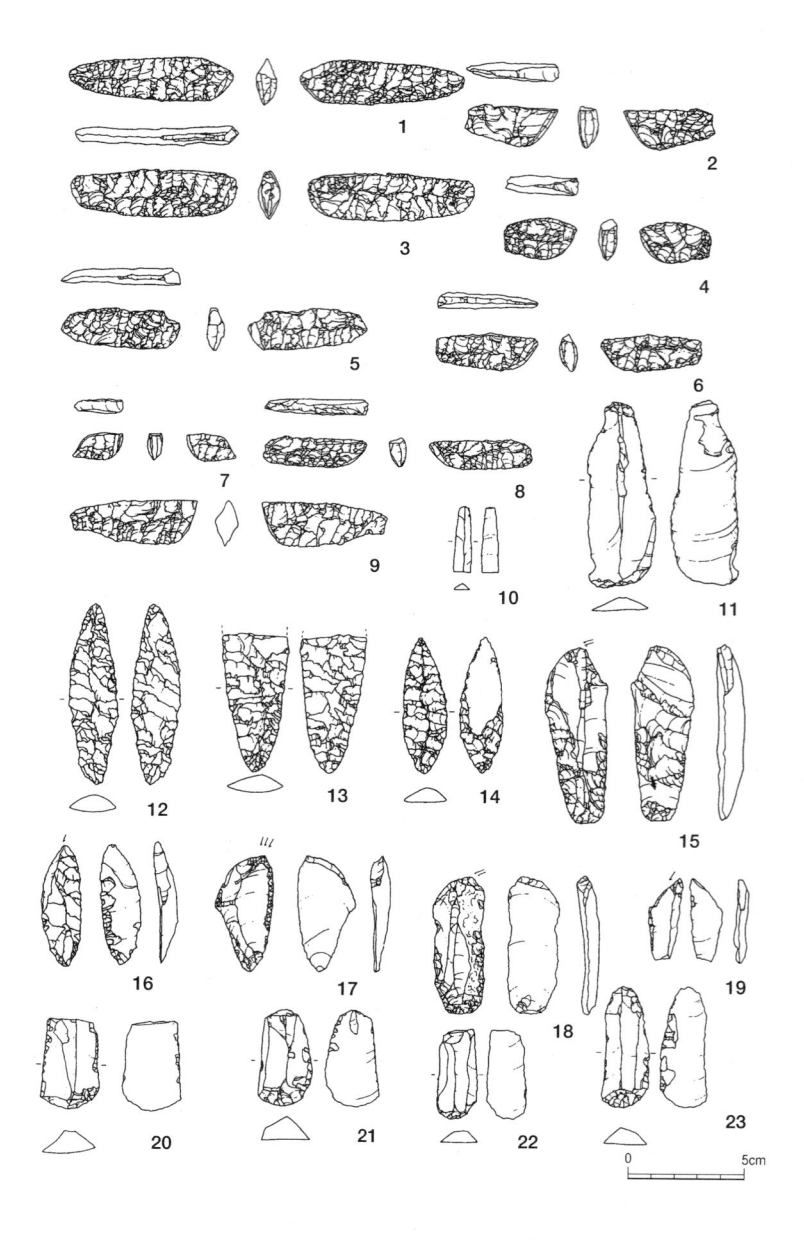

図59　北上台地遺跡C地点（大場ほか　1984）

したときに右辺で左上がり、左辺で右下がりとなり、その器面調整が左肩の上がる斜方向となる忍路子型細石刃核（同図-2）が認められている。白滝村白滝第30地点遺跡ブロック3からも、基軸を上下としたときに、器面調整において、左肩の上がる斜方向となる忍路子型細石刃核が認められている（同図-4）。また、豊岡7遺跡では、彫器裏面端部の調整に対して、左肩上がりの斜方向をもつLR-斜行剥離が認められる（同図-13～15）。また、大空遺跡には左肩上がりの有舌尖頭器が認められる（図57-5）。

北海道B群：広郷型細石刃核石器群に関連する斜行石器群

　白滝村白滝第4地点遺跡C区、美幌町みどり1遺跡、美幌町元町2遺跡第1ブロック、今金町ピリカ遺跡E地点、今金町美利河1遺跡A地区などの広郷型細石刃核およびそれに関連する細石刃剥離技術が顕著な石器群からは、斜行剥離を有する石器類が認められる。上記遺跡で認められる斜行剥離は、右辺で左上がり、左辺で右下がりを呈する―すなわち、器面上で左肩上がりの斜方向を生み出す―LR-斜行剥離を主体とすることに顕著な特徴をもつ。

　白滝遺跡第4地点B～D区では、広郷型細石刃核とそれに関連する細石刃剥離技術が認められる石器群が出土しているが、C区の石器群には左肩上がりの有舌尖頭器が共伴する（図60-7・8・13・14・17）。また、掻器、錐の細部調整にはLR-斜行剥離が認められる。錐にみられるLR-斜行剥離は、あまり顕著ではないが、素材背面に対して部分的に施されている（同図-19）。また、掻器の素材背面に対してもやや不揃いなLR-斜行剥離が施されている（同図-21）。なお、同図-12正面に関しては、全体に雑な剥離が施されており、はっきりとした斜方向をみいだしがたい。

　みどり1遺跡では有舌尖頭器をともなうが、明確な斜行剥離は認められない。みどり1遺跡で出土した大型の尖頭器（図65-2）には、両側辺に対して精緻なLR-斜行剥離が整然と施されており、左肩上がりの斜方向が認められる。

　美利河1遺跡A地区Sb-13では、左肩上がりの有舌尖頭器と広郷型細石刃核が関連する。Sb-13から出土した一部の有舌尖頭器にはLR-斜行剥離が施されており、やや左肩の上がる斜方向がみられる。図57-8の資料には、左辺で先端へ、右辺で基部へと進行する部分的に連続する切り合い関係が認められてお

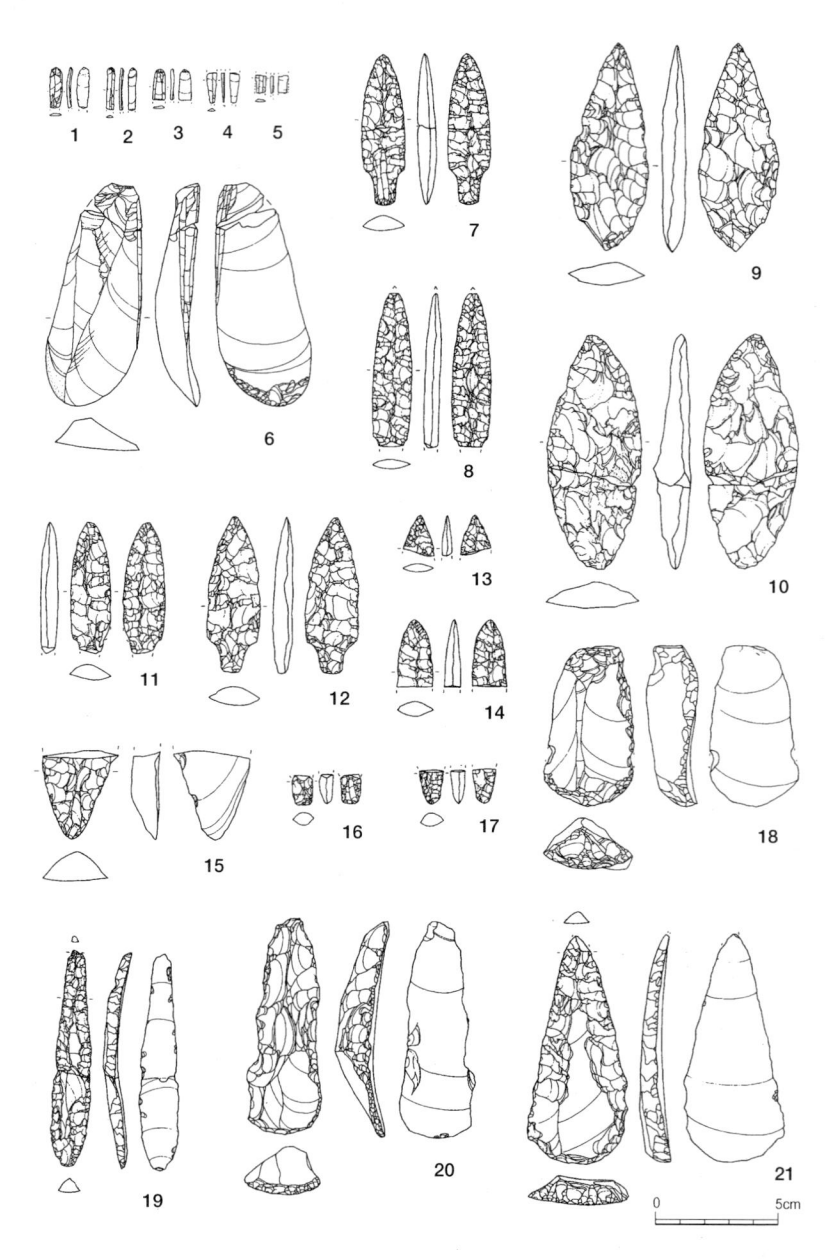

図60　白滝第4地点遺跡C地区（松谷 1987）

り、逆位の石器扱いが想定される。Sb-11では右辺にRL-斜行剥離を施し、左辺に横位の剥離を施す有舌尖頭器も認められる。

　ピリカ遺跡E地点で出土した広郷型細石刃核は、素材背面の右側縁に施された細部調整がLR-斜行剥離となっており、左肩の上がる斜方向を呈している（図65-1）。このLR-斜行剥離の一部は、基部へと順番に進められた連続的な切り合い関係を有しており、逆位の石器扱いを物語っている。元町2遺跡第1ブロックから出土した両面調整石器には、大型と小型のLR-斜行剥離が認められる。基本的には両側辺に対してLR-斜行剥離が施されており、全体的に左肩上がりの斜方向を呈している（同図-4）。なお、中本遺跡1997、98年度調査からは、左肩上がりの有舌尖頭器と広郷型細石刃核の共伴を示唆する良好な資料が得られており、その調査成果が期待される。

北海道C群：小形舟底形石器群に関連する斜行石器群

　帯広市南町1遺跡、白滝村上白滝2遺跡Sb-13、白滝村上白滝5遺跡Sb-6～11、今金町神丘2遺跡A群、白滝村白滝第30地点遺跡ブロック25付近、白滝村白滝第30地点遺跡ブロック29・35、帯広市落合遺跡スポット3、白滝村上白滝8遺跡D区Sb-36～55、旭川市桜岡5遺跡、下川町西町1遺跡、美幌町みどり1遺跡などの小形舟底形石器群からは、斜行剥離をもつ石器類が認められる。上記遺跡で認められる斜行剥離は、右辺で左上がり、左辺で右下がりを呈する―すなわち、器面上で左肩上がりの斜方向を生み出す―LR-斜行剥離を主体とすることに顕著な特徴をもつ。

　南町1遺跡からは、LR-斜行剥離が施された舟底形石器と左肩上がりの有舌尖頭器をともなう小形舟底形石器群が検出されている（北沢・山原編 1995）。舟底形石器はその調整加工の様相により、小形舟底形石器1類（山田 2006）と判断される。一部の小形舟底形石器には、その基軸を上下としたときに、右辺でやや左上がり、左辺でやや右下がりに施されたLR-斜行剥離が認められる。こうした資料からは、石器の長軸に対してやや左肩上がりに傾く斜方向が認められる（図61-2・4）。舟底形石器の器面調整に用いられたLR-斜行剥離は、同遺跡から出土する左肩上がりの有舌尖頭器（同図-5）および両面調整素材の彫器に認められる器面調整などとその様子が似ている。また、共伴する彫器の

166

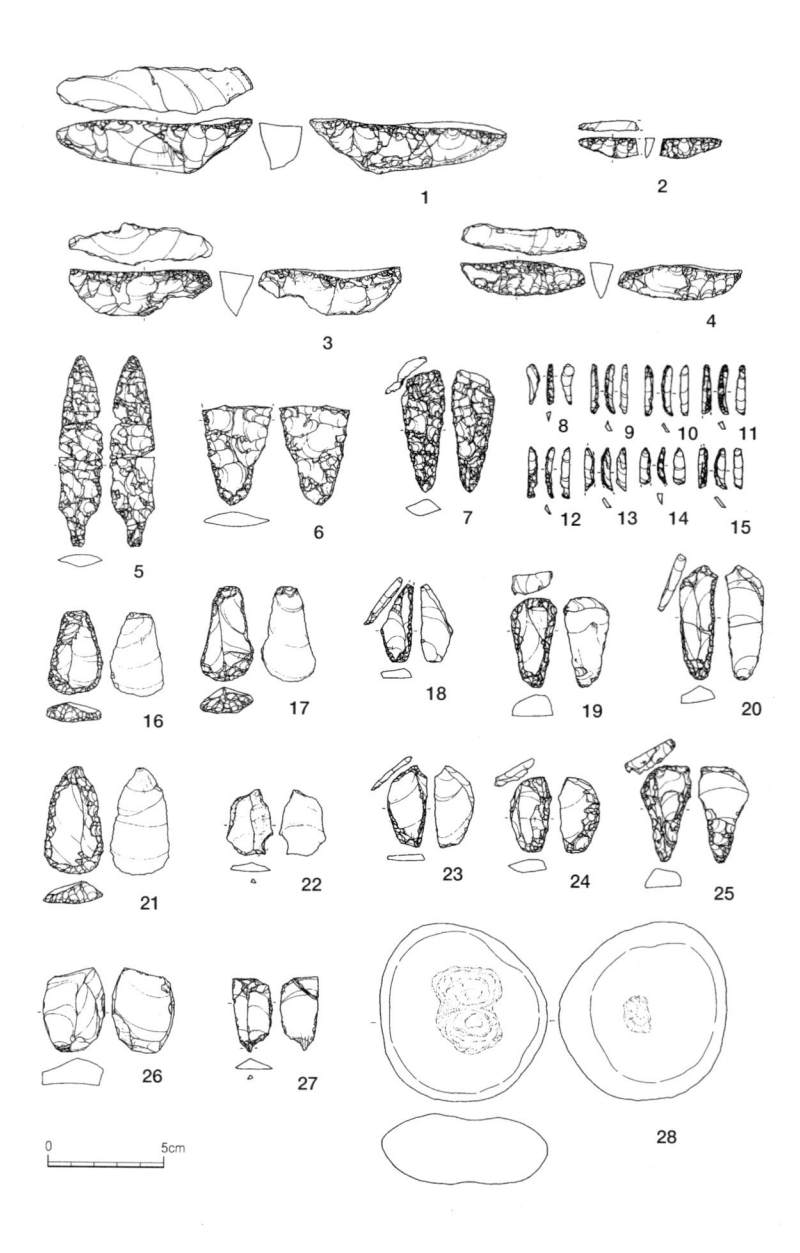

図61　南町1遺跡（北沢・山原編　1995）

裏面端部調整には、LR-斜行剥離が認められる（同図-25）。

　上白滝2遺跡Sb-13、神丘2遺跡A群、白滝第30地点遺跡ブロック25付近（ブロック19～26）では、小形舟底形石器群と有舌尖頭器が共伴している。上白滝2遺跡Sb-13、神丘2遺跡A群から出土した有舌尖頭器には、明瞭な斜方向が認められないが、白滝第30地点遺跡ブロック25付近（ブロック19～26）からは、小形舟底形石器2類（山田 2006）と左肩上がりの有舌尖頭器が出土している。また、上白滝2遺跡Sb-13からは、左肩上がりの斜方向を呈する小形舟底形石器2類が出土している。同資料には、基軸を上下としたときに、右辺でやや左上がり、左辺でやや右下がりとなるLR-斜行剥離が施されている（図66-2）。ほかにSb-13からは、縁辺部の細調整が左肩上がりの斜方向を呈する尖頭器も出土している。また、Sb-13から出土した削器には、素材背面に対して密な調整が施されている。基本的には両側辺に対してLR-斜行剥離がみられるが、とくに右辺に対してそれは顕著である。素材背面右辺には数条並列する狭長なLR-斜行剥離が施されており、それが顕著な左肩上がりの斜方向を成している（同図-12）。また、神丘2遺跡A群からは、長軸に対して左肩上がりの斜方向を呈する舟底形石器が出土している。

　上白滝8遺跡D区Sb-36～55には有舌尖頭器をともなわない。しかし、同遺跡D区Sb-36～55からは、左肩上がりの斜方向をもつ小形舟底形石器、左肩上がりの斜方向をもつ尖頭器、左肩上がりの斜方向をもつ彫器、左肩上がりの斜方向をもつ削器が出土している。尖頭器には比較的整然としたLR-斜行剥離が施されている（同図-7・11・14）。同図-11・14に対しては、幅広のLR-斜行剥離が片面に密に施されているが、同図-7に対しては、幅狭のLR-斜行剥離が全面的に施されている。また、一部彫器の背面調整や裏面端部調整などにLR-斜行剥離が用いられている（同図-9・10）。Sb-36～55の小形舟底形石器2類については、左肩上がりの斜方向を呈するものが主体的となっている。また、一部の小形舟底形石器には、左肩上がりの有舌尖頭器と似た調整剥離が施されている（同図-6）。

　上白滝5遺跡Sb-6～11、落合遺跡スポット3からは、左肩上がりの斜方向をもつ尖頭器（同図-15）、左肩上がりの斜方向をもつ彫器（同図-8）、左肩上がりの斜方向をもつ小形舟底形石器が出土している。落合遺跡スポット3の小

形舟底形石器に対しては、長軸に対してほぼ横位の剥離が主体となっているが、わずかに左肩の上がる剥離も数条施されている（同図-4）。上白滝5遺跡Sb-6～11の尖頭器については、縁辺付近の剥離が全体的に左肩上がりを呈している（同図-15）。なお、上白滝5遺跡Sb-6～11には、右肩上がりの斜方向を呈する尖頭器も認められる。

　白滝第30地点遺跡ブロック29・35、桜岡5遺跡、西町1遺跡、みどり1遺跡の小形舟底形石器には、その基軸を上下としたときに、右辺でやや左上がり、左辺でやや右下がりとなるLR-斜行剥離が施されている（同図-1・3・5）。したがって、これらの資料には、長軸に対してやや左肩の上がる斜方向が認められる。

北海道D群：有舌尖頭器石器群に関連する斜行石器群

　帯広市稲田1遺跡第1地点スポット5、幕別町札内N遺跡スポット4～10、白滝村上白滝2遺跡Sb-15、白滝村上白滝2遺跡Sb-1・2、帯広市上似平遺跡スポット2～4、釧路市北斗遺跡、遠軽町タチカルシュナイ第Ⅴ遺跡A地点、遠軽町服部台2遺跡Sb-38～40、白滝村奥白滝1遺跡Sb-15～21、白滝村北支湧別4遺跡Sb-2・3などの有舌尖頭器・尖頭器を主体的とする石器群からは、斜行剥離を有する石器類が認められる。上記遺跡で認められる斜行剥離は、右辺で左上がり、左辺で右下がりを呈する―すなわち、器面上で左肩上がりの斜方向を生み出す―LR-斜行剥離を主体とすることに特徴をもつ。

　上白滝2遺跡Sb-15からは、LR-斜行剥離が施された斜行石器類と典型的な左肩上がりの有舌尖頭器がまとまって出土している。定型的な石器としては、有舌尖頭器・尖頭器・両面調整石器・彫器・掻器・削器・錐形石器・石刃・縦長剥片・石刃核・石核・削片がある。26,923点の石器類が出土している。黒曜石を主体とするが、頁岩・安山岩などを素材とした左肩上がりの有舌尖頭器も出土している（長沼・鈴木編2001）。

　同遺跡Sb-15では、有舌尖頭器（図62-1～8）、尖頭器（同図-14）、両面調整石器（同図-15）、彫器（同図-9・10）、掻器（同図-13）、削器に対してLR-斜行剥離が施されている。両側辺に対して精緻なLR-斜行剥離が施されたものが多く、一方向型の斜状平行剥離を形成しているものが目立つ。同図-5裏面や

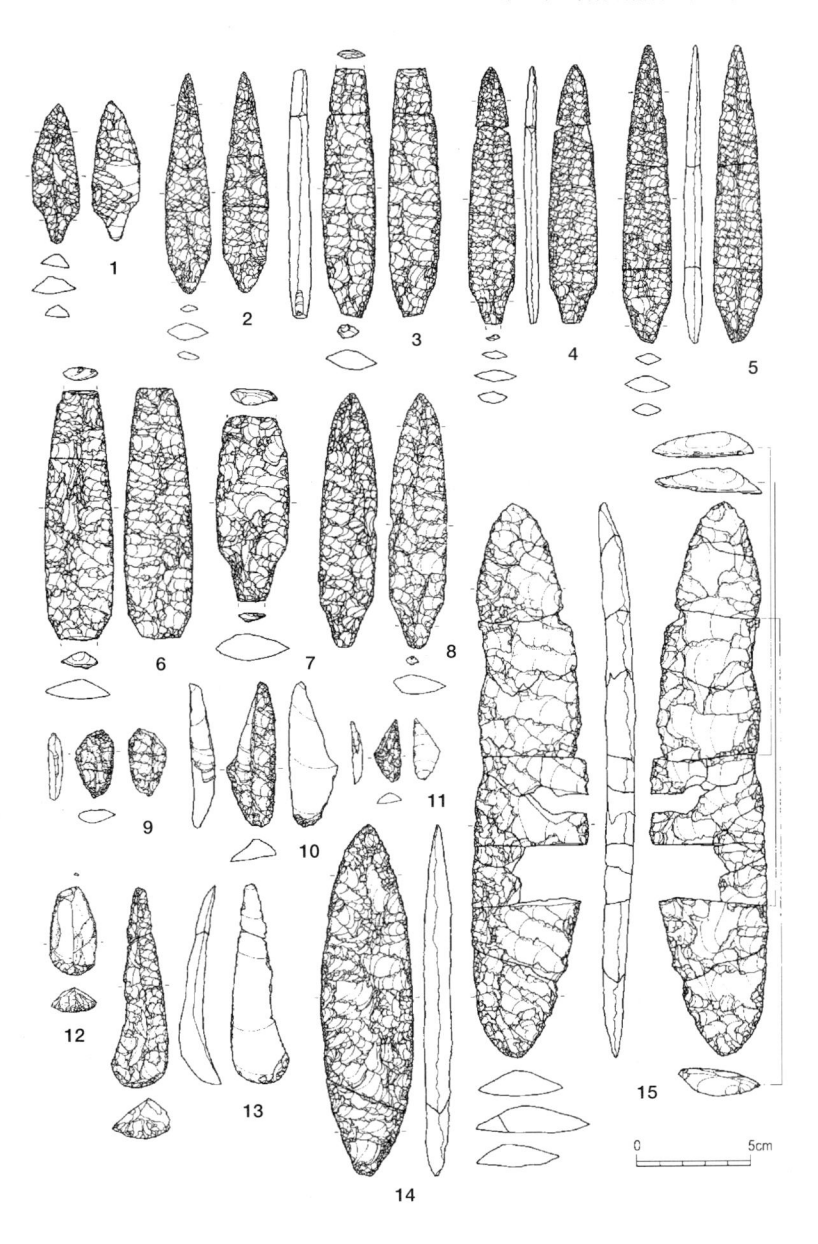

第 4 章　斜行石器群の広がり　　169

図62　上白滝2遺跡Sb-15（長沼・鈴木編 2001）

同図-6 裏面には、精巧な斜状平行剥離が施されており、中軸付近で交差するLR-斜行剥離が整然と施されているのがわかる。また、両面調整石器（同図-15）の正面右辺にも左斜め上方へと施された長大なLR-斜行剥離がみられ、それが左肩上がりの斜方向を成している。同図-1 の有舌尖頭器に関しては、雑に作られたという印象を受けるが、斜行剥離が施されており、それらはLR-斜行剥離となっている。同遺跡Sb-15では、複数の器種にわたりLR-斜行剥離が施されており、左肩上がりの斜方向が特徴となっている。

ところで、同遺跡Sb-15には逆位の石器扱いが推定される。これは剥離の順序が読み解かれたことを根拠とする。報告者の鈴木宏行氏は、有舌尖頭器・尖頭器の剥離痕について次のように観察しており、左肩上がりの斜方向と、両側辺の剥離手順を判読している。

「有舌尖頭器・尖頭器にみられる斜平行剥離（斜状平行剥離）は表裏ともほとんどが右下がりで、左側縁は基部から先端部方向に、右側縁は先端部から基部方向に順番に側縁を単位として加工される」（長沼・鈴木編2001）。

すなわち、表裏で右下がりの剥離が主体となり（つまり、私のいう左肩上がりの斜方向を意味する）、左辺で先端方向へ（↑）、右辺で基部方向へ（↓）と剥離が進行すると述べられている。鈴木氏により指摘された斜方向と剥離手順は、逆位の石器扱いと合致している。繰り返すまでもなく、稲田1遺跡第1地点スポット5、札内N遺跡スポット4～6の有舌尖頭器からも、筆者は基本的にはこれと同じ剥離の順序を確認している（図28参照）。

なお、同遺跡Sb-15の左肩上がりの有舌尖頭器からは10,409±1,006 y.B.P.、15,276±1,886 y.B.P.の水和層年代が得られているが、参考値にすぎない。

稲田1遺跡第1地点スポット5（北沢・山原編1997）からは、左肩上がりの有舌尖頭器がまとまって出土している（図63-1・2・3・4・5）。これらの左肩上がりの有舌尖頭器は、平面形状において上白滝2遺跡Sb-15の左肩上がりの有舌尖頭器と類似している。同図-1～4の左肩上がりの有舌尖頭器には、LR-斜行剥離が密に施されている。同図-3に関しては、一側縁から施されたLR-斜行剥離が狭長であり、その一部が他縁（対向する縁）に達している。基本的には精緻に施された斜行剥離が多く、一方向型の斜状平行剥離と左肩上がりの斜方向を呈するものが多い。また、共伴する彫器の裏面端部調整や背面調

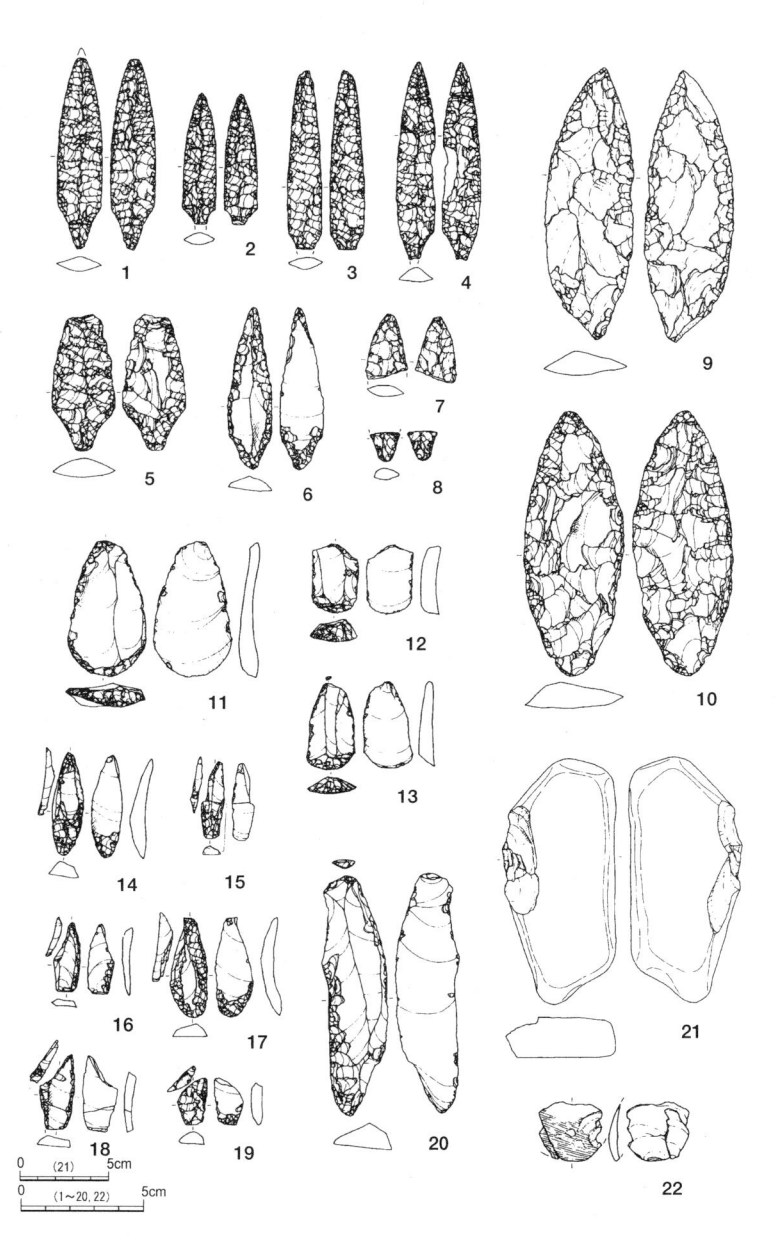

第4章　斜行石器群の広がり　171

図63　稲田1遺跡第1地点スポット5（北沢・山原編　1997）

整の一部にもLR-斜行剥離が施されており、左肩上がりの斜方向が認められる（同図-14・17）。また、左肩上がりの有舌尖頭器からは、逆位の石器扱いが導き出されている（第3章：図28参照）。

札内N遺跡スポット4、同・スポット5、同・スポット6では、逆位の石器扱いによる左肩上がりの有舌尖頭器（図28-1・6～8、図57-23など）、LR-斜行剥離が認められる両面調整石器（図67-12）、LR-斜行剥離が認められる彫器（同図-6）、LR-斜行剥離が認められる削器（同図-3）が出土している。彫器に関しては、背面側へと施された縁辺調整ないし裏面側端部へと施された縁辺調整にLR-斜行剥離が認められている。LR-斜行剥離をもつすべての石器類が左肩上がりの斜方向を呈している。なお、両面調整石器（図67-12）からは逆位の石器扱いが導き出されている。

上白滝2遺跡Sb-1・2（図58-4）、上似平遺跡スポット2～4、北斗遺跡、タチカルシュナイ第Ⅴ遺跡A地点、服部台2遺跡Sb-38～40（図57-21・25、図58-1）、北支湧別4遺跡Sb-2・3（図57-16）などで左肩上がりの有舌尖頭器が出土している。上白滝2遺跡Sb-1・2にはLR-斜行剥離が施された尖頭器が認められる（図67-2）。北斗遺跡には裏面端部に対してLR-斜行剥離が施された彫器が認められる。タチカルシュナイ第Ⅴ遺跡A地点では左肩上がりの有舌尖頭器、LR-斜行剥離をもつ尖頭器、器面調整にLR-斜行剥離をもつ彫器が認められる。タチカルシュナイ第Ⅴ遺跡A地点の彫器には、素材腹面の基部に対して明瞭なLR-斜行剥離が認められる（図67-4）。同遺跡A地点では、わずかではあるがRL-斜行剥離をもつ尖頭器も認められる。

上似平遺跡スポット2～4からは、片側縁に逆刺状の出っ張りをもつ小型の両面加工尖頭器が出土しているが、その器面調整に対してLR-斜行剥離が認められる（図67-11）。また、掻器の素材背面にも、精緻なLR-斜行剥離が施されており、左肩上がりの斜方向がみられる（同図-8）。

奥白滝1遺跡Sb-15～21では、有舌尖頭器をともなわず、両面加工尖頭器を主体とするが、LR-斜行剥離が施された両面加工尖頭器が認められる。同遺跡Sb-15～21の両面加工尖頭器には、正面右辺に対してやや幅広のLR-斜行剥離が認められる（図67-7）。なお、同遺跡にはRL-斜行剥離が施された尖頭器もわずかではあるが認められる。

第4章　斜行石器群の広がり　173

北海道A群

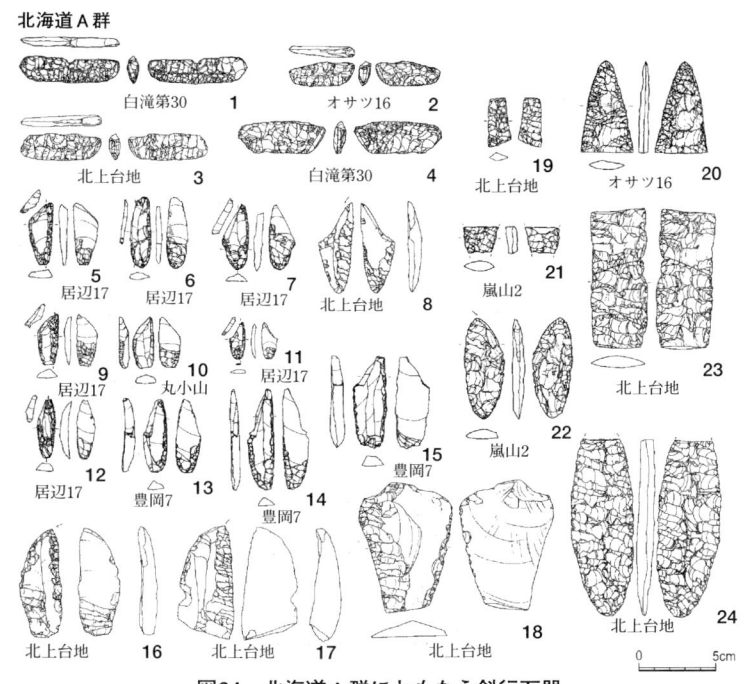

図64　北海道A群にともなう斜行石器

北海道B群

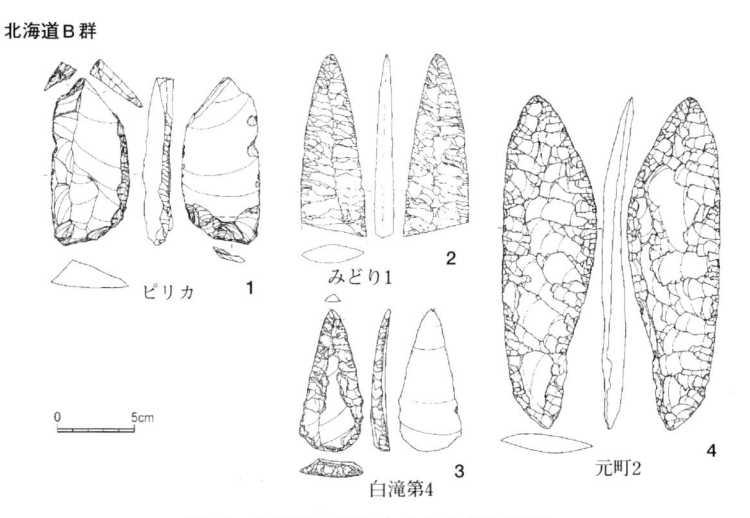

図65　北海道B群にともなう斜行石器

174

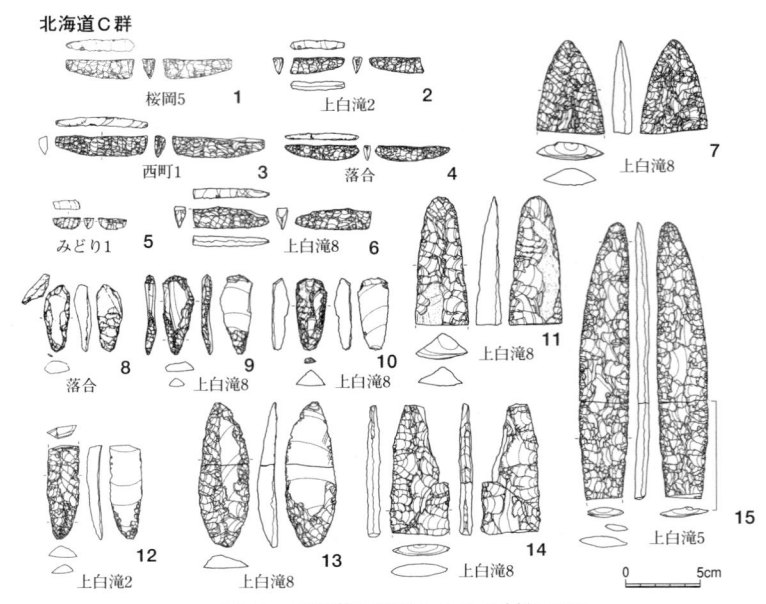

図66 北海道C群にともなう斜行石器

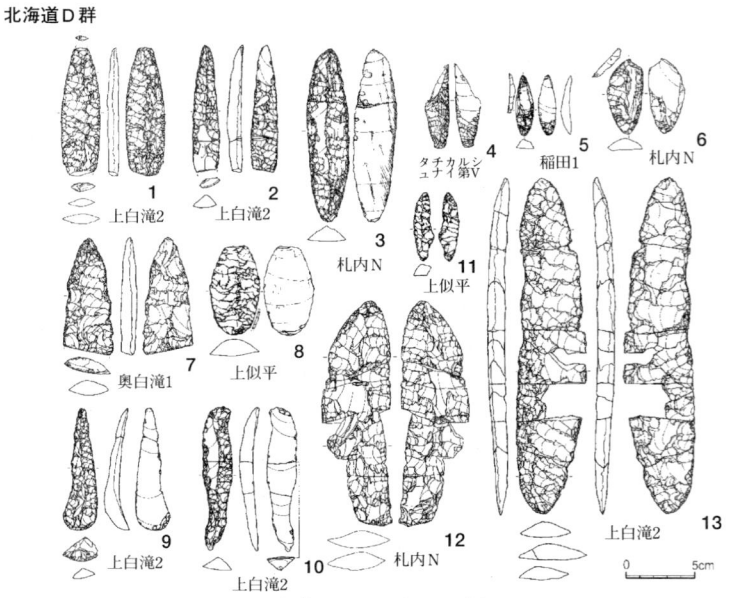

図67 北海道D群にともなう斜行石器

3. 斜行石器群構成（西と東）

　さて、RL-斜行剥離を主体的にともなう石器群は、As-YP降灰以降で相模野編年段階XIに併行する斜行石器群（本州A群）、隆起線文系土器を主体的にともなう斜行石器群（本州B群）、爪形文系・多縄文系土器を主体的にともなう斜行石器群（本州C群）に認められる。RL-斜行剥離を主体的にともなう石器群は、有舌尖頭器をともなうにせよともなわないにせよ、中・四国地方、近畿地方、東海・中部・北陸地方、東北地方に分布している。これらの地域に重複して、右肩上がりの有舌尖頭器が認められる（図68）。

　既述のように、関東地方に関しては、RL-斜行剥離の明確さに欠けるという地域色をもつが、わずかに右肩の上がる斜方向を有する右肩上がりの有舌尖頭器が散見される。例えば、群馬県小島田八日市遺跡、東京都多摩ニュータウンNo.464遺跡、同・No.457遺跡、神奈川県月見野上野遺跡第2地点、相模野第149遺跡などでは部分的ではあるが両側辺にRL-斜行剥離が認められる（図19）。関東地方でもRL-斜行剥離をもつ斜行石器群が断片的ではあるが認められる。

　九州地方では斜行剥離が施された石器に乏しいが、福岡県井堀遺跡で右肩上がりの有舌尖頭器が認められる。また、RL-斜行剥離が施された尖頭器・石鏃などが断片的に認められている（図20-2、図54、図55）。

　一方、LR-斜行剥離を主体的にともなう石器類は、忍路子型細石刃核石器群（北海道A群）、広郷型細石刃核石器群（北海道B群）、小形舟底形石器群（北海道C群）と、細石刃・細石刃核を基本的にはともなわず、有舌尖頭器・尖頭器を主体とする有舌尖頭器石器群（北海道D群）に認められる。LR-斜行剥離が施された石器類は、圧倒的に北海道における斜行石器群に帰属している。北海道A・B・C・D群からは、左肩上がりの有舌尖頭器が認められている（図57、図58）。

　このように、日本列島の東側と西側には斜方向を異にする斜行石器群の分布圏が看取される。東側の斜行石器群は、LR-斜行剥離が成す左肩上がりの斜方向を典型とする北海道A・B・C・D群と関連している。一方、西側の斜行石器群は、RL-斜行剥離が成す右肩上がりの斜方向を典型とする本州・四国の本州

176

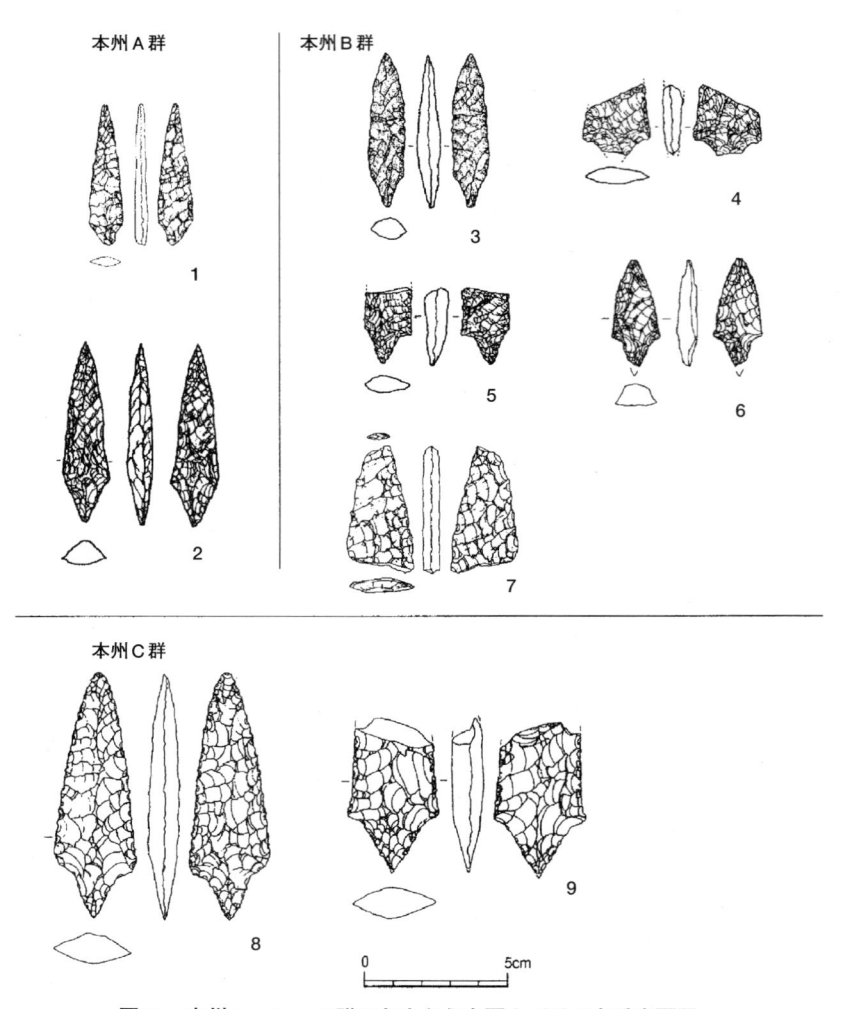

図68 本州A・B・C群にともなう右肩上がりの有舌尖頭器
1.相模野第149遺跡（長井 原図）2.臼谷岡ノ城北遺跡（山森 1992）3,4,5.寺田遺跡（吉田・高木 1987）6.宮ノ前遺跡（早川ほか編 1998）7.小馬背遺跡（小林編 1989）8,9.上津大片刈遺跡（米川編 2003）

A・B・C群と関連している。さらに、九州にも右肩上がりの斜方向を呈する石器類が認められる。

　さて、異なる斜行石器群が存続した期間を確認するとき、東西ともに上限と

下限は不明であるが、伴出する土器や細石刃核の推定年代により重複した年代幅が推定される。

まず、西のRL-斜行剥離に対しては、As-YPの放射年代の平均中央値を参考として、13,600 y.B.P.以降がひとまず上限となる。そして、本州C群の年代、約9,800 y.B.P.までの存続期間が推定されるであろう。一方、東のLR-斜行剥離に関しては、忍路子型細石刃核石器群でおおむね13,000 y.B.P.以降の年代値が想定され、広郷型細石刃核石器群でおよそ13,500～11,000 y.B.P.を中心とした時期が想定される。そして、小形舟底形石器群に関しては、13,000 y.B.P.前後を含む時期ないし13,000 y.B.P.以降に位置づけられる（山田 2006）。したがって、年代値の重複で判断すれば、晩氷期・日本列島における東西の斜行圏は、控えめにみて約13,000 y.B.P.から約11,000 y.B.P.に併存したとの推論が成りたつであろう。ただし、両斜行圏の上限と下限は押さえられないので、その成立や解体までがまったく同時に起こったとは考えていない。

以上のように、およそ九州―四国―本州という晩氷期・陸塊島で認められたRL-斜行剥離の分布圏（以下、RL-斜行圏）と、北海道におけるLR-斜行剥離の分布圏（以下、LR-斜行圏）が、晩氷期のおよそ中盤から末にかけて、日本列島内で並立する。双方の分布圏にそれぞれ斜方向を異にする斜行有舌尖頭器が展開するとみなされる。RL-斜行圏で右肩上がりの有舌尖頭器が主体となり、LR-斜行圏で左肩上がりの有舌尖頭器が主体となる。

西の斜行石器群／RL-斜行圏

さて、RL-斜行圏の斜行石器群を分解して、構成器種を整理しながら、斜行剥離をもつ石器の種類とその移り変わりについて、消長関係を中心にやや具体的に確認していく。

RL-斜行圏で施された斜行剥離は、RL-斜行剥離により特徴づけられる。RL-斜行圏でRL-斜行剥離が施された器種は、本州A群で有舌尖頭器であり、本州B群・C群で有舌尖頭器、細身・薄手の尖頭器／半月形石器、植刃、石鏃などである（図69～73）。本州A群の検討資料は限られており、器種の広がりは今のところ定かではない。とはいえ、本州B群以降になって、一部の尖頭器／半月形石器・植刃・石鏃・掻器などに右肩上がりの斜方向があらわれる。

臼谷岡ノ城北・相模野第149遺跡の斜行有舌尖頭器を根拠に、RL-斜行剥離は本州A群に存在し、本州B群・C群で盛行するとみてとれる。

　これまでに時間的な位置づけが困難であった単品資料まで含めてさらに仔細に眺める。RL-斜行剥離をもつ尖頭器／半月形石器・小形半月形石器（以下、RL-尖頭器群）は、星光山荘B遺跡、小島田八日市遺跡、南鍛冶山遺跡、遠藤山崎遺跡、仲町遺跡第5a地点、日向洞窟遺跡西地区、狐久保遺跡、荷取洞窟遺跡、上津大片刈遺跡、仲町遺跡1号土壙、増野川子石遺跡A地点、お宮の森裏遺跡、仙台内前遺跡A地点、大町遺跡、大鹿窪遺跡6号竪穴状遺構、葛原沢第Ⅳ遺跡第1号住居址、大鹿窪遺跡2号竪穴状遺構、葛原沢第Ⅳ遺跡包含層、小瀬が沢洞窟遺跡、日向第Ⅰ洞窟遺跡、仲町遺跡第5c・d地点、尼子遺跡6層、明前（4）遺跡に認められる。

　ほかに採集資料や単独的な出土資料であり時間的な位置づけが難しいが、高山市上野町（図69-3）、堀越遺跡（同図-4）、中棚遺跡（同図-5）、梨ノ子木久保遺跡（同図-6）、十川駄場崎遺跡（同図-7）における中型～大型の尖頭器にもRL-斜行剥離と右肩上がりの斜方向が認められる。十川駄場崎例は大勢により草創期の所産とされるが、中棚例、梨ノ子木久保例などは新しい時期の所産である可能性もある。一部の大型尖頭器に関しては、その存続時期が縄文前期にまで下る可能性を考慮する必要があろう[11]。また、津谷遺跡（図70-1～5）、上ノ平A遺跡（同図-7）、梨ノ木平遺跡（同図-10）、笹山原No.7遺跡（同図-21）における中型～小型の尖頭器にはRL-斜行剥離と右肩上がりの斜方向が認められる。吉ヶ沢遺跡B地点上層（同図-15）から出土した柳葉形の尖頭器に関しては、共伴関係にある資料をより一層検討する必要があるものの、明瞭なRL-斜行剥離と右肩上がりの斜方向が認められる。北堂C遺跡（同図-6）の柳葉形の尖頭器に対しては、多縄文系土器と共伴する可能性が指摘されている（小林編 1985）。

　また、やはり採集資料や単独的・不詳な出土資料であるが、上記以外には、多摩ニュータウンNo.72・795遺跡（図71-1）、美濃加茂市内採集の資料（同図-2）、速谷神社境内遺跡（同図-3）の半月形石器、あるいは、仲町遺跡Ⅰ区（図72-10）、仲町遺跡上部野尻ローム層Ⅱ（同図-2）、筒戸A・B遺跡（同図-6）、多摩ニュータウンNo.125遺跡（同図-7）、大谷寺洞穴遺跡（同図-8）の小形半

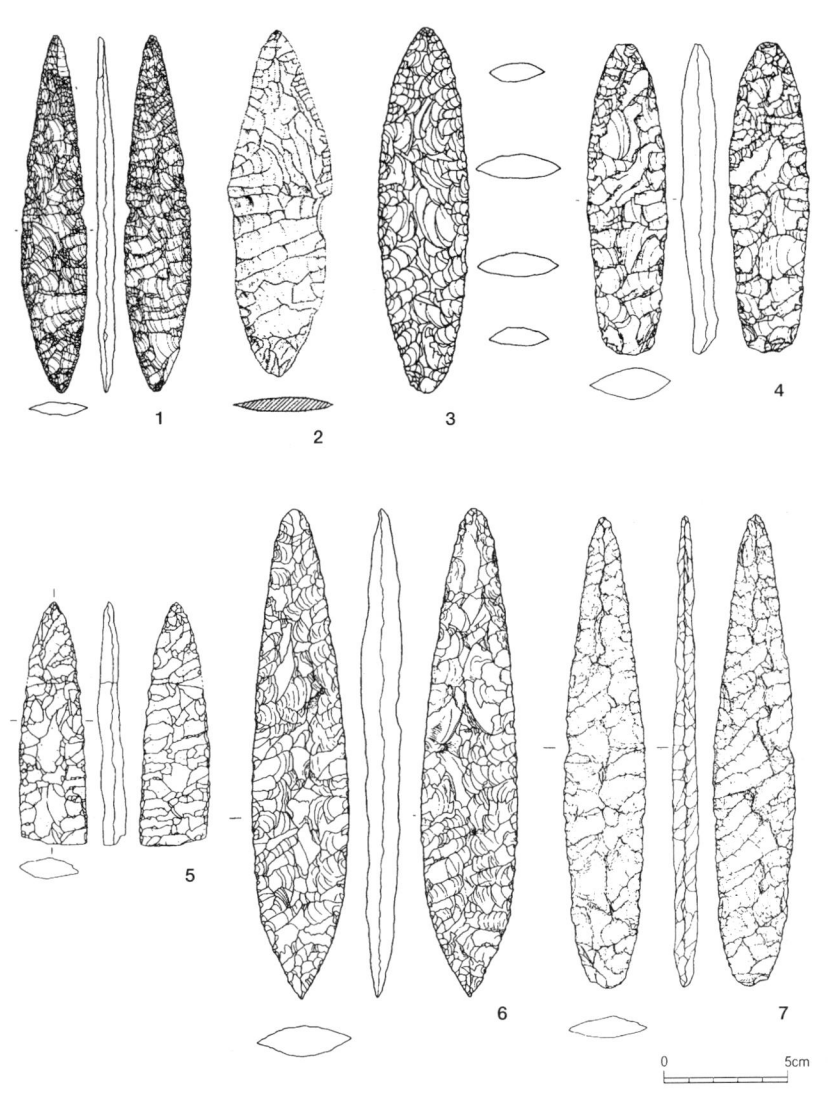

第 4 章　斜行石器群の広がり　179

図69　本州以西の斜行石器群：尖頭器（1）
1.小瀬が沢洞窟遺跡（小熊・前山 1993）2.日向第Ⅰ洞窟遺跡（佐々木 1971）3.高山市上野町（飛騨考古学会 2001）4.堀越遺跡（豊丘村誌編纂委員会 1975）5.中棚遺跡（冨沢・黒沢 1983）6.梨ノ子木久保遺跡（後藤 1988）7.十川駄場崎遺跡（山本ほか編 1989）

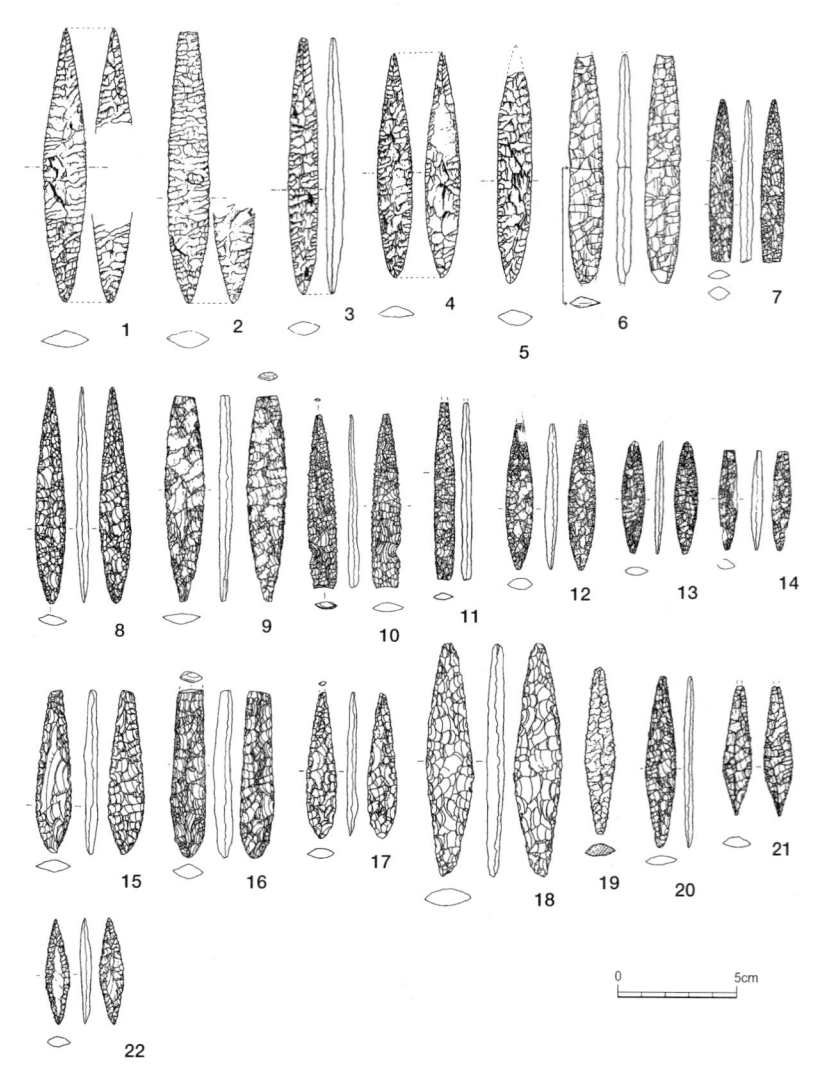

図70　本州以西の斜行石器群：尖頭器（2）

1〜5.津谷遺跡（佐々木 1973）6.北堂C遺跡（小林編 1985）7.上ノ平A遺跡（沢田・飯坂 1994）8.星光山荘B遺跡（土屋・中島編 2000）9,12〜14.日向洞窟遺跡西地区（佐川・鈴木編 2006）10.梨ノ木平遺跡（佐藤編 1987）11,22.明前（4）遺跡（瀬川編 2003）15. 吉ヶ沢遺跡B地点（沢田 2006）16,20.小瀬が沢洞窟遺跡（小熊・前山 1993）17.南鍛冶山遺跡（望月編 1994）18.上津大片刈遺跡（米川編 2003）19.日向第Ⅰ洞窟遺跡（佐々木 1971）21.笹山原No.7遺跡（堀金・藤原 1990）

月形石器があげられる。図示する資料のなかにはやや不安定な剥離や横位の剥離もみられるが、小形半月形石器に対しては、基本的には並列するRL-斜行剥離が主体的に施されている。

小形半月形石器に関しては、型式的な安定性が高く、右肩上がりの並列剥離が認められるものが多い。小形半月形石器に施された並列剥離は、局部的となるものも多いが、おおむね右肩上がりの斜方向を呈する傾向にある。RL-斜行剥離が形成した右肩上がりの斜方向とみなされるものが量的に圧倒的であり、その剥離の様子は右肩上がりの有舌尖頭器と類似している（図72）。本州B群（小島田八日市）（同図-9）、本州C群（仲町1号土壙、増野川子石A地点、お宮の森裏、大町、大鹿窪6号竪穴状遺構）（同図-3・11・4）に小形半月形石器が認められる。小形半月形石器は本州B群から存在し、本州C群で急増する。

また、RL-斜行剥離をもつ植刃（以下、RL-植刃）は、寺田遺跡、星光山荘B遺跡、日向洞窟遺跡西地区、椛の湖遺跡Ⅰ文化層、石小屋洞穴、小瀬が沢洞窟遺跡、日向第Ⅰ洞窟遺跡に認められる。また、不動ヶ岩屋洞窟遺跡（図73-1）では形態的に植刃に近い尖頭器様の石器が出土している。野口池東遺跡（同図-8）、沢池遺跡（同図-3）からも植刃的な資料が採集されている。ただし、植刃的な資料に関しては、いずれも尖頭器類の破損品と区別するのが難しい。野口池東・沢池例ともに右肩上がりの斜方向が認められる。

また、RL-斜行剥離をもつ石鏃（以下、RL-石鏃）は、部分的な斜行剥離となるものも含めると、桐山和田遺跡（図33-5）、仲町遺跡第5a地点（図40-10）、日向洞窟遺跡西地区（図41-11）、椛の湖遺跡、仲町遺跡1・2号土壙（図44-4）、野川遺跡、小瀬が沢洞窟遺跡（図48-12・13）に認められる。斜行剥離をもつ掻器（以下、RL-掻器）は日向洞窟遺跡西地区（図41-12）、野川遺跡、石小屋洞穴、小瀬が沢洞窟遺跡（図48-28）、日向第Ⅰ洞窟遺跡（図51-24）に認められる。

なお、上記のうち本州B群（荷取洞窟遺跡）、本州C群（お宮の森裏遺跡、仙台内前遺跡A地点、大町遺跡、大鹿窪遺跡6号竪穴状遺構、野川遺跡、葛原沢第Ⅳ遺跡第1号住居址）、本州BC1群（石小屋洞穴、大鹿窪遺跡2号竪穴状遺構）、本州BC2群（尼子遺跡6層、明前（4）遺跡）には有舌尖頭器が認められないが、RL-尖頭器、RL-植刃、RL-石鏃、RL-掻器などのいずれかの斜行

182

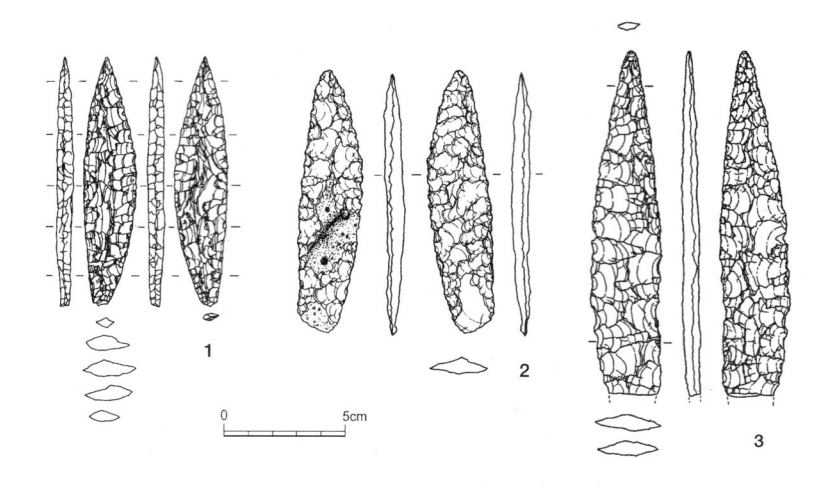

図71 本州以西の斜行石器群：半月形石器
1.多摩ニュータウンNo.72・795遺跡（伊藤 1992）2.美濃加茂市（長屋 2003）3.速谷神社境内遺跡（廿日市市 1997）

石器がともなう。また、本州A群（臼谷岡ノ城北遺跡、相模野第149遺跡）、本州B群（上黒岩岩陰遺跡、北野ウチカタビロ遺跡、酒呑ジュリンナ遺跡、宮ノ前遺跡15層、小馬背遺跡1968年調査、西又Ⅱ遺跡）、本州BC1群（神取遺跡）、本州BC2群（仲町遺跡第4地点）にはRL-尖頭器、RL-植刃、RL-石鏃、RL-掻器などをともなわないが、右肩上がりの有舌尖頭器をともなう。本州B群、本州C群で右肩上がりの斜方向をもつ斜行石器類が増加している傾向が再度指摘される。[12]

ところで、新潟県小瀬が沢洞窟遺跡は西の斜行石器群を代表する質・量ともに優れた資料群である。遺跡の都合上、石器群に関しては、無文を含め、隆起線文・爪形文・押圧縄文土器、多縄文系土器などの混在を踏まえ時間幅を考慮する必要があるが、おおむね本州B群から本州C群までの斜行石器群の様相を概観できる。先に述べたように、同遺跡では尖頭器（図48-16・24）、石鏃（同図-12・13）、植刃（同図-18・19・20・21・23）、掻器（同図-28）に対してRL-斜行剥離が認められる。RL-尖頭器・RL-植刃・RL-石鏃の一部には長軸に対して左右両側の辺からRL-斜行剥離が施されており、一方向型の右肩上

がりの斜状平行剥離が認められる（同図-12・13・16・18・19・20・21）。石器群全体の中で、植刃・尖頭器／半月形石器・小形半月形石器に対して主体的にRL-斜行剥離が施されている。

　また、山形県尼子第Ⅱ岩蔭では、土器をともなわない第6層（最下層）で半月形石器群が出土している。攪乱のない第6層は、室谷第1群土器・本ノ木式をともなう上層（第5層）とは年代的に画される（加藤1976）。そのために、第6層出土の石器類は、室谷第1群土器・本ノ木式以前の草創期石器群とみなされている。中形・半月形石器の両側辺には、整然としたRL-斜行剥離と右肩上がりの斜方向が認められている。

　また、山形県山居遺跡の有舌尖頭器は、辺縁部の微細な加工が右辺で左下がり、左辺で右上がりを呈する。共伴する細身の尖頭器にもRL-斜行剥離が認められている。

　このように、九州―四国―本州的規模のRL-斜行圏には、右肩上がりの有舌尖頭器、尖頭器／半月形石器・小形半月形石器（以下、尖頭器群）、植刃などを中心として、右肩上がりの斜方向が認められる。さらに部分的な斜行剥離までを仔細にみれば、一部の石鏃と掻器にまで右肩上がりの斜方向が認められる。すなわち、本州A群を除き、本州B群・本州C群に関しては、有舌尖頭器のみならず、尖頭器群、植刃、石鏃、掻器などにRL-斜行剥離が認められる。本州B・C群では、右肩上がりの斜方向を呈する有舌尖頭器、右肩上がりの斜方向を呈する尖頭器群、右肩上がりの斜方向を呈する植刃、右肩上がりの斜方向を呈する石鏃、右肩上がりの斜方向を呈する掻器をともなっている。

　ところで、RL-斜行圏の有舌尖頭器は、地域差があるものの、おおむね本州C群で消滅に向かうとみてよい。その根拠となる層位的事例は乏しく、まだ再検討の余地を残す遺跡が多いとはいえ、例として上黒岩岩陰遺跡第9層と第6層、宮ノ前遺跡15層と13層、椛の湖遺跡Ⅰ文化層とⅡ文化層などが挙げられる。上黒岩9層（本州B群）、宮ノ前15層（本州B群）、椛の湖Ⅰ（本州C群古段階）でともなう有舌尖頭器は、上層の上黒岩6層、宮ノ前13層（本州C群併行）、椛の湖Ⅱ（本州C群新段階併行）でともなわない。さらに、本州C群に相当するお宮の森裏遺跡（図46）、大鹿窪遺跡6号竪穴状遺構、葛原沢第Ⅳ遺跡第1号住居址、大町遺跡、仙台内前遺跡A地点（図47）、野川遺跡などで有舌尖頭[13]

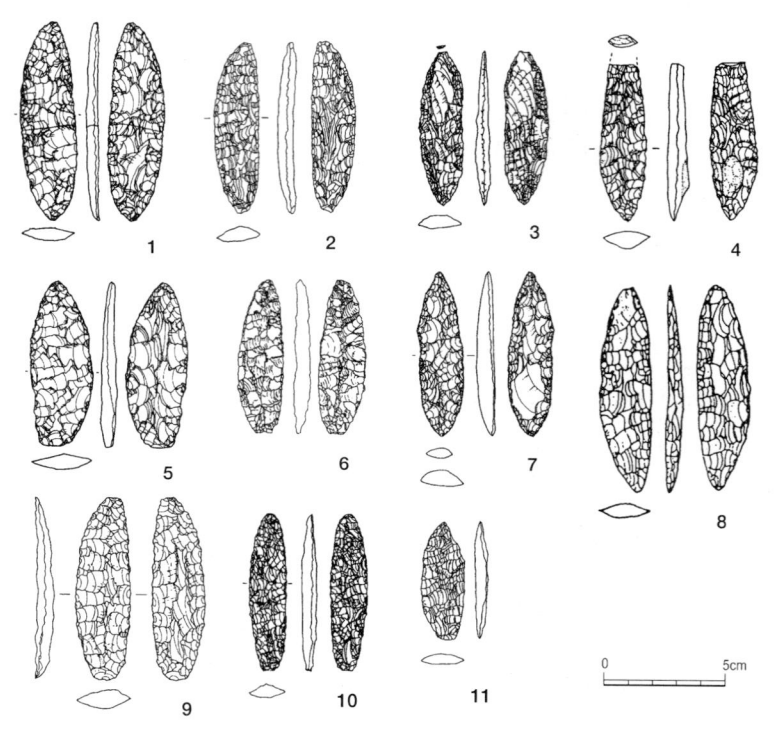

図72　本州以西の斜行石器群：小形半月形石器

1,5.小瀬が沢洞窟遺跡（小熊・前山　1993）2.仲町遺跡上部野尻ローム層Ⅱ（深沢ほか編　1987）3.仲町遺跡1号土壙（深沢ほか編　1987）4.大町遺跡（諏訪間ほか　1985）6.筒戸A・B遺跡（佐藤・桜井　1984）7.多摩ニュータウンNo.125遺跡（竹尾　1999）8.大谷寺洞穴遺跡（塙　1976）9.小島田八日市遺跡（杉山　1994）10.仲町遺跡Ⅰ区（野尻湖人類考古グループ　1993）11.増野川子石遺跡A地点（酒井　1973）

器をともなわない。本州C群には有舌尖頭器をともなわない複数の遺跡が存在しており、このように、本州C群を中心とした時期に有舌尖頭器が衰退した蓋然性はきわめて高い。

　以上のように、RL-斜行圏における有舌尖頭器は、RL-斜行剥離の出現と前後して登場し、本州C群で衰退すると考えられる。したがって、臼谷岡ノ城北や相模野第149で遡源期有舌尖頭器が成立した前後の時期に、本州においてRL-斜行剥離と正位の石器扱いが存在した可能性が考えられる。臼谷岡ノ城北・相模野第149の右肩上がりの斜方向および、相模野第149における右肩上が

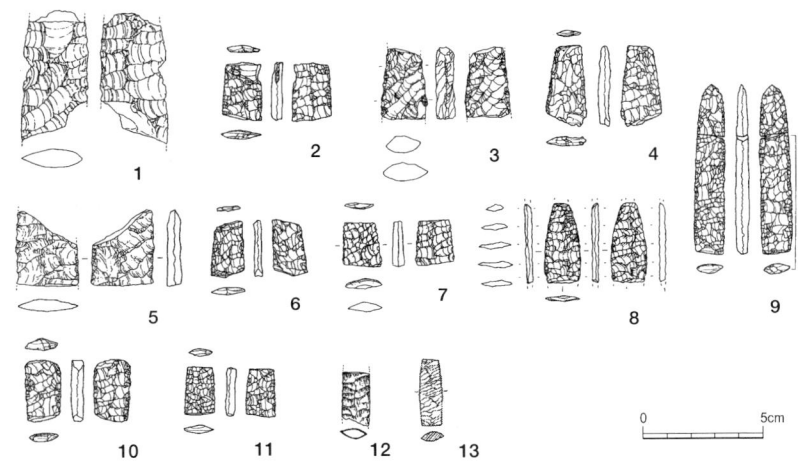

図73　本州以西の斜行石器群：植刃

1.不動ヶ岩屋洞窟遺跡（岡本・片岡 1969）2,4,6,9〜11.小瀬ヶ沢洞窟遺跡（小熊・前山 1993）3.沢池遺跡（美勢 1982）5.寺田遺跡（吉田・髙木 1987）7.星光山荘B遺跡（土屋・中島編 2000）8.野口池東遺跡（川口 2001）12.椛の湖遺跡Ⅰ文化層（紅村・原 1974）13.日向第Ⅰ洞窟遺跡（佐々木 1971）

りの有舌尖頭器に観察された剥離の順序／方向は、その可能性を示している。

　隆起線文土器以前の遡源期有舌尖頭器は本州に限られているのが現状であり、九州のRL-斜行圏が本州と同時に成立したとみなす根拠は現在ない。この理由は、九州における古式有舌尖頭器ならびに本州A群と併行関係にある斜行石器群の様相が不明なことによる。だが、本州―四国で有舌尖頭器が消滅へと向かう本州C群において、再三述べたように、非有舌尖頭器に対するRL-斜行剥離調整が目立つようになる。さらに、隆起線（隆帯）文土器・爪形文土器にともなうとされる宮崎県阿蘇原上遺跡の斜行尖頭器（図55-1）には、側縁調整の斜方向に全体的な右肩上がり傾向が認められる。以上を根拠に、本州C群までに九州―四国―本州的規模のRL-斜行圏が形成されたと考える。

　いずれにせよ、地域差のあるRL-斜行圏に顕在化したRL-斜行剥離は、草創期前半〔隆起線文系土器を主体的にともなう斜行石器群〕から草創期後半〔爪形文系・多縄文系土器を主体的にともなう斜行石器群〕まで、九州―四国―本州的規模で盛行する。草創期前半から後半にかけて、より一層バラエティに富

む器種に対してRL-斜行剥離が施される。こうした様相が、本州B群と本州C群の比較から看取されるであろう。

東の斜行石器群／LR-斜行圏

　LR-斜行圏で施された斜行剥離は、LR-斜行剥離により特徴づけられる。LR-斜行剥離を主体的にともなう石器群は、忍路子型細石刃核石器群、広郷型細石刃核石器群、小形舟底形石器群、細石刃・細石刃核を基本的にはともなわず、有舌尖頭器・尖頭器を主体とする有舌尖頭器石器群、峠下・幌加型細石刃核石器群などの北海道の斜行石器群に認められる。

　大空遺跡、北上台地遺跡（北海道A群）、白滝第4地点遺跡C区、みどり1遺跡、美利河1遺跡A地区（北海道B群）、南町1遺跡、上白滝2遺跡Sb-13、神丘2遺跡A群、白滝第30地点遺跡ブロック25付近（北海道C群）、稲田1遺跡第1地点スポット5、札内N遺跡スポット4〜10、上白滝2遺跡Sb-15、上白滝2遺跡Sb-1・2、上似平遺跡スポット2〜4、北斗遺跡、タチカルシュナイ第V遺跡A地点、服部台2遺跡Sb-38〜40、北支湧別4遺跡Sb-2・3（北海道D群）で有舌尖頭器が共伴する。北斗遺跡、みどり1遺跡、上白滝2遺跡Sb-13、神丘2遺跡A群を除く上記の遺跡からは、左肩上がりの有舌尖頭器が認められる（図57、図58）。

　また、LR-斜行剥離をもつ尖頭器（以下、LR-尖頭器）は、北上台地遺跡、嵐山2遺跡、オサツ16遺跡B地区（北海道A群）、みどり1遺跡（北海道B群）、上白滝2遺跡Sb-13、上白滝5遺跡Sb-6〜11、落合遺跡スポット3、上白滝8遺跡D区Sb-36〜55（北海道C群）、札内N遺跡スポット4〜10、上白滝2遺跡Sb-15、上白滝2遺跡Sb-1・2、タチカルシュナイ第V遺跡A地点、奥白滝1遺跡Sb-15〜21（北海道D群）に認められる（図64〜67）。

　北海道A群・C群・D群においては、LR-斜行剥離をもつ彫器（LR-彫器）が安定的に組成する。居辺17遺跡、北上台地遺跡、嵐山2遺跡、丸子山遺跡、オサツ16遺跡B地区、豊岡7遺跡（北海道A群）、南町1遺跡、上白滝5遺跡Sb-6〜11、落合遺跡スポット3、上白滝8遺跡D区Sb-36〜55（北海道C群）、稲田1遺跡第1地点スポット5、札内N遺跡スポット4〜10、タチカルシュナイ第V遺跡A地点、上白滝2遺跡Sb-15、北斗遺跡（北海道D群）には、LR-彫器

がともなう（図64、図66、図67）。

　北海道A群の北上台地遺跡、オサツ16遺跡B地区、白滝第30地点遺跡ブロック3では、忍路子型細石刃核の器面調整にLR-斜行剝離が認められる。北海道B群と関連するピリカ遺跡E地点では、広郷型細石刃核の器面調整にLR-斜行剝離が認められる。北海道C群の南町1遺跡、上白滝2遺跡Sb-13、上白滝5遺跡Sb-6〜11、神丘2遺跡A群、白滝第30地点遺跡ブロック29・35、上白滝8遺跡D区Sb-36〜55、桜岡5遺跡、みどり1遺跡の舟底形石器および小形舟底形石器の器面調整には、LR-斜行剝離が認められる。落合遺跡スポット3、西町1遺跡の小形舟底形石器は横位の調整を主体とするが、やや傾きをもつLR-斜行剝離が認められる（図64〜66）。

　その他、北海道B群・C群・D群において、掻器、削器、両面調整石器、錐などにLR-斜行剝離が認められている。上白滝2遺跡Sb-15（北海道D群）、白滝第4地点遺跡C区（北海道B群）でLR-斜行剝離をもつ掻器（LR-掻器）が認められる。札内N遺跡スポット4〜10、上白滝2遺跡Sb-15（北海道D群）、上白滝2遺跡Sb-13、上白滝8遺跡D区Sb-36〜55（北海道C群）でLR-斜行剝離をもつ削器（LR-削器）が認められる。札内N遺跡スポット4〜10、上白滝2遺跡Sb-15（北海道D群）、元町2遺跡第1ブロック（北海道B群）でLR-斜行剝離をもつ両面調整石器（LR-両面調整石器）が認められる。白滝第4地点遺跡C区（北海道B群）にはLR-斜行剝離をもつ錐（LR-錐）が認められる（図65〜67）。

　また、峠下・幌加型細石刃核石器群もLR-斜行剝離が共存する可能性を有している。ただし、基本的には辺に対してほぼ直交する非斜行剝離が目立ち、認められる斜行剝離も部分的で不安定なLR-斜行剝離が主体となるので、判断に迷うものも多い。「峠下2類」（山田2006）をともなう帯広市暁遺跡第1・3地点などでは、LR-尖頭器の欠損品とLR-彫器が認められる（図74-1・2・3・4・5・6・7・8・9）。また、「峠下1類」（山田2006）をともなう上白滝8遺跡A区Sb-14〜19（同図-11・12・13）には、裏面の端部調整でわずかに左肩上がりの並列剝離を呈するLR-彫器（同図-11・12）およびLR-削器／LR-彫器破片（同図-13）が認められる。同図-11・12・13のLR-斜行剝離はいずれも2枚程度の部分的なものである。帯広市暁遺跡第4地点では幌加型細石刃核にともな

う可能性のあるLR-彫器が認められている（同図-15）。また、詳細不明ではあるが、美幌町元町2遺跡第7ブロックでもLR-斜行剥離が認められる可能性が高い。また、訓子府町豊坂-21遺跡では、LR-斜行剥離様の剥離痕を片面に残置する削片（同図-14）、RL-斜行剥離をもつ彫器などが認められている（同図-10）。

4. 日本列島における晩氷期石器群の構造

　以上のように、RL-斜行石器群に関しては、植刃・尖頭器群・有舌尖頭器を媒介として、九州—四国—本州的規模で連なるホライズンを形成している。さらにこのホライズンは地域色を有している。そして、LR-斜行石器群に関しては、細石刃核・掻器・削器・彫器・尖頭器・有舌尖頭器などを媒介として、北海道で固有のホライズンを形成している。要は、RL-斜行圏で右肩上がりの斜方向が一部の石器に凌駕し、LR-斜行圏で左肩上がりの斜方向が卓越する。有舌尖頭器に関していえば、右肩上がりの有舌尖頭器はRL-斜行圏に顕在化し、左肩上がりの有舌尖頭器はLR-斜行圏に顕在化する。換言すると、ほとんどすべての右肩上がりと左肩上がりの有舌尖頭器は、RL-斜行圏とLR-斜行圏にそれぞれすっぽりと収まっているのである。

　このように、日本列島の晩氷期・石器群（以下、RL-斜行石器群〔本州以西〕とLR-斜行石器群〔北海道〕の総称として幾分便宜的に呼称する）に対しては、基本的にはRL-とLR-からなる斜方向を真逆とする加工の痕跡が認められる。この真逆の加工の痕跡は、有舌尖頭器のみならず、その他各種の定型的な石器類にも認められる。いわば、本州以西と北海道とで、別々に器種をまたいで共通する斜方向を呈している。筆者は、複数の器種にわたるこの斜方向の差は、石器扱いの差（第3章）を表現していると考えたい。そして、この石器扱いの差が石器づくりシステムの差を現出した可能性をも指摘しておきたい。要するに、RL-斜行圏に正位の石器扱いがあり、LR-斜行圏に逆位の石器扱いがあり、この異なる2つの石器扱いが斜方向を違えた各種の石器類を生み出したと考える次第である。

　以上、南部九州を不明としつつも、RL-斜行圏の正位の石器扱いは、本州B

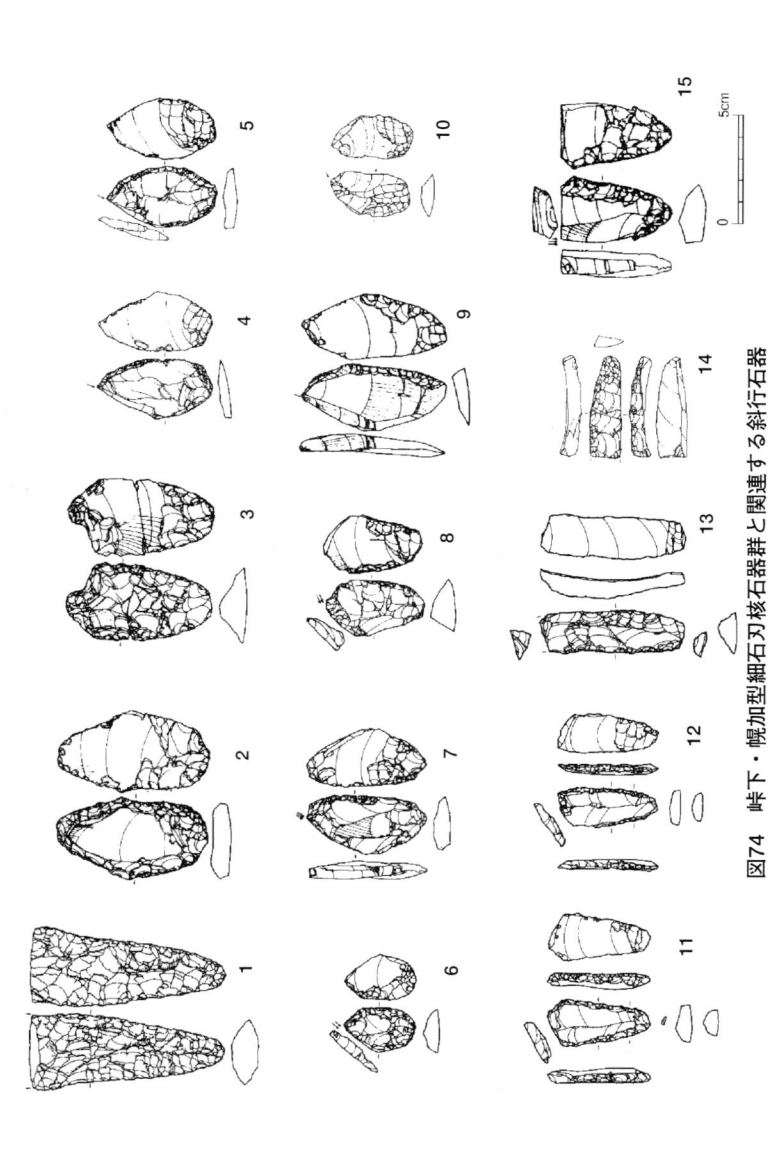

第4章 斜行石器群の広がり *189*

図74 峠下・幌加型細石刃核石器群と関連する斜行石器

1.暁遺跡第3地点スポット1 (北沢編 1991) 2,8,9.暁遺跡第1地点スポット1 (北沢編 1989) 3.暁遺跡第1地点スポット15 (北沢編 1989) 4,5.暁遺跡第1地点スポット12 (北沢編 1989) 6.暁遺跡第1地点スポット外 (北沢編 1989) 7.暁遺跡第1地点スポット11 (北沢編 1989) 10,14.豊坂-21遺跡 (鶴丸・橘爪 1993) 11,12,13.上白滝8遺跡A区Sb-14〜19 (鈴木ほか編 2004) 15.暁遺跡第4地点スポット3 (北沢編 1988)

～C群までの（一部の九州と）四国ー本州に顕在化する。そして、LR-斜行圏の逆位の石器扱いは、北海道A・B・C・D群に顕在化する。さらに、正位の石器扱いに関しては、RL-斜行圏・相模野第149遺跡の右肩上がりの有舌尖頭器から導き出された剥離順序および右肩上がりの斜方向を根拠に、遡源期有舌尖頭器をともなう本州・尖頭器石器群に存在した可能性をみてとれる。また、LR-斜行圏・暁遺跡第1・3・4地点、上白滝8遺跡A区Sb-14～19などのLR-尖頭器、LR-彫器、LR-削器などを根拠に、少なくとも峠下・幌加型細石刃核石器群にまで逆位の石器扱いが導き出される可能性がある。

このように、晩氷期・石器群からは石器扱いとその差が斜行圏として導き出される。そして、右肩上がりと左肩上がりを問わず、日本列島の有舌尖頭器は、東と西のそれぞれの斜行圏に消長する。換言すれば、東西に並立する異なる斜行圏に生まれて消えるのが日本列島の有舌尖頭器であり、日本列島の有舌尖頭器は、東西に並立する異なる石器扱いに消長するとみなしうる。

本章の結論は下記の2つに集約される。
(1) 有舌尖頭器にみられる剥離の東西差は、日本列島で一時的に併存した。その併存期は、本州以西における有舌尖頭器の消長関係と北海道の各種石器群にともなう斜行石器群の存続時期からみたときに、晩氷期の約13,000 y.B.P.（約15,500 cal BP）から約11,000 y.B.P.（約13,000 cal BP）頃であると推論された。本州以西の斜行有舌尖頭器は、臼谷岡ノ城北遺跡を典型として、As-YP（浅間ー板鼻黄色軽石）降灰以降で相模野編年段階XIに併行する斜行石器群にまで遡り認められる。さらに、椛の湖遺跡I文化層・上津大片刈遺跡などを典型として、爪形文（多縄文系が含まれる）土器を主体的にともなう斜行石器群にまでその存続が認められる。北海道の斜行有舌尖頭器は、北海道系の後半期細石刃石器群および小形舟底形石器を主体とする石器群との共存が確実とみられた。
(2) 有舌尖頭器の石器扱い（第3章）は、異なる石器づくりシステムにより顕現化している。RL-斜行石器群が植刃・尖頭器・有舌尖頭器を媒介として、九州ー四国ー本州的規模で地域色を有しつつ連なるホライズンを形成しており、一方、LR-斜行石器群が細石刃石器群の細石刃核・小形舟底形石

器・掻器・削器・彫器・錐・尖頭器群・有舌尖頭器などを媒介として、北海道で固有のホライズンを形成している。すなわち、右肩上がりの有舌尖頭器は晩氷期後半のRL-斜行圏（九州—四国—本州）に顕在化して、左肩上がりの有舌尖頭器は晩氷期のLR-斜行圏（北海道）に顕在化する。

註
（1）ほかに長堀北遺跡第Ⅰ文化層からは、神子柴・長者久保系の尖頭器と細石刃にともなう可能性のある有舌尖頭器が認められている（滝澤・小池1991）。有舌尖頭器は掘削土から回収されたものであるが、形状等々の特徴により尖頭器石器群と共伴した可能性が高いとされている（小池1996）。実見したが、有舌尖頭器に斜行剥離は認められていない。
（2）葛原沢Ⅰ式の編年的位置が定まれば、葛原沢Ⅰ式にともなう葛原沢第Ⅳ遺跡の一部の石器群（池谷2001）や葛原沢Ⅰ式に対比される隆帯文土器を出土した北野ウチカタビロ遺跡の斜行石器群などが、隆起線文（隆線文）土器最古段階ないしそれに先行する可能性がある。ただし、この池谷氏による葛原沢Ⅰ式の検討には異論もあり、隆起線文土器の地方型式としての位置づけが厳密に問われる必要もある。ここでは、隆起線文（隆線文）土器最古段階に近い位置づけを考えておき、上記の2遺跡は本州B群のなかで扱っておく。
（3）西井龍儀氏より御教示をいただいた。
（4）ただし実見によれば、尖頭器類の作製時に偶然生じたような石刃状の縦長剥片が石器群中に存在する可能性があり、慎重な判断が必要である。
（5）本章で使用する地名は報告書記載のものに従う。
（6）こうした理由で本書では、土壙の資料を「仲町遺跡1・2号土壙」として別に扱っている。
（7）植刃（図41-6）、大形の半月形石器（同図-10）に関しては、原報告（佐川・鈴木編2006）ではそれぞれ槍先形尖頭器となっている。また、削器（同図-15）はスクレイパーとなっている。
（8）第4地点出土の有舌尖頭器（図79-①・②）は近接して単独で出土したものであり、周辺に土器や剥片の類は出土していないことを、長野県埋蔵文化財センター鶴田典昭氏により御教示いただいた。
（9）茶園原遺跡群や経ノ峯遺跡の一部の石槍は、本州の「古式」有舌尖頭器と形態的特徴を共有するといわれている（白石2004）。斜行剥離の存否を含めて、茶園原や経ノ峯の石槍に対する詳細な検討も今後必要である。
（10）北海道の有舌尖頭器石器群は狭義により北海道固有の石器群として扱う。したがって、日本列島の資料を対象とした広義の有舌尖頭器石器群に対しては、本書では

「晩氷期・有舌尖頭器石器群」と呼称している。
(11) 右肩上がりの斜方向をもつ尖頭器が草創期に限定して認められるということを述べているのではない。
(12) 斜状平行剥離の有無という認識について、時期差の問題が俎上にあがることが最近多く、四国地方の斜状平行剥離をもつ尖頭器群を古段階に置く見解と新段階に置く見解の真半分に分かれている（多田 2002、綿貫 2008など）。いま一度生活址出土品にもとづいて詳細な検討を行う段階に達している。
(13) 宮ノ前11層の有舌尖頭器は文化層の汚染により混入した可能性を否定できず、この事例をもって押型文土器期に有舌尖頭器の下限を求めることはできない。光石鳴巳氏も同様の見解を示している（光石 2008）。

第5章　有舌尖頭器の由来

　かつて、芹沢長介氏は、日本列島で最も古いタイプの有舌尖頭器は、北海道を不明として、本土―すなわち本州以西の「本州系」―の有舌尖頭器にあるとみなしていた。そして、形態が確立する第二群石器群（段階Ⅱ）において、北海道―本州以西の有舌尖頭器を横並びにみた（芹沢1966）。
　その後、有舌尖頭器の形式変遷とその伝播関係を説いた栗島義明氏は、本土を挟み、北海道を古、九州を新、とする北海道から九州への伝播を想定した。この伝播を説明する手がかりが立川系（図75-a）であり、立川系から小瀬が沢系（図75-b）への型式変化とその後の型式変遷による分化を説くことで、南下的伝播を説明した（栗島1984）。さらに、柳又系は小瀬が沢系から型式変遷したものと考えられ、九州で圧倒的な量を占める柳又系の存在を根拠に、南遷が強調された。北海道ないし大陸を原郷土とする「古式」有舌尖頭器（「立川系有茎尖頭器」の一員〔栗島 1991：11頁〕）は、本州以西・本ノ木遺跡に達する、と栗島氏は考えた。
　このように、本土を挟み、北海道を古、九州を新とし、北から南への伝播関係を想定するために、北海道に最古の有舌尖頭器を求めた栗島氏の論点は明瞭であった。「北海道に最古の有舌尖頭器が存在する」、あるいは「北海道の立川系有舌尖頭器が北海道の最古型式である」とする前提を必要としたのである。
　ところが、北海道の有舌尖頭器が本州以西の有舌尖頭器よりも古いと考える根拠は、北海道の新たな資料をしてもまだはっきりとはしていない。すなわち、峠下型にともなうとされる剥片尖頭器類似の有舌尖頭器に対する十分な議論が未了であり、本州A群を遡る北海道・有舌尖頭器をともなう石器群に関する状況は今のところ不明瞭である。また、北海道と本州以西の有舌尖頭器の時間的先後について、土器の有無や放射年代値からだけでは決め手となる議論はできない。せいぜい2,500年間に消長を繰り返した日本列島の有舌尖頭器群を、年代幅800年、誤差1,300年という大きな時間幅のなかで考えざるをえない放射年

a.北海道地方の有舌尖頭器（立川系）

Ⅰ型　Ⅱ型　Ⅲ型　Ⅳ型　Ⅴ型　Ⅵ型

Ⅶ型　Ⅷ型　Ⅸ型　Ⅹ型　Ⅺ型

Ⅻ型　ⅩⅢ型　ⅩⅣ型　ⅩⅤ型　ⅩⅥ型　ⅩⅦ型　ⅩⅧ型

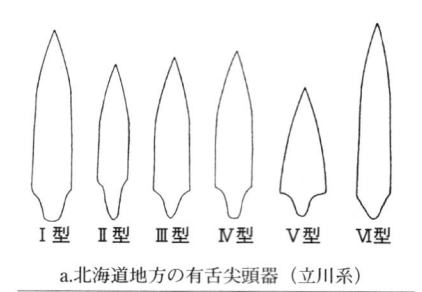

b.本州地方の有舌尖頭器
（小瀬が沢系・柳又系）

図75　栗島義明による分類
（栗島 1984より作成）

代値を使って段階付けるには危険が大きすぎる。例えば、仲町5a、北上台地B地点などの放射年代値はこうした理由で単純に比較はできない。また北海道に限っても、北海道A・B・C・D群は存続期を部分的に重複させて理解せざるをえないのが現状であり、各群を新旧関係でとらえることは困難である。

先述したように、幅広有舌尖頭器を含む石器群、小型鋸歯縁尖頭器を含む石器群の厳密な検討が今後必要となるが、北海道A・B・C・D群に顕在化する有舌尖頭器群は、後期細石刃石器群と共時的存在にある蓋然性が高い。およそ13,000 y.B.P.（約15,500 cal BP）から約11,000 y.B.P.（約13,000 cal BP）に顕在化した北海道の有舌尖頭器群をさらに分解し、それらを段階変化におきかえて、本州以西の草創期石器群と系統関係を議論することは、現状では困難である。本州以西では有舌尖頭器に伴出する土器群の新旧関係を拠り所としたある程度広域的な編年が可能であると考えられるが、大陸の強い影響下にある北海道の有舌尖頭器を含む各種石器群は、明瞭な段階変化をみせていない。現状では、北海道における有舌尖頭器を含む各種石器群は、道内でリゾーム状の分布をみせながら、後期細石刃石器群と同時異相的に存在したと考えるのが妥当であろう。この点は再三述べてきた。

また、型式学的変化に対する従来の見地にも難点がある。有舌尖頭器のかたち（外形）をめぐって長らく定説化した「逆刺が未発達なものから発達したものへ」という―本州側の多くの研究者がほとんど良しと認めてきた―古典的なテーゼ（芹沢1966、栗島1984、白石1988、藤山2001・2003などほか多数）で

さえ、北海道の有舌尖頭器に対しては例外とせざるをえない。北海道ではその逆の形態変遷を考える見方が現在優勢と思われる。身部と舌部の境が明瞭な屈曲を呈するものから、不明瞭で緩やかに内湾するものへと移行するとみなされている（長沼ほか編2002、寺崎2006など）。ほかに、有舌尖頭器の大きさが時間的変遷により小型化するとする見解—石鏃の成立を念頭に有舌尖頭器が大型から小型に発展するという見解—（芹沢1966、鈴木1972）に関しても、北海道はこの限りではない（吉崎編1973、山原1998など）。大型から小型化へという変遷過程を前提とし、立川型有舌尖頭器からエンガル型有舌尖頭器への新旧関係を推定する見方が学史的にはみられたが、この見方には白石浩之氏も指摘するように課題がある（白石2003）。

　このように、汎列島的に著しく資料が増加した有舌尖頭器に対して、地域を包括した汎列島的な普遍的型式変遷観を指摘するのは、ますます難しくなっている。すなわち、有舌尖頭器の外形差にもとづく型式変遷観を、例えば日本列島域における普遍現象として、未発達から発達、大から小と結論するのは基本的には困難と考える。とはいえ、有舌尖頭器の外形差にもとづく学史的検討が、これで軽視されるわけでもなかろう。例えば、九州地方でこれまでに確認された有舌尖頭器は、少なくとも十数例に達するが、それらに対して板状逆三角形状の舌部を有するいわゆる「柳又系」が圧倒する。この事実は今なお看過できまい。このように、地域的には有意な型式の存在を肯定的に評価しつつ、地域型式の系統関係や地方色に関する議論をさらに充実させることが重要であると筆者は考えている。

1．剥離の向きと型式

　ここでは東方に目を転じ、剥離の向きと型式により、東西・有舌尖頭器の系統関係を検討したい。すると、まずは栗島分類（図75）の「立川系」ならびに「小瀬が沢系」で認められる異なる斜方向が強調される。すなわち、本州以西の小瀬が沢系有舌尖頭器と北海道の立川系有舌尖頭器にそれぞれ異なる斜方向が認められ、これは、本州以西の栗島Ⅶ型／小瀬が沢系と北海道の栗島Ⅱ・Ⅲ型／立川系に対応する。

栗島氏によれば、栗島Ⅶ型とは、小瀬が沢系有舌尖頭器の最古段階と目されている型式であり、これは立川系有舌尖頭器の栗島Ⅱ・Ⅲ型から型式学的変化を起こして成立したと考えられている（栗島 1984）。また、森嶋稔氏は、本州以西の「小瀬が沢系」が北海道における「立川系」の本州型であると考えている。森嶋氏は、棒状舌部という概念化を図り、本州以西の「小瀬が沢型」が北海道における「立川型」の範疇にある類似形態であると述べている（森嶋 1986）。

しかし剥離の向きに注目すると、本州以西の栗島Ⅶ型／小瀬が沢系に右肩上がりの有舌尖頭器が認められて、北海道の栗島Ⅱ・Ⅲ型／立川系に左肩上がりの有舌尖頭器が認められる（図76）。

2. 立川系と小瀬が沢系、その斜方向の逆転

ここで最初に問題となるのは、立川系と小瀬が沢系でおこる石器扱いの変化である。なぜなら、小瀬が沢系が立川系に由来し、小瀬が沢系Ⅶ型が立川系Ⅱ・Ⅲ型から型式変化を遂げたと—栗島氏のいうように—考える場合、この型式変化と連動した石器扱いの変化を認めざるをえないからである。つまり、立川系Ⅱ・Ⅲ型と小瀬が沢系Ⅶ型の型式変化のあいだに、斜方向が左肩上がりから右肩上がりに逆転している理由が問題となる（図76）。

ところが、日本列島域を俯瞰して、この逆転の理由を探そうとも、型式変化と連動した石器扱いの変化を明瞭に把握することはできない。今のところ、左肩上がりの斜方向をもつ立川系有舌尖頭器Ⅱ・Ⅲ型および、左肩上がりの斜方向をもつ小瀬が沢系有舌尖頭器Ⅶ型は、本州以西の諸遺跡から基本的にはみつかっていない。左肩上がりは本州各地を席巻しないばかりか、本州以西において、左肩上がりから右肩上がりへと斜方向が逆転する様子が確かめられた層位的事例はみあたらない。よって、立川系有舌尖頭器から小瀬が沢系有舌尖頭器への型式変化のあいだにおこる斜方向の逆転を、伝播経路上にみいだすことはできないのである。

もちろん、例外的にではあるが、本州以西からも左肩上がりの有舌尖頭器およびLR-斜行剥離を部分的にもつ有舌尖頭器は発見されている（藤野 1984、松井 1980、川道ほか 2005など）。そして、今のところ、東北地方北部は基本的

第5章 有舌尖頭器の由来　197

立川系

1　2　3　4　5
　　　　　　　　　　　左肩上がり

小瀬が沢系

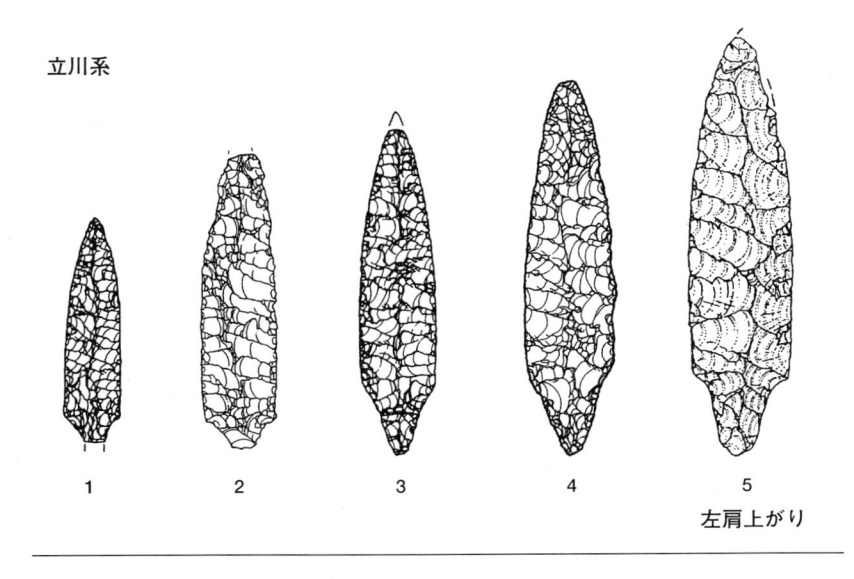

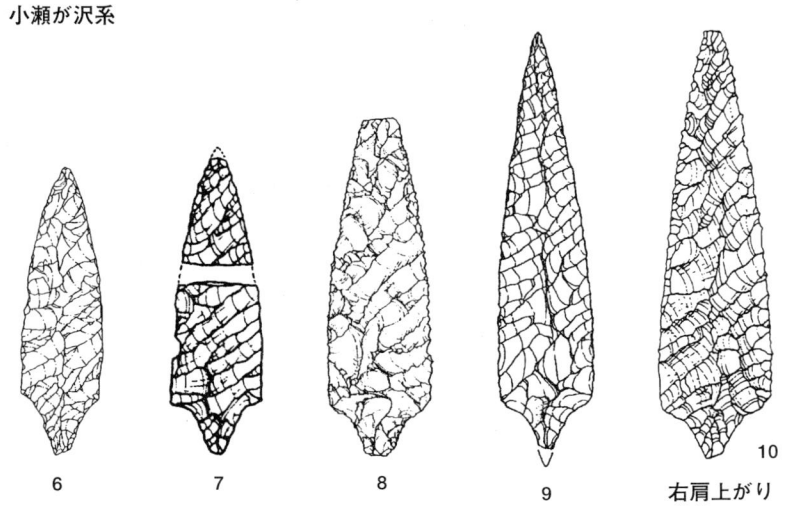

6　7　8　9　10
　　　　　　　　右肩上がり

図76　「立川系」と「小瀬が沢系」ならびに斜方向の逆転

注1）石器は栗島義明（1984）による分類（図75）に準拠して筆者が選出。
注2）上段は栗島Ⅱ・Ⅲ型、下段は栗島Ⅶ型の平面形態的特徴有り。
凡例　1,3.稲田1遺跡第1地点スポット5（北海道）2.北上台地遺跡狛地点（北海道）4.上白滝2遺跡Sb-15（北海道）5.服部台2遺跡（北海道）6.勢野バラタニ遺跡（奈良県）7.辻原遺跡（岐阜県）8.茅原東遺跡（奈良県）9.高井田遺跡（大阪府）10.牧ケ久保遺跡（三重県）

には有舌尖頭器を組成しない石器群を主体としており、資料の少ない「ぼかしの地帯」となっている。とはいえ、これまでに本州以西で確認されてきた量的に圧倒的となる右肩上がりの有舌尖頭器の存在を想起したときに、きわめて断片的な証拠でしかない上記の左肩上がりの有舌尖頭器が、本州以西における小瀬が沢系有舌尖頭器の成立に関与しているとは考えがたい。換言すると、上記の断片資料が本州以西における正位の石器扱いをする右肩上がりを生み出す担い手に影響を与える程のものとも、左肩上がりを生み出す逆位の石器扱いの担い手が本州以西へと移り住んだ証であるとも考えられないような一括性のなさである。要するに、本州以西の小瀬が沢系有舌尖頭器および右肩上がりの有舌尖頭器には、左肩上がりの有舌尖頭器の作り手の影響下に生まれたとみなす根拠がきわめて乏しいのである。

　このように、立川系有舌尖頭器と小瀬が沢系有舌尖頭器には別々の石器扱いを認めるのが妥当である。北海道の立川系有舌尖頭器は逆位の石器扱いの担い手から生まれ、本州以西の小瀬が沢系有舌尖頭器は正位の石器扱いの担い手から生まれたとみるのが妥当であり、立川系有舌尖頭器と小瀬が沢系有舌尖頭器は別系統とみるべき結論に達する。

　以上、由来を同じくしない有舌尖頭器が日本列島には存在する。さらに、この結論は、石器扱いの差異を生み出している石器づくりシステムの比較検討によってより一層明らかとなるであろう。すなわち、立川系Ⅱ・Ⅲ型などをともなう北海道・後半期細石刃石器群における左肩上がりの有舌尖頭器群と、小瀬が沢系Ⅶ型などをともなう本州以西・斜行石器群における右肩上がりの有舌尖頭器群に看取される石器づくりシステムの差異を検討することにより、汎列島的な動態がより一層明らかとなるであろう。というのも、左肩上がりの有舌尖頭器が北海道・後半期細石刃石器群と密着的であると考えることにより、同細石刃石器群の動態が同有舌尖頭器の動態と直結すると考えられるからである。これについては第6章で再び検討する。

註
（1）　近年は、綿貫俊一氏や光石鳴巳氏らにより、四国地方や近畿地方における有舌尖頭器も大型化する変遷過程をたどることが指摘されている（綿貫2008、光石2008）。

第6章　縄文時代はじまり前夜の東西世界

　第2章から第5章まで晩氷期・有舌尖頭器石器群の検討を通して、斜行有舌尖頭器の技術・構造・時間軸・由来に関する分析と推論を行ってきた。その結果をいま一度ここにまとめてみよう。
（1）　日本列島における一方向型の斜状平行剥離を施す有舌尖頭器は、斜方向の差で異なる分布を示すことが明らかになった。日本アルプス以西の本州西半部に分布する斜行有舌尖頭器は、その斜方向が右肩上がりとなるが、北海道に分布する斜行有舌尖頭器は左肩上がりとなる。日本列島における斜行有舌尖頭器は、北東北地方付近を境とする西方と東方で斜方向を真逆とする。そしてこの東西差は、日本列島で一時的に併存した。その併存期は、本州以西の有舌尖頭器の消長関係と北海道の各種石器群にともなう斜行石器群の存続時期からみたときに、晩氷期の約13,000 y.B.P.〈約15,500 cal BP〉から約11,000 y.B.P.〈約13,000 cal BP〉頃である。
（2）　晩氷期・石器群からは石器扱いの差が導き出される。そしてこの石器扱いの違いは、石器づくりシステムの違いにより顕現化している。RL-斜行石器群が九州―四国―本州的規模で地域色を有しつつ連なるホライズンを形成しており、LR-斜行石器群が北海道で固有のホライズンを形成している。右肩上がりの有舌尖頭器は晩氷期後半のRL-斜行圏（九州―四国―本州）に認められ、左肩上がりの有舌尖頭器は晩氷期のLR-斜行圏（北海道）に認められる。右肩上がりの有舌尖頭器と左肩上がりの有舌尖頭器は異なる石器づくりシステムのなかに生まれて消えた。
（3）　剥離の向きと型式から有舌尖頭器の一系統的起源論を再確認すると、本州以西の小瀬が沢系有舌尖頭器と北海道の立川系有舌尖頭器に右肩上がりないし左肩上がりの有舌尖頭器が認められる。この場合、立川系有舌尖頭器から小瀬が沢系有舌尖頭器の型式変化のあいだに、石器扱いの変化を認めざるをえず、立川系有舌尖頭器と小瀬が沢系有舌尖頭器は別系統とみる

べき結論にいたる。これは由来を同じくしない有舌尖頭器が日本列島に並立したことを同時に物語っていた。

以上、本書では、有舌尖頭器の石器扱いが本州・四国・九州と北海道とでまったく異なることを指摘し、日本列島の有舌尖頭器が一系統的存在であるということに対して、否定的な根拠を与えた。さらに、晩氷期・有舌尖頭器石器群の比較検討を通して、北海道と本州・四国・九州の当該期に別々に石器づくりシステムを同じくしない文化的なホライズンが並立していたことを明らかにした。この石器づくりシステムの東西差をさらに具体的に描き出すことができるであろうか。最後に、動作連鎖論によりこの検討を果たして、東西差の意義を考察する。

1. 動作連鎖の東西差とその意義

ここでは、左肩上がりの有舌尖頭器が北海道・後半期細石刃石器群と密着的であるという事実をもとに、動作連鎖—連鎖する技術的な振る舞い (sequential technical operations) —を検討し、東西差の意義を考える。

これまでに、日本列島における斜行有舌尖頭器の偏在的な分布を明らかとし、同石器を生み出した晩氷期の斜行石器群を検討してきた。斜行石器群の剥離痕からは、斜方向と加工手順という実証的な手がかりから、2つの石器扱いが導き出された。石器扱いとは、石器と作り手の位置関係を問題とした作り手の性向であり、石器づくりにふさわしい固有の動作型を、石器づくりの実験考古学から推論し、考古資料で確かめた石器づくりの振る舞いであった。

この石器扱いという2つの動作は、第1章および第3章で推論したように、社会的に形成されるべき性格を有している。動作は社会的に選択されて「かくあるもの」となるのであるから、石器扱いは「身体技法」の表現形であるとも考えられる。これは石器づくりシステムの違いを分析して明らかとなるが、この検討で鍵となるのは、先史考古学における動作連鎖の厳密な解明（西秋2000）である。

ところで、人類学にとっての文化とは、その定義が多様であるが、しかしあ

る一方で「(文化とは、) 1個の人間集団の生き方、すなわちかれらが身につけた行動の型や態度や、物質的なものの全体」を意味するもの、と解されてよいものである（ホール 1966）。「社会的同調性」とか付和雷同といった、人々の「他人と同調しなければ不安に陥るという性格」を文化の基盤にみいだしてみるとき、ホール氏の言葉をかりれば、文化とは、それとは知らぬうちに我々の日常生活を規制するものであり、文化とは、人々の行為ならびに人々を支配する隠れた規範のなかにあるものと理解しうる。

　ところで、動作連鎖論とは、これらの隠れた規範を探し出す分析手段でもある。では、動作連鎖論における、かくれた規範とは具体的には何にあたるのか。もちろん、言語に由来した規範は直接には見つけようがなく、考古学的に立証しうる物的証拠も限られている。とはいえ、その1つとして考えたいのが、日々の振る舞いにあらわれる技術的な行為であり、すなわち考古学でいう連鎖する技術的な振る舞い（sequential technical operations）である。連鎖する技術的な振る舞いとは、J. ペレグラン氏によれば、自然資源を文化的・意味的・機能的なモノへと改変する行為のことであると説明されている（Pelegrin et al. 1988）。よりわかりやすくこれを説明するために、仮に1点の有舌尖頭器を例にとってみる。この1点の有舌尖頭器は、原材の入手にはじまり、粗割り、石核調整、剥片剥離、失敗の修正、二次加工など一連の動作の産物であり、その各段階でなされたさまざまな社会的な選択の結果が反映している。動作連鎖論はその重層性を時系列にしたがって解き明かすための分析概念であることが了解されよう（西秋 2000）。

　こうした動作連鎖論とは、近年の先史考古学における主要な分析手段として考えられるようになっている（佐藤 2002a・2007など）。動作連鎖の名付け親はアンドレ・ルロワ＝グーラン氏であるが、考古学研究にこの分析視点を始めてもち込んだのもルロワ＝グーラン氏である（ルロワ＝グーラン 1973）。そして今日、動作連鎖分析は、資材の変形戦略にかかわる意思決定を解読する研究や、モノの生産過程に関するきわめて詳細な研究に広く応用されるようになっている（Pigeot 1987、Dobres 1996など）。

　動作連鎖論はむろんいくつかの問いに迫るための分析手段ではあるが、筆者は日本列島・晩氷期・石器群における連鎖する技術的な振る舞いを検討し、東

西差の意義を考えておきたい。

東西差形成の契機について

近年、北海道・後半期細石刃石器群における石材運用にともなう地域的適応の強化が、佐藤宏之氏らにより指摘されている（佐藤 2002b・2003・2005 など、山田 2006）。直感的には、石器扱いの東西差が生まれる契機は、ある一面において、佐藤氏らが明らかにした北海道系細石刃石器群の行動論と関連しているように思われる。いま一度、東西・石器扱いの盛衰をみてみると、北海道系細石刃石器群の本土への南下停止と、東西差の顕在化とがほぼ一致する。その意味で、忍路子型や広郷型が道内にとどまる理由が問題となっている。すなわち、北海道系細石刃石器群と密接な関係をもつ左肩上がりの有舌尖頭器は、忍路子型や広郷型の道内滞留にともなって本土へ渡らない可能性があり、左肩上がりの有舌尖頭器が本土に西進しないことが、石器扱いの東西差の顕在化を促す間接的な要因となっているのかもしれないのである。

この考えをさらに発展させると、北海道・後半期細石刃石器群における地域的適応の強化が、情報の動きを幾分狭めることを意味するだろう。あるいは、情報の滞留をも促すだろう。そういった意味で、北海道および大陸という類似の資源環境下に成立した広域移動型の行動戦略など（佐藤 2003・2005 など）は、本州以西とは異質の北海道固有の石器づくり伝統を育むきっかけを与えている可能性があり、汎列島的な石器づくりシステムの差異を生む可能性を示唆している。

こうした背景を踏まえ、日本列島の晩氷期・石器群における連鎖する技術的な振る舞いは以下のように導き出された。

北海道・後半期細石刃石器群の動作連鎖

さて、左肩上がりの有舌尖頭器が北海道・後半期細石刃石器群と密着的であるという第 4 章までにみてきた内容をまず確認されたい。本州以西におけるRL-斜行圏の斜行石器群は、その斜方向が右肩上がりであろうと左肩上がりであろうと、斜行剥離の認められる器種が比較的限られる傾向にあったことを想起されたい。その一方、北海道におけるLR-斜行圏の斜行石器群では、有舌尖

第6章 縄文時代はじまり前夜の東西世界　203

図77　北海道・後半期細石刃石器群石器製作のシェーンとリンク
注）割り手は西洋人を対象。操作フォームの1,3bは、Gilles Tosello (Karlin et al. 1992: 1110) による原図を一部改変して長井が描きなおし。2,3a,4,5a,5b,5c,6a,6b,7,8は長井原図による。

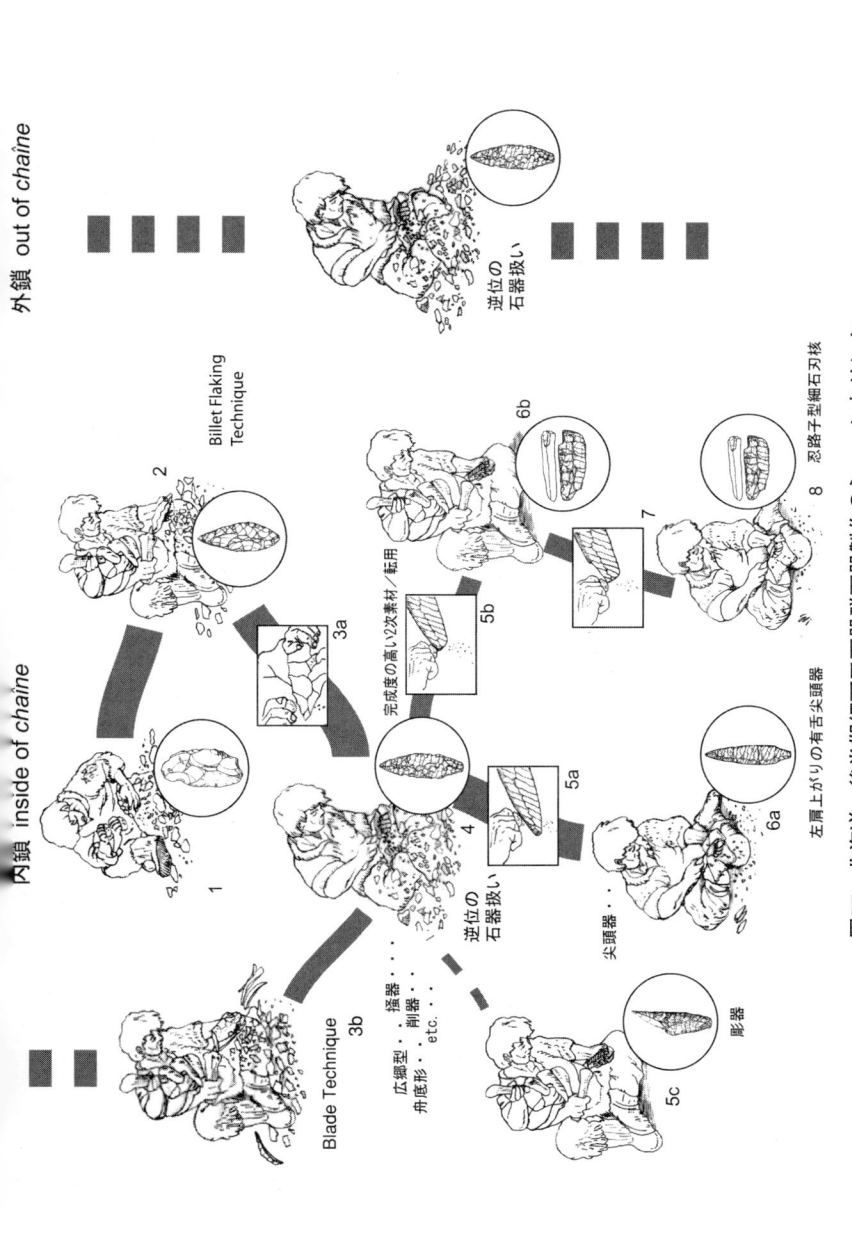

頭器、尖頭器、彫器、掻器、削器、細石刃核、舟底形石器、錐、削片などに LR-斜行剥離が認められる。これまでにみてきたように、北海道・斜行石器群には、北海道・後半期細石刃石器群を構成する北海道A群：忍路子型細石刃核石器群、北海道B群：広郷型細石刃核石器群、北海道C群：小形舟底形石器群などで複数の器種に亘りLR-斜行剥離が施されている（図57、図64〜66）。さらに、北海道・斜行有舌尖頭器においては残滓をともなう遺物集中部が卓越する傾向にある。北海道・斜行有舌尖頭器に対しては、遺物集中部を形成する割合が本州以西のそれと比較して高く、こうした遺跡形成のあり方にみられる東西差異（第2章）も想起される。

図77は北海道・後半期細石刃石器群石器製作のシェーンとリンクを描き出したものである。石刃の生産・両面調整石器の生産など、いかなる剥離履歴をもつかにかかわらず、北海道系細石刃石器群にみられる石器製作のシェーンが、左肩上がりの剥離を作り出す逆位の石器扱いという動作（同図-4）を介していることがみてとれる。

北海道・後半期細石刃石器群石器製作システムには、原材の入手にはじまり、粗割り、石核調整、剥片剥離、二次加工など一連の動作の産物がみてとれる器種組成と残滓のあつまりをみせる内鎖（インサイド・オブ・シェーン）が存在する。その一方で、一連の動作の産物が認めがたい外鎖（アウト・オブ・シェーン）も存在する。すなわち、北海道・後半期細石刃石器製作システムには、逆位の石器扱いとリンクした動作連鎖が存在しており、左肩上がりの斜方向を成す動作とリンクしたシェーンが形成されている。

北海道・後半期細石刃石器群における左肩上がりの斜方向は、石器群を構成する基本的な石器器種にみられる。有舌尖頭器のみならず二次加工を施す多様な器種に左肩上がりの斜方向が認められている。こういった様相は、各器種作りが左肩上がりを生む動作にもとづくことを強く示唆している。そして、それらが頻繁に残滓と伴出し、製作址的な様相を示す傾向にあるのは、その動作が石器づくりシステムに組み込まれていたことをさらに傍証している。

図77を仔細にみてみる。例えば、左肩上がりの有舌尖頭器（同図、1-2-3a-4-5a-6a、あるいは3b-4-5a-6aの経路による）は、その素材獲得までに石刃の生産（同図-3b）ないし両面調整石器の生産（同図、1-2-3a）などのいずれの

手段をもつにせよ、いったん逆位の石器扱いを行う動作 4（同図-4）を介している。このことは、北海道全群（北海道A・B・C・D群）・斜行有舌尖頭器に対して、左肩上がりの斜方向とLR-斜行剥離が認められる事実により明らかである（図57、図58）。また、忍路子型細石刃核（図77、1-2-3a-4-5b-6b-7-8、あるいは3b-4-5b-6b-7-8の経路による）・彫器（同図、1-2-3a-4-5c、あるいは3b-4-5cの経路による）などの生産も同じように理解される。ともに、その素材獲得までに石刃の生産（同図-3b）ないし両面調整石器の生産（同図、1-2-3a）のいずれの手段をとるにせよ、いったん逆位の石器扱いを行う動作 4（同図-4）を介している。このことは、例えば、北海道A群における忍路子型細石刃核の器面調整に左肩上がりの斜方向とLR-斜行剥離がみられる事実や、北海道A・B・C・D群のすべてにおける彫器裏面の端部調整などに左肩上がりの斜方向とLR-斜行剥離が認められること（図64〜67）により明らかである。

ほかに、例えば、北海道B群を構成する広郷型の細石刃核（図65-1）や北海道C群を構成する舟底形石器などにもその器面調整に左肩上がりの斜方向が認められる。これにより、やはり、広郷型細石刃核や舟底形石器の器面調整に対しても逆位の石器扱いをする動作 4（図77-4）を介しているとみなされる。また、北海道全群（北海道A・B・C・D群）で散見される左肩上がりの斜方向をもつ掻器、削器などもやはり逆位の石器扱いを行う動作 4（同図-4）を介している。動作 4 は各種の製作とリンクし、動作 4 は次に作るべき器種に対する広い選択肢を有している。

このように、北海道・後半期細石刃石器群の石器製作システムからは、外鎖の存在を不問としたときに、内鎖に対して逆位の石器扱い（動作 4）を介在させた独特な石器づくりシステムの存在をみてとれる。すなわち、第 4 章までに検討してきた左肩上がりの有舌尖頭器は、北海道・後半期細石刃石器群石器製作のシェーンに埋め込まれた逆位の石器扱い動作を介して作られていたと考えられる。晩氷期の約13,000 y.B.P.〈約15,500 cal BP〉から約11,000 y.B.P.〈約13,000 cal BP〉頃に北海道・後半期細石刃石器群のなかで作られた左肩上がりの有舌尖頭器は、北海道・後半期細石刃石器群石器製作に看取される左肩上がりの斜方向を作り出すシェーンを介して生み出された表現形とみなされる。こ

こに1つの動作連鎖が認識されるであろう。

本州以西・斜行石器群の動作連鎖

　一方で、このような石器製作のシェーンとリンクの存在は、RL-斜行圏における本州以西の斜行石器群からは基本的には認められないと考えられる。その端的な理由は、本州以西の斜行石器群が基本的には細石刃石器群を構成しないことによる。先にも述べたように、忍路子型や広郷型などの北海道系細石刃石器群は本土への南下を基本的には果たしていない。すなわち、北海道系細石刃石器群における逆位の石器扱いを伝統下にもつ担い手たちは、基本的には本土への進出を果たさない。したがって、当該期の九州を除いて、細石刃をもたない本州―四国におけるRL-斜行圏で北海道・後半期細石刃石器群と同型の動作連鎖を認めることはできない。

　さらに、本州以西のRL-斜行圏では斜行剥離をもつ器種が少なく限定的であることを想起されたい（第4章参照）。先にみたように、北海道におけるLR-斜行圏の斜行石器群では、有舌尖頭器、尖頭器、彫器、掻器、削器、細石刃核、舟底形石器、削片などにLR-斜行剥離が施されるが、本州以西・RL-斜行石器群では、有舌尖頭器・尖頭器群などの刺突具を主体としてRL-斜行剥離が施される以外にあまり斜行剥離が施されない傾向にある。しかも、それらが基本的には残滓をともなわずに検出されるといった、いわゆる「単独出土」をする傾向がきわめて高い（第2章の第5節および表2、図78、図79などが参考となる）。こうしたあり方は、汎列島的にみたときに、異質な石器の作られ方とみなされるかもしれない。ところが、分立的な技術構造を有する本州・細石刃石器群あり方（仲田2005など）とこれは調和的である。こうしたあり方からは、外鎖と同型の分立状態にあるシェーンが、右肩上がりを作り出す正位の石器扱いと関係している可能性を指摘できるであろう。

　このように、本州以西の斜行石器群を北海道におけるそれとの対比検討により眺めるとき、単独出土の多さと斜行器種の限定性に本州以西の独特な分立性のある石器製作システムが認められる。単独出土の多さと斜行器種の限定性に本州以西特有の石器製作システムが潜在している可能性があり、ここに日本列島における東西2つの石器製作システムの差異が現れているとみなしうるであ

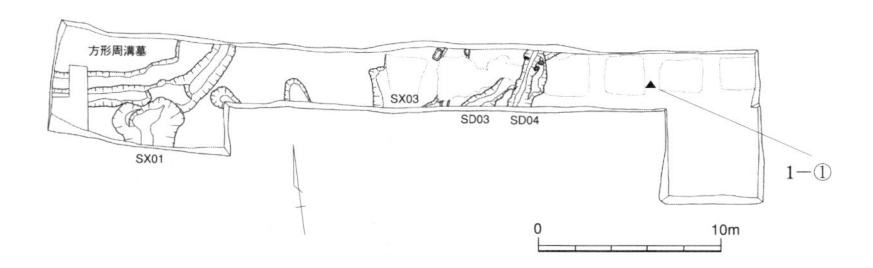

第6章 縄文時代はじまり前夜の東西世界　207

1. 大阪府・桑津遺跡（KW82-7次調査）北トレンチ（櫻井ほか 1998）

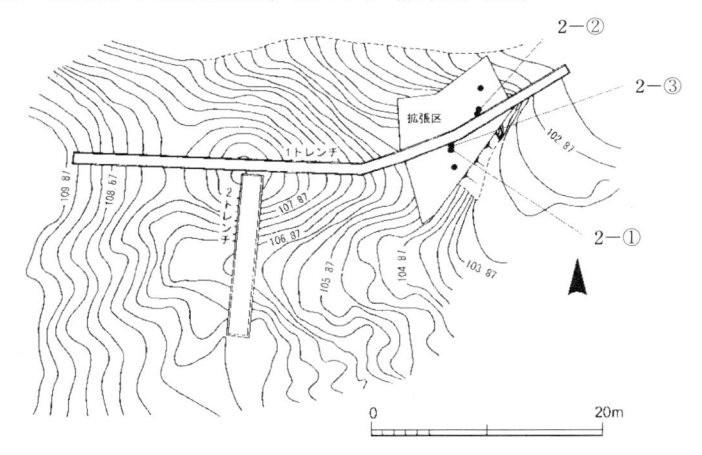

2. 奈良県・勢野バラタニ遺跡（鈴木 1994）

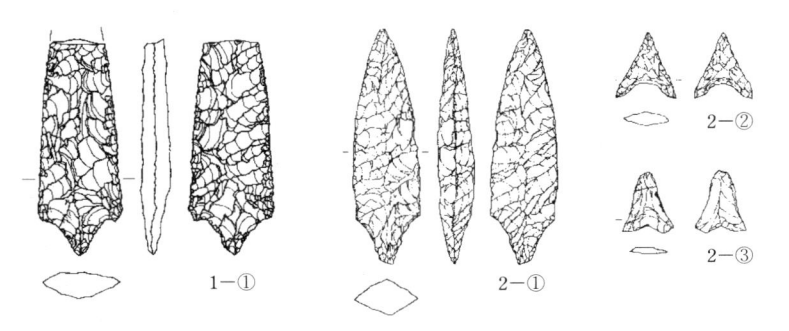

図78　単独出土する右肩上がりの有舌尖頭器

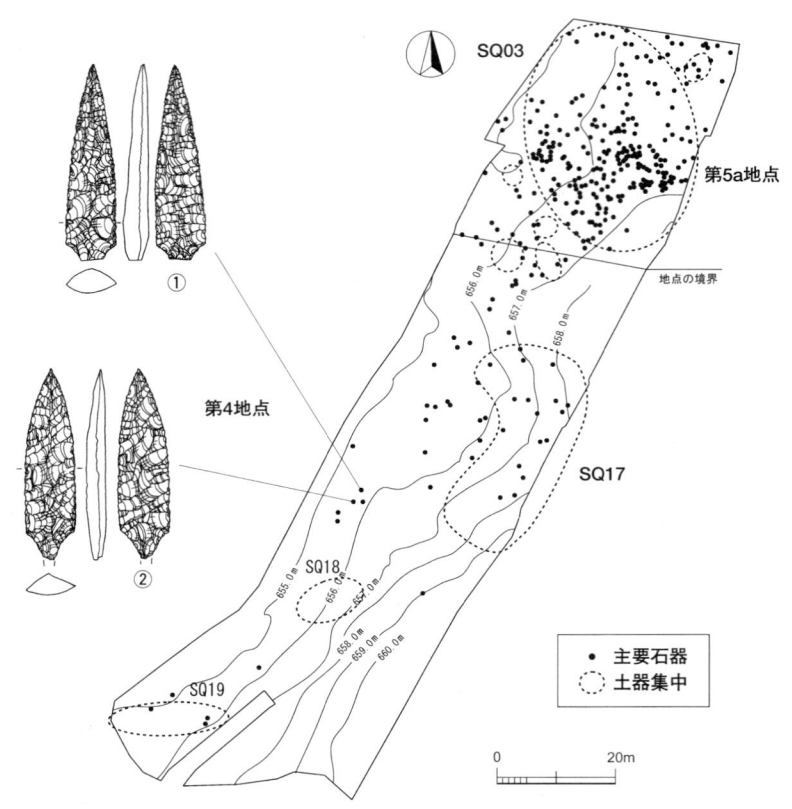

図79　単独出土する右肩上がりの有舌尖頭器：長野県・仲町遺跡第4地点・第5a地点
（報告書より作図）
注）SQは同時期の土器が集中する範囲

ろう。

動作連鎖を形成する石器扱い

　以上、日本列島で東西差を形成した斜行石器群の異差性が指摘される。晩氷期の約13,000 y.B.P.〈約15,500 cal BP〉から約11,000 y.B.P.〈約13,000 cal BP〉頃に北海道・斜行石器群を構成した後半期細石刃石器群には、強固なシェーンに逆位の石器扱いをする動作が組み込まれた内鎖（インサイド・オブ・シェーン）および外鎖（アウト・オブ・シェーン）からなる連鎖する技術的な振る舞

い（sequential technical operations：動作連鎖）が存在した。その固有の動作連鎖で左肩上がりの有舌尖頭器が作られている。その一方、本州以西のRL-斜行石器群ではこれと同程度のシェーンが明確ではなく、外鎖と同型の動作連鎖が推定されるにすぎない。こうした事実は、本州以西と北海道における互いに異なる動作連鎖の存在を物語るものであろう。

　固有の型として割り手とリンクして考えた2つの石器扱い（第1章・第3章）は、このように、社会的な型として2つの動作連鎖を形成している。社会的な型（habitus）とは、つまり身体技法であるが、北海道・後半期細石刃石器群の動作連鎖には、動作を日常動作たらしめる定型としての逆位の石器扱い／動作4が身体技法として表現されている（図77）。これはとりもなおさず、北海道に固有の石器づくり伝統があることを物語っている。

　戦前および戦後における一部の研究者は、我が国の有舌尖頭器を大陸からの渡来文物とみなしてきた（山内・佐藤 1962、栗島 1991など）。すなわち、旧石器時代から縄文時代へという文化の変化に影響を及ぼしたのは、大陸起源の新たな文化的接触であると考えてきた。極東を揺籃の地とし、本土へと渡来した大陸起源の文物は（我が国の）当地の文化と融合・融和し、所与の縄文文化を形成した。こうした理解を支えたのが、日本列島における1つの／所与の「有舌尖頭器文化」（芹沢 1962・1967a,b・1974・1990など）であった。そして、いうまでもなく、北海道は本土へ到達する外来文物の渡来ルートとしてこれまで重要であり続けたわけである。

　ところが、日本列島の有舌尖頭器は、東西に並立する異なる石器づくり伝統に生まれて消える。この結論は同時に、大陸由来の一系統的有舌尖頭器が成立しがたいことを実証的に説明できたことをも意味し、大陸起源の文物到来を与件とした縄文文化観を抱くことに対して、注意をうながしている。

　それでは、動作連鎖を形づくった2つの石器扱い（habitus）は、いつどのように生まれたのか。2つの石器扱いの広がり、あるいはその歴史的意義について展望したい。

2. 動作連鎖と石器扱い

　動作連鎖を形づくった2つの石器扱い（habitus）は、きわめて広い地理的空間に分かれている。つまり、1つの石器扱いの広がりは、作り手がそれぞれ属する地域的な集団の範囲を大きく越えているようにみえる。現に北海道に限っても、特徴的な細石刃核および舟底形石器など、装備の異なる各種の石器群に対して、石器扱いが左肩上がりで基本的には一致する。また、本州以西では南北800kmを越える広い領域で、右肩上がりの石器扱い圏を形成している（第2章・第4章）。さらには、左肩上がりの石器扱いは、大陸と関係をもつ可能性が高く、その分布圏は日本域を越えると予測できる（第7章）。

　このように広い石器扱い圏が成立したのは、地域的な集団に通底した社会文化や行動戦略の一致などが複雑に作用したからに違いない。そうであるなら、2つの石器扱いが選択された背景を、2つの「集団」や2つの規範的な考古学的「文化」の差により単純に説明することはできまい。2つの石器扱いは、日本列島域の身体的なパフォーマンスとして歴史的に存在した可能性が高く、晩氷期における北海道と本州以西の各種石器群を装備した地域的な集団が、なんらかの形でそれぞれの伝統的な身ぶり（挙動）を共有していたと考えられる。

　この点は以下を根拠に説明されよう。石器づくりの身体性により北海道における後半期細石刃石器群を再評価すると、忍路子型細石刃核石器群、広郷型細石刃核石器群、小形舟底形石器群、有舌尖頭器石器群は表面的な差にすぎないことがわかる。要するに、北海道における後期細石刃石器群を構成する北海道A・B・C・D各種の石器群は、最終的生産物として、なにを作るかという、製作物の選択肢にもとづいた差異からなるものと思われる。すなわち、動作4（図77-4）をする最中の割り手に与えられた選択肢は広く、基本的にはその後に継続可能な各種石器類の製作を企図しえたと考えられる。逆位の石器扱いをする最中、割り手の頭中に描きえた石器は1つに限定されない。それは、北海道A・B・C・D群を構成する多器種の石器に亘り、北海道A・B・C・D各種の石器群に属す石器を作る柔軟性をもっている。すなわち、動作4（図77-4）をする最中の割り手は、少なくとも忍路子型細石刃核、左肩上がりの有舌尖頭

器、彫器、掻器、削器、広郷型細石刃核、舟底形など複数の石器づくりを選択できたのである。また、動作5aから動作6への移行段階では、尖頭器づくりを選択肢に加えることもできたであろう（図77）。

このように、北海道における後半期細石刃石器群に関していえば、忍路子型や広郷型の細石刃核、小形舟底形石器、有舌尖頭器を作る各種の石器群は、石器づくりの動作伝統において、基本的には関連しているように思われる。程度の差こそあれ、おおむね「左肩上がり」を生む動作をいったん介することに、北海道・LR-斜行圏における北海道A・B・C・D群の共有する石器づくりの要素が指摘できるのである。

再三述べてきたように、広郷型や忍路子型、小形舟底形石器からなる石器群の時間的関係性は検討しがたい。この理由は1つに、山田哲氏が予測するように、原石材の形質や分布に応じた地域的適応性という細石刃製作技術の組織的特徴による可能性が高い（山田 2006）。それと併せて、逆位の石器扱いの共有という動作連鎖の組織的特徴もこれに関与していると考えたい。

3. 石器扱い圏の「境目」

さて、RL-斜行圏で正位の振る舞い、LR-斜行圏で逆位の振る舞いをするが、このそれぞれの斜行圏が地理上できわめて広範なのも確かである。既述のように、本州以西のRL-斜行圏がそれを示唆するし、分布圏がさらに北へと広がる可能性の高いLR-斜行圏もこの例外ではない。このように広い斜行圏が形成できた背景として、各斜行圏に居住した地域的な集団による「振る舞い」の共有が考えられるが、割り手に通底した石器扱いこそ、およそ津軽海峡を区切りとする―右肩上がりと左肩上がりという―斜行圏の境目（line）を作った蓋然性がきわめて高い（図80）。

道南地域では、後期旧石器時代前半期から終末期にかけて、本州北端部と共通の文化圏を形成していたとされる。ところが、広郷石器群の時期に津軽海峡を挟んでこの文化圏は対峙するようになる（佐藤 2002bなど）。この佐藤氏による行動戦略からみた素描は、晩氷期における津軽海峡を境とする「石器扱い圏」の断裂と一致をみせている。この断裂がいつごろ起きたのかという問題に

西　東

石器扱い圏の「境目」

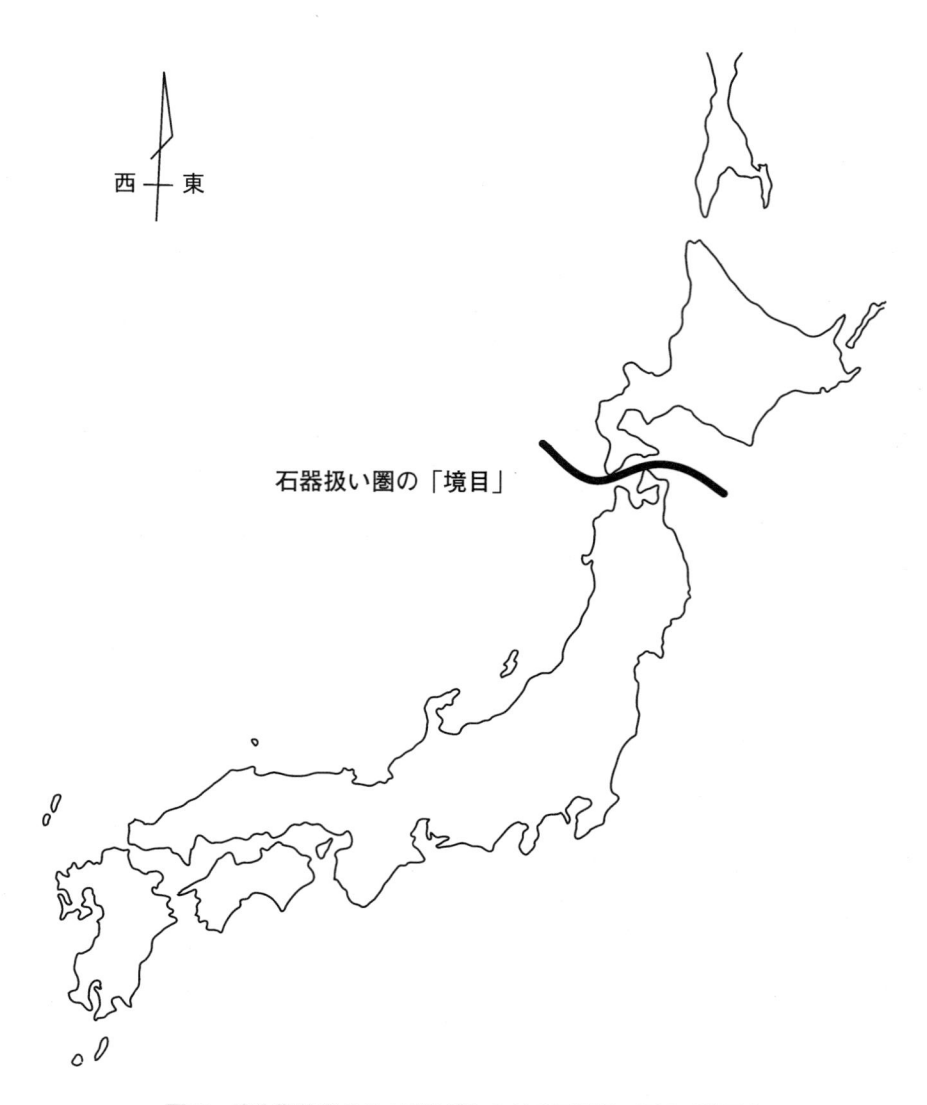

図80　晩氷期後半の日本列島域における石器扱い圏の「境目」
　　注）津軽海峡をラインとする東西地域差を示す。

ついては、決定的な根拠に乏しく不明瞭である。だが、遅くとも広郷型や忍路子型が本州以南に南下しなくなる頃には、断裂が「境目」として顕在化していた可能性が高い。

　晩氷期にあたる後期旧石器時代終末から縄文時代草創期のころ、石斧や有舌尖頭器、大型尖頭器などは、北海道と本州以西で個別横断的に共通する要素として認められている。ところが、それらを組織する原理は異なっていた（佐藤2002b）。その原理は佐藤氏のいう行動戦略の一致のみならず、石器扱いの一致という動作連鎖の違いにも求められる。さらに、この石器扱いの一致が生み出した津軽海峡を区切りとする「境目」は、各斜行圏に属した割り手の身体の記憶、すなわち習慣として普段「している（た）」動作の違いにより発現したと考えたい。

　このような解釈の傍証となりうる事例は、第7章（大正3遺跡にみる「東西差」の動き、大正3遺跡にみる「異文化集団」の接触）で検討している。例えば、津軽海峡を境とする晩氷期後半・石器扱い圏の「境目」を飛び越えた地域的一団もいた。この一団は「左肩上がり」が凌駕するLR-斜行圏の中核、道東・帯広に達している。だが、このような稀有な一団でしても、いったん体に染み付いた身体動作を容易に変えることはできず、石器扱い圏の「境目」を消すことはできなかったようである。後に詳しく述べるように、境目を越えた彼方の地でも、此方の地でこなれた石器扱いを踏襲した。つまり、LR-斜行圏において―RL-斜行圏で普段「していた」―正位の石器扱いをしたのである（図84）（第7章参照）。このように、日本列島域・晩氷期後半における石器扱い圏の「境目」は、意外と深い。これは、境目が身体性に由来して作られた蓋然性をもつゆえんと思われる。

　近年、この境目（line）をまたぐ文物移動も知られるようになった。これが広域的な関係をもつ一団の存在を傍証しており、大正3遺跡のあり方と関連をみせている。晩氷期後半における黒曜石資料の産地傾向について、複数の遺跡に亘る産地分析が行われ類例が増えている（藁科・小熊2002など）。本州・縄文草創期の遺跡から出土した黒曜石製石器の産地分析によると、およそ本州B・C群に比定される草創期後半の本州東半部において、複数の遠距離産地からもたらされた黒曜石製石器が1つの遺跡に集まる様相がみられ、そのなかに

は北海道由来の黒曜石製石器が少量存在するようである（建石ほか 2008）。このことは、晩氷期後半の日本列島域で文物が広い範囲に移動したことを端的に物語っている。藁科氏や建石氏らの産地分析により白滝産や置戸産と推定された新潟県小瀬が沢洞窟遺跡、山形県日向洞窟遺跡における黒曜石製石器は、当該期の日本列島域で広域的な関係をもつ一団が本州に存在したことを示している可能性が高い。

註
（1） なぜなら、原石材の形質を一切不問とし、潤沢な石材を一律に保有したと単純化して考えるならば、上述のように製作オプションが看取され、広郷型からなる石器群と、小形舟底形石器や忍路子型からなる石器群との共通性が指摘できることによる。したがって、ある一面において、石器群の差異が原石材の条件に起因する蓋然性は高いといえる。

第7章 「石器扱い」論の地平

1. 石器扱いの由来

　さて、日本列島の有舌尖頭器は異なる斜行圏に生まれたことを述べてきた。それと同時に、異なる斜行剥離の由来は、有舌尖頭器の由来（第5章）とかかわった問題であることもこれまで推論してきた。しかし、本州・四国の正位の石器扱いが何処に由来し、北海道の逆位の石器扱いが何処に発祥するのか、まだはっきりとはわからない。

　正位の石器扱いの由来に関しては、現在のところ、北海道とサハリンが位置する東方の大陸には見いだしがたいと感じている。正位の石器扱いが本州以西で隆盛をみせたとき、北海道では逆位の石器扱いが並立していた。この北海道・逆位の石器扱いの遡源に関しては、本州以西・正位の石器扱いの成立前に遡る可能性があり、大陸と峠下・幌加型の斜行石器類がこれを傍証している。また、峠下型2類細石刃核で15,500～14,000 y.B.P.を中心とした存続時期が推定されているのに加えて（山田 2006）、右肩上がりの斜方向が量的に圧倒するような峠下型と時間的併行関係にある北海道・細石刃石器群はみつかっていない。以上を根拠に、今のところ、北海道において正位の石器扱いの由来は求められそうにないと思われる。

　また、九州以南においては、尖頭器・有舌尖頭器・石鏃などの限定器種で斜行石器群が構成される。さらに、それらは基本的には単独かそれに近い状況で検出されたものを主体としており、その存在は客体的である。また、九州は斜行有舌尖頭器に乏しく、その単独資料が北半九州に散在する傾向にある。九州以西の大陸に関しては不詳であるが、極少資料からなる九州側からの由来も基本的には考えられないだろう。

　現在、証拠に乏しいが、西へ東へと由来を追えない本州以西・正位の石器扱いに関しては、本州以西からの独自発生を想定しておくのが妥当であろう。そ

の発生にいたる過程は現在のところ不明といわざるをえないが、おそらく転機は本州以西において体系的な押圧剥離技術が定着する頃にあろう。隆起線文土器以前の本州以西には2つの土器文化が存在する（大塚2000）。これを根拠に、本州以西・正位の石器扱いの成立までには、「九州」と「本州・四国」で別のドラマが存在した可能性もある。すなわち、「九州」と「本州・四国」の系統関係は不明であるが、本州以西・正位の石器扱いに関しては、有舌尖頭器登場以前の本州以西人の手に馴染んだ石器づくりの基本的な動作と同型であった可能性がある。晩氷期・本州以西の石器扱いは、本州以西古来の石器づくり伝統であると、ひとまず考えたい。その理由は後述する。

　他方、北海道における逆位の石器扱いは、大陸におけるそれと緊密な関係にある。この点は第6章でも少し述べた。例えば、逆位の剥離によるLR-斜行剥離は、北海道A・B・C・D群に先行する峠下型（・幌加型）の細石刃石器群にも認められるが、基本的には忍路子型2類（寺崎1999、山田2006）に顕在化し、北海道A・B・C・D群で突如として繁茂するように看取される（第4章を参照のこと）。この忍路子型2類・LR-斜行剥離の急増に関しては、その理由を道内・先行石器群のみに求められないと感じる。LR-斜行剥離は忍路子型2類に先行する峠下型（・幌加型）細石刃石器群にも認められるが、非斜行剥離に対してその数が零細なことによる。

　大陸のクルタクⅢ遺跡にはLR-斜行削器が認められる。クルタクⅢ遺跡の放射年代値は16,900±700 y.B.P.（GIN-2102）～14,300±100 y.B.P.（LE-1457）である（Abramova et al. 1977）。この年代値は、大陸によるLR-斜行剥離が最終氷期末頃にまで遡る可能性を示唆している。また、サハリン島・アゴンキ5遺跡第1文化層（ワシリエフスキー 2006）（遺跡の位置は、図22のサハリン島に記された黒丸が対応する）からは、北海道系・左肩上がりの有舌尖頭器が出土している。アゴンキ5の有舌尖頭器は、斜方向が北海道の有舌尖頭器と一致している。このアゴンキ5の有舌尖頭器は、やや不安定に乱れた剥離をまじえているが、全体として左肩上がり傾向である。さらに、形状において北海道A・B・C・D群にともなう立川系有舌尖頭器に類似している（図81）。こうした様相は、北海道におけるLR-斜行剥離の由来を考えるときに、サハリン島以北の様相究明が急務であることを物語っている。後期旧石器時代後半期からお

そらく継続したサハリン島以北との黒曜石流通関係、極東への陸路の存在（佐藤宏 2000・2004、佐藤ほか 2002）などがまず問題となるだろう。この点は歴史的展望〈大陸との接点〉として再論する。

ところで、ほかに本件にかかわる問題は、日本列島域における押圧剥離技術の由来であろう。押圧剥離とは押し付けて石を割る技術である。そして、石器扱いは押圧剥離の存在を前提とした石器づくりの型であるから、日本列島域における押圧剥離の出現（到来）と石器扱いの動態とはリンクするはずである。

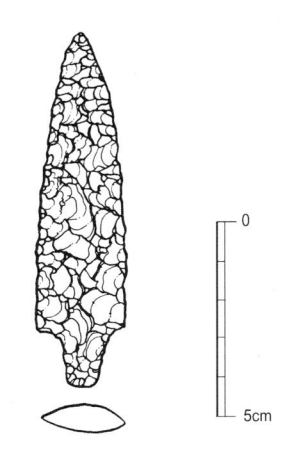

図81　サハリンで見つかった左肩上がりの有舌尖頭器：アゴンキ5遺跡第1文化層出土（木村 1997）

現在の考古学的常識によれば、日本列島・後期旧石器時代の前半期に押圧剥離は存在しない。これと大陸の事情は異なるが、後期旧石器時代の後半期に北海道を含む東北アジア―中央シベリアから太平洋沿岸地域―で素材生産用の押圧剥離が出現したとみなす見解がある（Inizan et al. 1993、西秋 2002）。また、北海道では蘭越型・峠下型・美利河型などの細石刃製作技術が顕著な石器群など―およそ21,500 y.B.P.以降―の北海道・前期細石刃石器群において、押圧剥離による細石刃の量産が認められる可能性が指摘されている（山田 2006）。

こうした理解の一般化には一層の実証的な観察データが必要である。とはいえ、これまでの限られた石器づくりの実験考古学による知見を反映させると、本州の一部と北海道とにおける後期旧石器時代・後半期細石刃の剥離には、押圧剥離技術が関係している可能性が高い（大沼・久保田 1992、美安 1996、高倉 2007など）。したがって、日本列島における細石刃・石器扱いは今後問題となるであろう。

この点に関しては、観察データを蓄積した将来に期するところが大きい。とはいえ、さしあたり筆者は、本州以西・小形稜柱形細石刃核に対して、向こうへと押し出す動作で細石刃剥離復元に成功した事例に注意しておきたい（大沼

2002：107-110、Callahan 1979、Flenniken and Hirth 2003など）。向こうへと押し出す石器づくりの動作は、正位の石器扱いの基本的な動作であり、これが有舌尖頭器出現以降の本州以西・正位の石器扱いと基本的な姿勢や動作を同じくする可能性がある[1]。

　いずれにせよ、我が国の押圧剥離は、そのルーツを不鮮明としつつも、晩氷期・石器群を契機として、縄文時代にその使用が本格化する。日本列島における縄文時代の石器づくりに押圧剥離が駆使されたことはほぼ疑いがない。それゆえ、日本列島・晩氷期の石器群に看取された2つの石器扱いは、その形を変容しつつ、縄文時代以降にも伝承されたと予想できる。当面、縄文時代における石器扱いの動態を検討することが課題となるだろう。

2．縄文化のプロセス

　また再度、第6章冒頭の結論—1）から3）—を踏まえてみる。すると、石器扱いの東西差は、石器づくりの東西差として次のように語りうるであろう。

　日本列島における有舌尖頭器の東西差は、少なくとも約15,500〜13,000 cal BPまでのおよそ2,500年間続いた。人ひとりの寿命を約50年とすれば、約500世代で同じ石器扱い／づくりが継起された、と。

　控えめにみて約2,500年間生み出された—右肩上がりと左肩上がりという—剥離「傾き」の違いは、割り手に染み付いた—割り手の根深い刻印／「習性」となったのであろう—石器づくり「動作」の伝統を反映したものと考えられる。左肩上がりと右肩上がりを作る性向、これが割り手達の石器づくり習慣に姿をくらませていたと筆者は考えている。

　技術とは目的の概念内にあり、具体的な形にする行為でもある。したがって、右肩上がりと左肩上がりという傾く剥離を生む加工「技術」が、石器の機能的な効果、使用時の質的な効果などを増幅させるための適応手段であったと反論がでるかもしれない。だが、傾く剥離は石器づくりの身体技法に由来している（第6章）。これを根拠に、剥離の向きを違える行為が、石器の機能的充実を図るためのものだったとは考えられないであろう。すなわち、右肩上がりの斜方向が左肩上がりの斜方向よりも刺突効果が大きい、といったことなどは考えが

たい。右肩上がりと左肩上がりという性状は、石器づくり伝統であり、これは石器づくり習慣に由来すると筆者は考えている。

しかし、このような石器づくり伝統の東西差は、完新世初頭に揺らぎをみせる。北海道・縄文時代の本格的な開始にともない、北海道の左肩上がりは右肩上がりに転回する。その契機的ともみなしうる遺跡が、北海道・大正3遺跡（北沢・山原編2006）である。

大正3遺跡にみる「東西差」の動き

大正3遺跡は北海道帯広市に所在する。調査区北側の段丘面縁辺を中心に、草創期土器（Ⅰ群土器：爪形文系土器）にともなう約9,000点の遺物が出土した。遺物は砂礫層上位にあるローム層を中心に出土し、石製遺物は6か所の遺物集中域（スポット）を形成している（図82-1・2）。

草創期（Ⅰ群）土器にともなう石器は、右肩上がりの斜方向を呈する小型尖頭器・尖頭器、両面調整石器、篦形石器、掻器、削器、彫器、錐、連続する剥離痕のある石器などである（図83）。石刃関連資料、細石刃関連資料、有舌尖頭器は組成しない。

草創期（Ⅰ群）土器（図83-24）の内面付着物試料11点（4個体分）によるAMS年代測定によれば、補正値は12,000～12,500 y.B.P.（14,140 to 14,080～14,410 to 14,330 cal BP）である（図82-3）。この補正値は本州B群と時間的併行関係にある。

大正3遺跡の小型尖頭器・尖頭器からは、正位の石器扱いが導き出されている（筆者実見）。小型尖頭器・尖頭器の斜方向はおおむね右肩上がりである。そして、本州以西の有舌尖頭器・尖頭器群と同類の剥離の順序・方向が認められている。

大正3遺跡の小型尖頭器・尖頭器に認められる石器扱いは、北海道系細石刃石器群に認められる逆位の石器扱いと一線を画している。右肩上がりの斜方向を呈し、左辺で向こうから手前（先端から基部）に剥離が進行し（↓）、右辺で手前から向こう（基部から先端）に剥離が進行する（↑）（図84、トーンが番号と対応。空白の剥離痕は未分析。7倍ルーペ使用）。この斜方向と剥離の順序・方向は、本州以西のRL-斜行石器群と同型であり、これは正位の石器扱

1. 大正遺跡群の位置

2. 大正3遺跡の発掘プラン

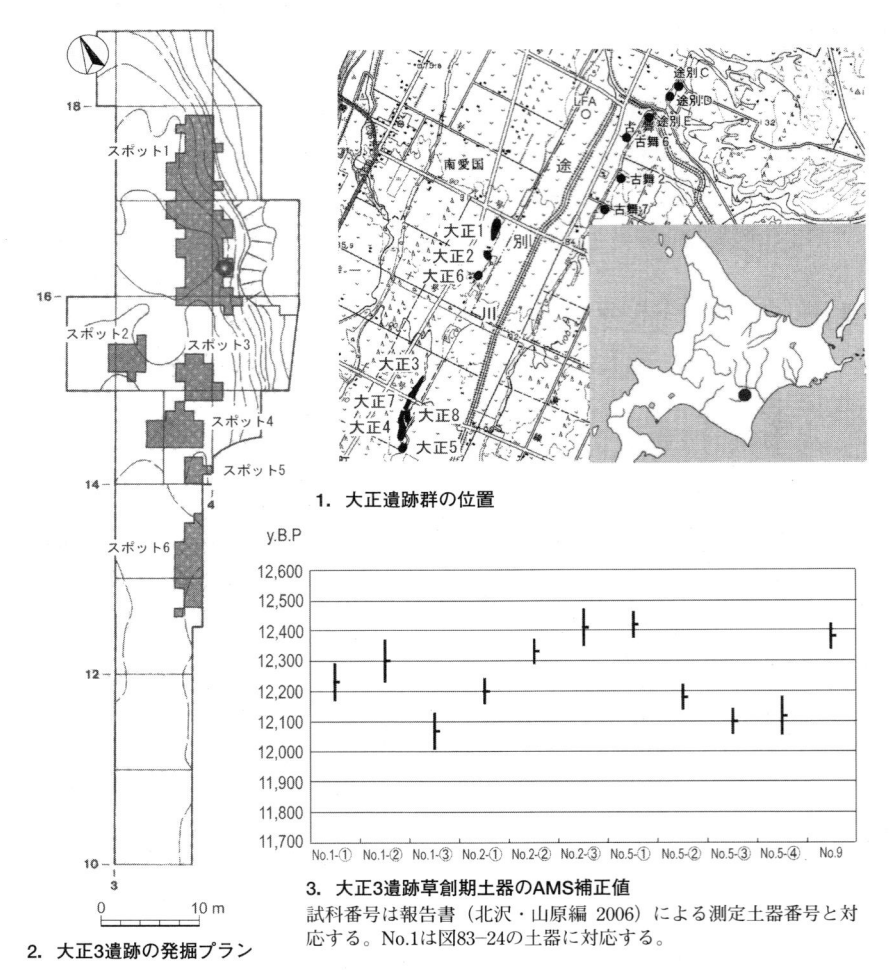

3. 大正3遺跡草創期土器のAMS補正値
試料番号は報告書（北沢・山原編 2006）による測定土器番号と対応する。No.1は図83-24の土器に対応する。

図82　大正3遺跡の位置、発掘プランと年代（山原 2007より作図）

いを示している。そして、先述したように、大正3遺跡のAMS補正値は本州B群と時間的併行関係にある。本州B群では正位の石器扱いをするRL-斜行石器群が盛行したが、同石器群の影響関係を大正3石器群に看取することが可能である。大正3遺跡は本州系・RL-斜行石器群であると考えられる。

また、大正3遺跡の菱形・小型尖頭器（図83-1・2・4）の類品は、青森県・明前（4）遺跡（図70-22）、山形県・日向第Ⅰ洞窟遺跡（図51-2・3）、新

第 7 章 「石器扱い」論の地平 221

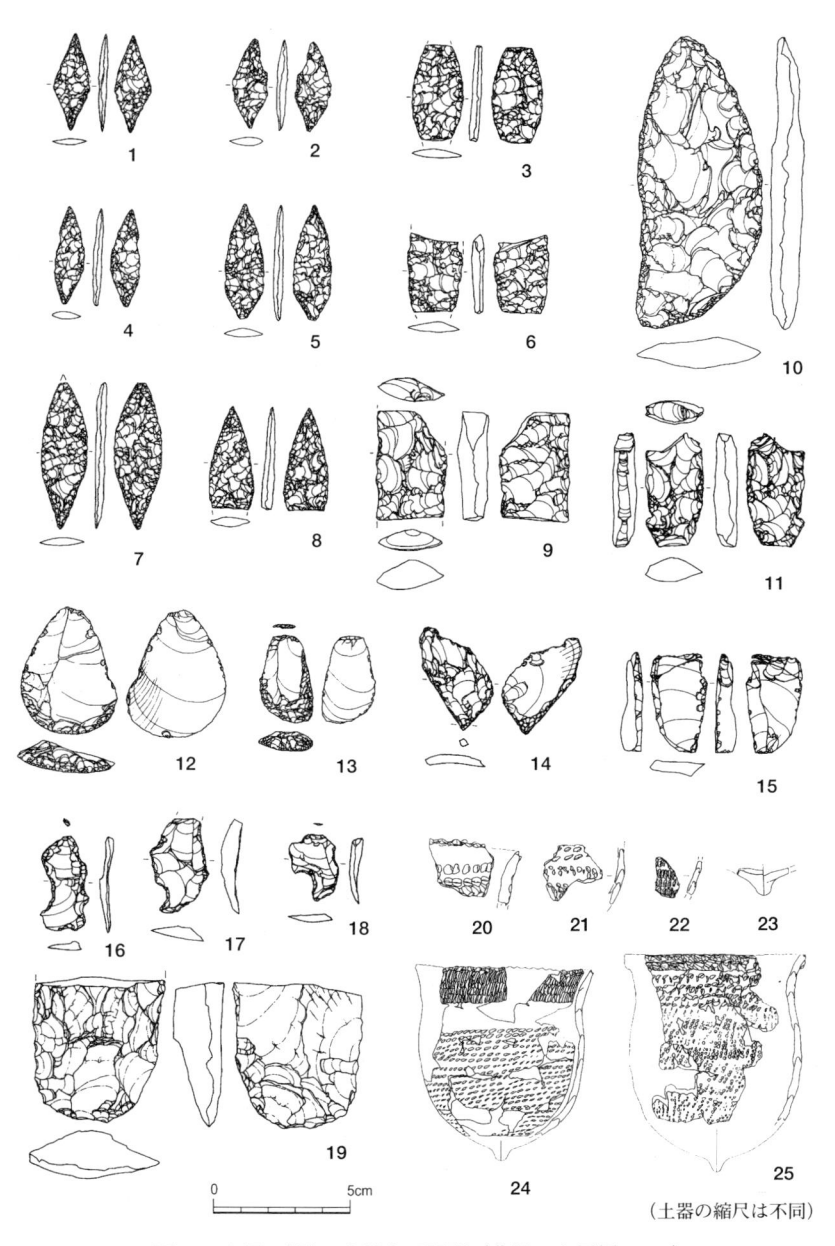

図83 大正3遺跡の土器と石器群（北沢・山原編 2006）

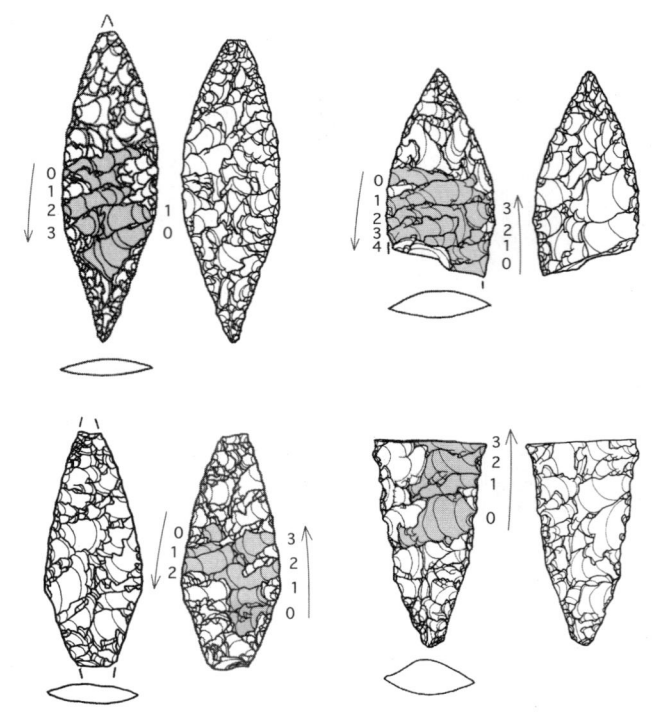

図84 大正3遺跡の石器扱い（報告書により作図）

潟県・小瀬が沢洞窟遺跡（図48-12）などに求めることができる。これらは東本州の本州B群・C群に時期が対応する。大正3と東本州・尖頭器群の類似は、大正3を本州系とみなす証左となっている。さらに、大正3と本州B群・C群の時間的併行を傍証している。

　ただし、本州系石器群・大正3遺跡を動因に北海道の縄文化が一気に促進したとみるのは早計であろう。それは現段階では考えがたい。例えば、後出する大正6遺跡Ⅱ群土器にともなう石器群は、八千代1類・「テンネル・暁式土器群」Ⅰ群（北沢 1999）に対比可能であり、大正6遺跡で放射年代10,550～10,260 cal BP、11,100～10,700 cal BPの較正値が得られている。大正6遺跡の石器群には、大正3遺跡の菱形・小型尖頭器と形態的に類似する木葉形鏃があり[2]、大正3石器群の残存を大正6に感じることができる。大正3と同類の遺跡は限られているのが現状であり、大正3後の再寒冷化にともなって道内への南

からの移動は制限された可能性が高い（山原 2007）。また、年代的に後出し、大正6と時間的に併行する八千代A遺跡（北沢編 1990）では、北海道系細石刃石器群の伝統を引く石刃剥離技術が顕著である。これらを根拠に、大正3後の十勝平野には、北海道系と本州系の石器群が一時的に併存した可能性があるだろう。現段階では比較対象とすべき遺跡が少なく速断しかねるが、大正3遺跡と北海道における本格的な縄文化のあいだにはわずかな時間をみておく必要がある。

また、大正3遺跡が道内の細石刃石器群と接触がなく孤立した存在であったとまではいえない。先述したように、大正3遺跡は本州系のRL-斜行石器群であるが、本州系RL-斜行石器群に基本的には組成しない彫器（図83-15）を組成する。また、北海道系細石刃石器群に特徴的な加工技術・形状をもつ両面調整石器を組成する（図85）。この両面調整石器は平面形態が本州系に類似し、断面形態・器面調整が北海道系に類似する。

両面調整石器（図85）は上半部を欠損するが、端部が著しく窄まる特徴をもっている。この特徴は道内の後半期細石刃石器群に認めがたく、本州東半部の尖頭器に類例が求められる。同類の尖頭器は、奈良県・上津大片刈遺跡、山形県・日向第Ⅰ洞窟遺跡、福島県・笹山原No.7遺跡、新潟県・小瀬が沢洞窟遺跡、青森県・明前（4）遺跡などに認められる（図70-18～22）。このような縦長菱形状の尖頭器は、本土では本州B群に認められ、本州C群に凌駕する。両面調整石器（図85）は、その形態において本州系斜行石器群との影響関係を示唆している。

一方、同石器（図85）の器面調整に関しては、身部中央付近の調整と縁辺部調整が平坦剥離による打撃と押圧様の剥離に分離する傾向にあり、ゆえに極薄身の板状断面形を呈する。これと類似の剥離痕構成・断面形は、北海道C群を顕著として、道内の後半期細石

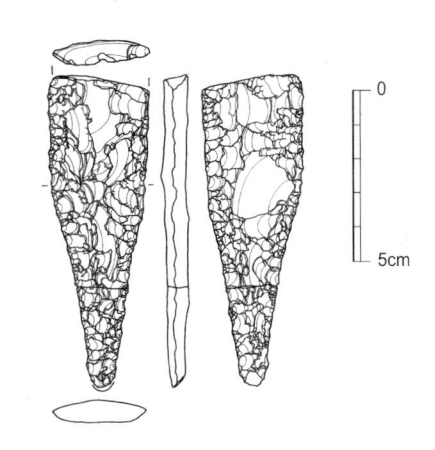

図85　大正3遺跡・Vb層出土スポット1関連の両面調整石器（北沢・山原編 2006）

刃石器群にともなう大型の両面調整石器類に対して認められる（図66-15）。帯広では落合遺跡スポット1の削器（両面調整の大型品）（北沢1992）、同遺跡スポット3の石槍（山原編1999）などに類例がある。このように、大正3の両面調整石器は、本州系のRL-斜行石器群と北海道系のLR-斜行石器群の折衷的な存在となっており、在地（北海道）の集団と大正3集団がなんらかのかかわりをもっていたことは否定できないであろう。

大正3遺跡における放射年代によれば、ヤンガー・ドリアス期直前の温暖期に対応させることが可能である。相対的には短期間であるが、この期間における本州集団の北進にともなって生じた異文化集団の併存（山原2007）が起こりうる蓋然性はきわめて高い。

大正3遺跡にみる「異文化集団」の接触

以上、大正3遺跡は、本州系・RL-斜行剥離「伝統」を保有する本州以西の集団により残された可能性が高く、わずかな温暖期に北上し、在地の集団と接触を果たしたと考えられる。大正3遺跡は、本州以西・正位の石器扱い伝統を有する「本州集団」による一時的な北上にともなって残された可能性が高い。「本州集団」とは、正位の石器扱い伝統を有する「本州—四国—九州」のRL-斜行圏に属した地域的な集団に由来する。大正3遺跡・本州集団の郷土が本州以西の何処にあるかはここで速断せず、その探求は将来にゆだねておく。ここでは、北海道東部・晩氷期末の石器文化成立に対して、異なる石器づくり文化伝統下に成立した本州系石器扱いの到来という本州側からの直接的な影響を指摘する。

本州B群に先行する長者久保石器群において、それを装備する集団の北海道西南部への北上という見解が示されている（安斎2002）。この見解を支持してRL-斜行剥離「伝統」をもつ「本州集団」の北海道東部への北上を是認するとき、晩氷期・北海道における縄文化が、本州由来のインパクトと無関係には進行しないとわかる。つまり、晩氷期・北海道における縄文化は、本州からの断続的な影響を受けている。この道程が晩氷期・北海道には認められる。晩氷期・北海道における縄文化が、本州からの断続的な影響を受けて、置換的に果たされていく道程をここに看取すべきであろう。

3. 大陸との接点

　斜行石器群は大陸からも認められている。今後、極東アジアを視野に入れた比較検討が必要となるだろう。ここでは大陸の資料には細かく触れない。いくつかの事例をあげて、「石器扱い」論の展望に代えたい。

　既述のように、中央シベリアのクルタクⅢ遺跡には、部分的なLR-斜行剥離をもつ削器が認められる。また、極東シベリアのクフトゥイⅢ遺跡には、部分的にLR-斜行剥離となる削器が認められる。クルタクⅢ遺跡では放射性炭素年代で、炉の木炭から16,900±700 y.B.P.（GIN-2102）、14,390±100 y.B.P.（LE-1456）、14,600±200 y.B.P.（GIN-2101）、14,300±100 y.B.P.（LE-1457）が得られている（Abramova et al. 1977）。クルタクⅢ遺跡の年代値が北海道・LR-斜行石器群の盛行年代（13,000～11,000 y.B.P.）以前に遡ることは興味深い。さらに、クルタクⅢ、クフトゥイⅢ遺跡からは、左肩上がりの斜方向を指標とした逆位の石器扱いが想定される。以上は、北海道・LR-斜行圏の大陸への広がりを示している。[4]

　さらに北半球の環太平洋岸を眺めると、アラスカからはデナリ・ネナナ・メサ文化[5]にともなう斜行・非斜行石器群が認められる。いずれの文化も「石器扱い」の広がりを考えるうえで欠かせない議論と年代を有している。[6]メサ文化はクローヴィス文化に後出する可能性があるが、デナリ文化は旧大陸と石器群構成上の関係を有している。そして、新大陸における一部のプラーノ式尖頭器群には、斜行剥離が認められる。新大陸における同尖頭器群の斜行剥離と、アラスカのデナリ・ネナナ石器群との関係が今後具体的な論点となりえよう。

　カムチャッカ半島・ウシュキ遺跡Ⅶ文化層の石器群は当面の問題である。この石器群は、極東シベリアとアラスカの石器群を比較するうえで学史的に重要となってきた。異論のある年代値も含まれており、さらに、若い年代値も最近は再測定されているが、14,000 y.B.P.前後（Goebel and Slobodin 1999）、15,000 y.B.P.前後（Slobodin 1999）の年代値が得られている。カムチャッカ半島の周辺地域でウシュキ式尖頭器の類例に乏しく、慎重な比較検討を今後要するのは間違いないが、ウシュキⅦ石器群からネナナやパレオインディアンとの類似性

は見いだしえないとの意見がある（Abramova 1995など）。

　筆者は、今後、汎世界的な斜行剥離の分布と拡散過程を詳細に跡付けることにより、北日本から、シベリア、ベリンジアを経て新大陸へと広がる更新世／完新世移行期のきわめて広域的な斜行圏の詳細が議論できる展望を有していると考えている。なぜならば、日本列島・有舌尖頭器の斜行剥離と同型の剥離が、極東アジアの尖頭器などを媒介として—北半球の環太平洋岸に対して—広域的に広がりを見せているからである。極東アジアをフィールドとしたこの研究テーマは、パレオインディアンの形成史に接近するだろう。

　以上の研究テーマは将来に残された課題としたい。

註
(1)　ただし、逆位の石器扱いと似た動作で細石刃剥離に成功した例や（Tabarev 1997）、複数の動作で石刃剥離に成功した例（Titmus and Clark 2003）もあり、この問題に関しては、やはり将来の研究に期するところが大きい。
(2)　北沢実氏と山原敏朗氏にこの資料の存在を直接御教示いただいた。
(3)　山原敏朗氏に直接の御教示を得た。
(4)　北海道・LR-斜行圏の大陸への広がりに関しては、ほかの展望もあると感じている。大陸および北海道における石刃鏃文化（木村編 1999）の石刃鏃、石鏃、尖頭器、植刃、掻器、両面調整石器などに右肩上がりと左肩上がりの斜方向が認められる。今後、より詳細な時間の整理、遺跡の整理、および遺物観察を行えば、大陸および北海道の石刃鏃石器群から石器扱いの影響関係がとらえられるであろう。この点に関しては、当面、北海道における石刃鏃文化集団の性格究明が期待されよう。
(5)　本書では便宜的に文化と表現した。
(6)　例えば、ドライ・クリーク遺跡でネナナ文化—チンダドン式の小型三角形状・涙滴状尖頭器を含み、細石刃を欠く石器群—は約10,600 y.B.P.（Bigelow and Powers 1994）、デナリ文化は約8,915±70 y.B.P.～10,690±250 y.B.P.の年代値を有している（Powers and Hoffecker 1989）。これらの文化は異文化伝統に由来する可能性が高く、また、両文化の存続年代には諸説ある。とはいえ、完新世初頭・極北における斜行剥離の分布と展開を議論するうえで重要となる年代値が得られている。

エピローグ

1. 石器扱いと石器扱い圏

　戦前、日本列島域の有舌尖頭器は、大陸から渡来したといわれていた。最近、このように考える研究者は少なくなったが、それをはっきりと否定する新たな資料もなく、有舌尖頭器のルーツはまだ明らかではなかった。

　もとより、由来がよくわからない有舌尖頭器は、さまざまな所作で作れたようであり、その作られ方は作り手の自由にゆだねられていた。こういった点が実際に石器を復元的に作ってみてわかってきた。そこで本書では、異なる石器づくりの挙動とそれにより残された痕跡の対応関係を探し出し、晩氷期における日本列島域の石器に施された斜めの剥離を考究した。それから約13,000年前に遡る石器群の地域差と2つの石器扱いを明らかにした。

　本書で有舌尖頭器の由来が十分に描ききれたわけではない。とはいえ、約15,500から約13,000年前の日本列島域に、異なる石器扱いで作られた異なる石器が複数存在すると述べてきた。これらの石器は、斜めの剥離が目立つので、斜行石器群と呼んだ。斜行石器群は「左肩上がり」と「右肩上がり」の斜行圏を成しており、異なる斜行圏の石器づくり伝統下で有舌尖頭器は作られている。日本列島域の有舌尖頭器は、1万数千年前の「東」と「西」の世界、つまり現在の「北海道」と「本州・四国・九州」で異なる石器づくりの所作を介して作られたのである。

　このように考える鍵となったのが、斜方向と加工手順を手がかりとした石器扱いである。この、石器扱いとは、筆者が作った言葉である。石器扱いとは、石器と作り手の位置関係を問題とした作り手の性向であり、身体技法に由来した石器づくりの振る舞いのことである。別の言葉でいうと、石器扱いとは、石器づくりにふさわしい固有の動作型を、石器づくりの実験考古学から推論し、考古資料で確かめた石器づくりのハビトゥスのことでもある。

さて、およそ津軽海峡を境として、晩氷期の石器扱い圏が2つに分かれている。この点は、本書の全編を通してはじめて明らかになった。この2つの石器扱い圏は、1万数千年前の人と人との密接なかかわり方の違いを示している。およそ津軽海峡をラインとする「右肩上がり」と「左肩上がり」の東西地域差は、「北海道」と「本州・四国・九州」に暮らした人々の身体性が異なったことを暗示しており、晩氷期後半における、北海道と本州・四国・九州との文化的断絶を示している。

　北海道の人類文化は、最終氷期最寒冷期ないしその直前頃から独自の歩みをみせており、本州以西と一線を画す遺物群を残している。したがって、およそ津軽海峡を区切りとする石器扱い圏の「境目」は、歴史的形成の産物とみなすのが妥当であろう。

2. 東と西の世界

　晩氷期後半は縄文時代らしい生活が探求された頃であり、この頃はいろいろな文物が地域ごとに複雑な消長をみせている。こうした形勢は、ヒトとモノの動きが盛んになったことを示している。むろん、有舌尖頭器のみならず、いまだ出自が判らぬ遺物も少なくなく、それらは日本列島内に系譜を求めがたい一方で、大陸側のどこかに直接の系譜が確認できるわけではない。こうした点は、長年解決されないままになっている。ところが、文物の目まぐるしい消長という複雑な現象の通底には、列島各地に暮らした作り手が体現した石器扱いがある。この石器扱いの歴史によりみた約13,000年前に遡る日本列島域の世界観を語ったのが、本書といえる。

　すでに述べたように、晩氷期の北海道と大陸は緊密な関係にあり、「左肩上がり」で共通する石器扱い圏が「日本国」の範囲にはおさまっていない。実際、津軽海峡を挟んだ東と西の世界は、東アジアという広い範囲を切り取った一地域にほかならず、多様な地域のとらえ方の1つにすぎない。そういった意味で、東と西の区分もあまり固定的に考えると、別な誤りを生むことになると感じている。とはいえ、本書で述べてきた石器扱いの東西差とは、長年にわたり培われてきた石器づくりの経験知、それから生み出される技術知などの諸要素を総

合したものが、縄文時代がはじまる頃に具体的な形として現れたものといえる。したがって津軽海峡を挟んだ石器扱いの東西差異は、歴史的形成の産物であり、およそ津軽海峡を区切りとする石器扱い圏の「境目」は、日本列島上の人類社会史の中で非常に重要な意味をもっていたと考えたい。

　ところが、この石器扱い圏の「境目」が、東西の交渉を完全に断っていたとは考えない。東の世界と西の世界は時折相互に接触する。晩氷期の後半、西の世界で栄えた本州系の石器扱いは、一時的には北海道系の石器扱いを刺激した。この刺激は晩氷期を通して断続的に行われたと予想したが、その直接的な証拠が、土器をたずさえ、本州からきた大正3集団によるものと考えた。

　晩氷期が終わるころ、本州から北海道へと一部一団は移動する。このころの北海道には、本州からやってきた一団が暮らしており、おそらく何度か、本州由来の縄文化の波がきていたと思われる。この波をおこした大正3集団は、本州系石器扱いの担い手であり、集団の祖先は本州以西の旧石器時代人に遡る。したがって、本州以西に居住した旧石器時代人の主体的な行為が、北海道の縄文化をうながした蓋然性はかなり高いといえるだろう。

　本書では、日本列島域における縄文化は、本州以西に暮らした旧石器時代人の主体的な行為に起因すると考えたい。

引用参考文献一覧

＊一部の調査報告書、県市町村史などは紙数の都合により割愛した。

和文（五十音順）

青木　豊・内川隆志　1993『勝坂遺跡第45次調査』相模原市教育委員会
浅野哲男ほか　2000『岩井谷遺跡』岐阜県文化財保護センター
麻生敏隆　2003「有舌尖頭器―群馬の様相―」『刺突具の系譜 予稿集』笠懸野岩宿文化資料館
麻生　優・白石浩之　1976「泉福寺洞穴の第七次調査」『考古学ジャーナル』No.130
安達厚三　1972「先土器時代」『岐阜県史 通史編原始』岐阜県
荒生健志・小林　敬編　1988「元町3遺跡」美幌町教育委員会
安斎正人　2002「『神子柴・長者久保文化』の大陸渡来説批判―伝播系統論から形成過程論へ―」『物質文化』第72号
池谷信之　1996「愛鷹・箱根山麓の縄文時代草創期の遺物」『静岡県考古学会シンポジウムⅨ 愛鷹・箱根山麓の旧石器時代編年 収録集』静岡県考古学会
池谷信之　2001『葛原沢第Ⅳ遺跡（a・b区）発掘調査報告書1』沼津市教育委員会
池谷信之　2003「本州島中部の様相―東海地方の隆帯文土器と列島南岸―」『季刊考古学』第83号
市川正史・鈴木次郎・吉田政行編　1998『宮ヶ瀬遺跡群ⅩⅤ 北原（No.10・11北）遺跡』かながわ考古学財団
伊藤　健　1992「Ⅲ-1 先土器時代～縄文時代草創期」『多摩ニュータウン遺跡―平成2年度―』第1分冊、東京都埋蔵文化財センター
伊東秀吉ほか　1992『上今泉中原遺跡発掘調査報告書』上今泉中原遺跡発掘調査団
伊深　智　1971「西又Ⅱ遺跡調査ノートより」『木曽教育』第36号
伊深　智　1975「西又遺跡調査ノートより（二）」『木曽教育』第44号
岩野見司　1968「三重県員弁郡照光寺西南遺跡出土の有舌尖頭器」『古代文化』第20巻第8・9号
岩野見司・渡邊　誠・齊藤基夫　2002『愛知県史 資料編1 考古1 旧石器・縄文』愛知県
上東克彦・福永裕暁　1999『志風頭遺跡・奥名野遺跡』加世田市教育委員会
内堀信雄・橋詰佳治・沢田伊一郎　1995『寺田遺跡』岐阜市遺跡調査会
江坂輝彌・西田　栄　1967「愛媛県上黒岩岩陰」『日本の洞穴遺跡』平凡社
大田幸博ほか　1980『里の城遺跡・若宮城跡・瀬戸口横穴群調査報告書』熊本県教育委員会

大塚淳子・桑野一幸　1990「柏原市出土のナイフ形石器・有茎尖頭器」『柏原市歴史資料館館報』創刊号
大塚達朗　1989「草創期の土器」『縄文土器大観1』小学館
大塚達朗　1990「隆線紋の比較から見た九州と本州―序章―」『縄文時代』第1号
大塚達朗　1992「縄文草創期と九州地方」『季刊考古学』第38号
大塚達朗　2000『縄紋土器研究の新展開』同成社
大沼克彦　2002『文化としての石器づくり』学生社
大沼克彦・久保田正寿　1992「石器製作技術の復元的研究：細石刃剥離方法の同定研究」『ラーフィダーン』第XIII巻
大場利夫・松下　亘　1965「北海道の先土器時代」『日本の考古学Ⅰ』河出書房
大場利夫ほか　1984「北上台地遺跡発掘調査報告」『北見郷土博物館紀要』第14集
大船孝弘　1993「市内出土の有舌尖頭器」『嶋上遺跡群17』高槻市教育委員会
大船孝弘・冨成哲也　1976『津之江南遺跡発掘調査報告書』高槻市教育委員会
大参義一　1970「酒呑ジュリンナ遺跡（2）」『名古屋大学文学部研究論集』L（史学17）、名古屋大学文学部
大参義一ほか　1991『小の原遺跡・戸入障子暮遺跡』岐阜県教育委員会
大矢義明編　2000『札内N遺跡』幕別町教育委員会
岡田　登　1988「二　縄文時代」『四日市市史 資料編考古Ⅰ』四日市市
岡本健児・片岡鷹介　1969「高知県不動岩屋洞窟遺跡―第Ⅱ次発掘調査報告―」『考古学集刊』第4巻第3号
小熊博史・前山精明　1993「新潟県小瀬が沢洞窟遺跡出土遺物の再検討」『環日本海における土器出現期の様相』日本考古学協会新潟大会実行委員会
小熊博史・立木宏明　2001「新潟県内の遺跡と遺物の概要」『重要文化財考古資料展』長岡市立科学博物館
小倉徹也ほか　2004『南住吉遺跡発掘調査報告Ⅲ』大阪市文化財協会
甲斐貴充・松本　茂編　2003『阿蘇原上遺跡』宮崎県埋蔵文化財センター
各務原市教育委員会　1983『各務原市史 考古・民俗編』各務原市
加藤晋平・桑原　護　1969『中本遺跡』共立出版
加藤晋平・鶴丸俊明　1991「石器の作り方―民族例によって―」『図録 石器入門事典―先土器』柏書房
加藤　稔　1967「山形県日向洞穴における縄文時代初頭の文化」『柏倉亮吉教授還暦記念論文集：山形県の考古と歴史　第二版』山教史学会
加藤　稔　1976「東北日本における中石器文化に関する覚書」『東北考古学の諸問題』東出版寧楽社
加藤　稔編　1978『弓張平遺跡 第1・2次調査報告書』山形県教育委員会
加藤　稔・菅原国夫　1968「山形県尼子岩蔭遺跡群」『洞穴遺跡調査会会報』第5号
上敷領　久　1997「南関東における有舌尖頭器の展開」『東京考古』第15号

神村　透　1973「開田高原小馬背・西又Ⅱ遺跡資料―有舌尖頭器を中心に―」『開田高原小馬背・西又Ⅱ遺跡出土遺物中心の縄文時代草創期学習会資料』長野県考古学会
河合章行　2007「坂長村上遺跡出土の縄文時代草創期資料について」『大殿下ノ原遺跡・諏訪東土取場遺跡・坂長米子道端ノ上遺跡・坂長村上遺跡・坂長道端中遺跡』鳥取県教育文化財団
川内町　2005『川内町史 原始・古代・中世・近世編』
川口武彦　2001「岩間町内発見の先土器時代・縄文時代草創期資料」『婆良岐考古』第23号
川島雅人編　1996『多摩ニュータウン遺跡―No.457遺跡―』東京都埋蔵文化財センター
川道　亨ほか　2005『五目牛新田遺跡・五目牛南組Ⅱ遺跡・五目牛清水田Ⅱ遺跡・柳田Ⅱ遺跡』伊勢崎市教育委員会
川道　寛　1988「資料紹介 長崎市船石町千束野発見の尖頭器」『長崎市立博物館館報』第28号
関西縄文文化研究会　2002『縄文時代の石器―関西の縄文草創期・早期―』第4回関西縄文文化研究会
北沢　実　1992『帯広・落合遺跡』帯広市教育委員会
北沢　実　1999「縄文早期平底土器群の様相」『海峡と北の考古学―文化の接点を探る―』日本考古学協会1999年度釧路大会実行委員会
北沢　実編　1988『帯広・暁遺跡3』帯広市教育委員会
北沢　実編　1989『帯広市暁遺跡の発掘調査―第5次調査報告書―』十勝考古学研究所
北沢　実編　1990『帯広・八千代A遺跡』帯広市教育委員会
北沢　実編　1991『帯広・暁遺跡4』帯広市教育委員会
北沢　実・笹島香織編　2001『帯広・別府1遺跡』帯広市教育委員会
北沢　実・山原敏朗編　1995『帯広・南町遺跡』帯広市教育委員会
北沢　実・山原敏朗編　1997『帯広・稲田1遺跡』帯広市教育委員会
北沢　実・山原敏朗編　2006『帯広・大正遺跡群2』帯広市教育委員会
木村英明　1997『シベリアの旧石器文化』北海道大学図書刊行会
木村英明編　1999『考古学資料集6　北東アジアにおける石刃鏃文化』平成10年度文部省科学研究費補助金特定領域研究（A1）「日本人および日本文化の起源に関する学際的研究」
楠本哲夫　1991『高田垣内古墳群』奈良県教育委員会
工藤信一郎編　1996『野川遺跡』仙台市教育委員会
久保勝正　1997「三重郡菰野町鶴岡・雁沢周辺出土の有茎尖頭器と『矢根石記』について」『三重県史研究』第13号
窪田恵一　2001「武田西塙遺跡の旧石器時代終末期～縄文時代草創期石器群について―茨城県における当該時期の一様相―」『武田西塙遺跡 旧石器・縄文・弥生時代編』ひたちなか市文化・スポーツ振興公社

栗島義明　1984「有茎尖頭器の型式変遷とその伝播」『駿台史学』第62号
栗島義明　1988「神子柴文化をめぐる諸問題─先土器・縄文の画期をめぐる問題（一）─」『研究紀要』第4号、埼玉県埋蔵文化財調査事業団
栗島義明　1991「有茎尖頭器の起源」『利根川』12
栗田一生　1997「柳又遺跡A地点の各文化層」『柳又遺跡A地点第7次発掘調査報告書』國學院大學文学部考古学研究室
慶應義塾藤沢校地埋蔵文化財調査室編　1992『湘南藤沢キャンパス内遺跡 第2巻 岩宿時代・縄文時代Ⅰ部』慶應義塾
小池　聡　1996「長堀北遺跡縄文時代草創期遺物群の層位的出土例」『考古学講座 かながわの縄文文化の起源を探るパートⅡ』神奈川県考古学会
紅村　弘　1963『東海の先史遺跡 総括編』名古屋鉄道
紅村　弘　1984『東海の先史遺跡 総括編』（復刻版）名古屋鉄道
紅村　弘・原　寛　1974『椛の湖遺跡』坂下町教育委員会
小金澤保雄　2006『大鹿窪遺跡・窪B遺跡』芝川町教育委員会
後藤義明　1988『梨ノ木久保遺跡・割り塚古墳』茨城県教育財団
小林謙一ほか　2005a「神奈川県万福寺No.1遺跡出土縄紋草創期土器付着物の^{14}C年代測定」『万福寺遺跡群』有明文化財研究所・万福寺遺跡群発掘調査団
小林謙一・今村峯雄・春成秀爾　2005b「大和市上野遺跡出土縄紋草創期土器付着物の^{14}C年代」『大和市史研究』第31号
小林謙一・国立歴史民俗博物館編　2008『縄文時代のはじまり─愛媛県上黒岩遺跡の研究成果─』六一書房
小林達雄　1961「有舌尖頭器」『歴史教育』第8巻第3号
小林達雄　1962「無土器文化から縄文文化の確立まで」『創立80周年記念若木祭展示目録』國學院大學考古学会
小林達雄　1963「長野県荷取洞窟出土の微隆起線文土器」『石器時代』第6号
小林達雄　1982「荷取洞窟遺跡」『長野県史 考古資料編 全1巻（2）主要遺跡（北・東信）』長野県史刊行会
小林達雄編　1985『北堂C遺跡・明神堂遺跡』國學院大學文学部考古学研究室
小林達雄編　1988『小馬背遺跡』國學院大學文学部考古学研究室
小林達雄編　1989『小馬背遺跡1989』國學院大學文学部考古学研究室
小林　孚　1968「長野県上水内郡信濃町狐久保遺跡緊急発掘調査概報」『信濃』第20巻第4号
小林　孚　1982「狐久保遺跡」『長野県史 考古資料編 全1巻（2）主要遺跡（北・東信）』長野県史刊行会
小松　清ほか　1999『粕上原遺跡発掘調査報告書』粕上原土地区画整理事業区域内遺跡埋蔵文化財発掘調査団
コレン S．（石山鈴子訳）　1994『左利きは危険がいっぱい』文藝春秋

酒井幸則　1973「増野川子石遺跡」『昭和47年度 長野県中央道埋蔵文化財包蔵地発掘調査報告書―下伊那郡高森町地内その2―』長野県教育委員会
相模考古学研究会　1989『相模野第149遺跡』大和市教育委員会
坂本　彰・倉沢和子　1995『花見山遺跡』横浜市ふるさと歴史財団
佐川正敏・鈴木　雅編　2006『日向洞窟遺跡西地区出土石器群の研究Ⅰ』東北学院大学文学部歴史学科佐川ゼミナール・高畠町教育委員会・山形県立うきたむ風土記の丘考古資料館
櫻井久之ほか　1998『桑津遺跡発掘調査報告』大阪市文化財協会
佐々木洋治　1971『高畠町史 別巻 考古資料篇』高畠町
佐々木洋治　1973「山形県における縄文草創期文化の研究Ⅰ」『山形県立博物館研究報告』第1号
佐々木洋治　1975「山形県における縄文草創期文化の研究Ⅱ」『山形県立博物館研究報告』第3号
佐藤忠雄編　1961『射的山』永山町
佐藤宏之　2000「日本列島後期旧石器文化のフレームと北海道及び九州島」『九州旧石器』第4号
佐藤宏之　2002a「旧石器研究の現代的意義」『科学』Vol.72、No.6
佐藤宏之　2002b「環日本海における広郷型細石刃核の分布」『内蒙古細石器文化の研究』平成10年度～平成13年度科学研究費補助金基盤研究（C）(2) 研究成果報告書
佐藤宏之　2003「細石刃石器群研究のパースペクティブ」『シンポジウム 日本の細石刃文化Ⅱ―細石刃文化研究の諸問題―』八ヶ岳旧石器研究グループ
佐藤宏之　2004「ロシア極東における先史時代の黒曜石の利用」『黒耀石文化研究』第3号
佐藤宏之　2005「北海道旧石器文化を俯瞰する―北海道とその周辺―」『北海道旧石器文化研究』第10号
佐藤宏之　2007「日本列島旧石器文化の課題」『季刊考古学』第100号
佐藤宏之ほか　2002「サハリン島出土の先史時代黒曜石製石器の原産地分析と黒曜石の流通」『北海道考古学』第38輯
佐藤雅一編　1987『梨ノ木平遺跡』塩沢町教育委員会
佐藤正好・桜井二郎　1984『筒戸A遺跡・筒戸B遺跡』茨城県教育財団
佐藤良二・森川　実　2004a「サカイ遺跡・平地山遺跡の発掘調査」『第27回近畿旧石器交流会 配布資料』近畿旧石器交流会・奈良県立橿原考古学研究所
佐藤良二・森川　実　2004b「サヌカイト原産地における採掘址―二上山麓、サカイ遺跡・平地山遺跡発掘調査中間成果―」『黒耀石文化研究』第3号
佐野　隆　1994『神取』明野村教育委員会
佐野　隆・加藤博文・小宮山　隆　1993「明野村神取遺跡出土の縄文時代草創期の遺物について」『山梨県考古学協会誌』第6号

沢田　敦　2006「吉ヶ沢遺跡」『東蒲原郡史 資料編1 原始』東蒲原郡史編さん委員会
沢田　敦・飯坂盛泰　1994『上ノ平遺跡A地点』新潟県教育委員会
塩見靖彦ほか　1993『四国縦貫自動車道埋蔵文化財発掘調査報告書Ⅷ─丹原町編─』愛媛県埋蔵文化財調査センター
島立　桂　1988「『本ノ木論争』とその周辺」『旧石器考古学』37
下山村　1986『下山村史 資料編Ⅱ』
白石典之　1993「北海道における細石刃石器群の展開」『物質文化』第56号
白石浩之　1988「縄文文化の起源をめぐる問題─有舌尖頭器からの提言─」『神奈川考古』第24号
白石浩之　2003「縄文時代草創期における異文化接触の諸相─狩猟具の地域的様相─」『人間文化』第18號、愛知学院大学人間文化研究所紀要
白石浩之　2004「九州島における有舌尖頭器の出現とその様相」『東海石器研究』第2号
白石浩之・笠井洋祐　1999『吉岡遺跡群Ⅷ』かながわ考古学財団
白石浩之ほか　2007『愛知県田原市宮西遺跡の発掘記録』愛知学院大学文学部歴史学科
白石浩之ほか　2008『愛知県田原市宮西遺跡の発掘記録2』愛知学院大学文学部歴史学科
進藤　武　1995「滋賀県の石槍」『滋賀考古』第13号
杉浦重信　1987『東麓郷1・2遺跡』富良野市教育委員会
杉村彰一　1985「柿原遺跡」『肥後考古』第5号
杉山秀宏　1994『小島田八日市遺跡』群馬県埋蔵文化財調査事業団
鈴木裕明　1994「勢野バラタニ遺跡」『奈良県遺跡調査概報 1993年度（第一分冊）』奈良県立橿原考古学研究所
鈴木宏行・直江康雄・長沼　孝編　2004『白滝遺跡群Ⅳ』北海道埋蔵文化財センター
鈴木道之助　1972「縄文時代草創期初頭の狩猟活動─有舌尖頭器の終焉と石鏃の出現をめぐって─」『考古学ジャーナル』No.76
砂田佳弘　1994「相模野細石器の変遷」『神奈川考古』第30号
砂田佳弘・三瓶裕司　1998『吉岡遺跡群Ⅴ』かながわ考古学財団
澄田正一・大参義一　1967「酒呑ジュリンナ遺跡─わが国土器文化発生期の一様相─」『名古屋大学文学部研究論集』XLIV（史学15）、名古屋大学文学部
諏訪間　順　1991「細石刃石器群を中心とした石器群の変遷に関する予察─相模野台地の層位的出土例と中部高地との対比から─」『中ッ原第5遺跡B地点の研究』八ヶ岳旧石器研究グループ
諏訪間　順　2003「南関東地方における旧石器編年」『第15回 長野県旧石器文化研究交流会シンポジウム「野尻湖遺跡群の旧石器時代編年」発表要旨』
諏訪間　伸ほか　1985『大町遺跡』上三川町教育委員会
瀬川　滋編　2003『明前（4）遺跡・明前（5）遺跡・野辺地蟹田（11）遺跡』野辺地町

教育委員会
関川尚功・佐藤良二　1986「奈良県三輪山麓採集の有舌尖頭器」『旧石器考古学』32
芹澤清八・大関利之　2002「亀が窪採集の神子柴系石斧をめぐって」『栃木県考古学会誌』第23集
芹澤清八　2003「大曲北遺跡出土尖頭器の再評価」『栃木県考古学会誌』第24集
芹沢長介　1962「旧石器時代の諸問題」『岩波講座日本歴史1』岩波書店
芹沢長介　1966「新潟県中林遺跡における有舌尖頭器の研究」『日本文化研究所研究報告』第2集、東北大学日本文化研究所
芹沢長介　1967a「日本の旧石器（6）」『考古学ジャーナル』No.10
芹沢長介　1967b「日本の旧石器（7）」『考古学ジャーナル』No.11
芹沢長介　1974『古代史発掘1　最古の狩人たち　旧石器時代』講談社
芹沢長介　1990『日本陶磁大系1　縄文』平凡社
袖岡正清・三上貞二　1968「山城盆地における有柄尖頭器の資料」『古代文化』第20巻第8・9号
髙木宏和ほか　2004『調査概要報告　渡来川北遺跡』美濃市教育委員会
髙木宏和ほか　2008『渡来川北遺跡』美濃市教育委員会
髙倉　純　2007「北海道紋別郡遠軽町奥白滝1遺跡出土石器群における剥離方法の同定—石刃・細石刃剥離方法の同定とその意義に関する一考察—」『古代文化』第58巻第Ⅳ号
髙橋　敦　1983a「斜状平行剥離をもつ有舌尖頭器について」『人間・遺跡・遺物—わが考古学論集1—』文献出版
髙橋　敦　1983b「富士見市内における縄文時代草創期の石器群」『研究紀要』第3号、富士見市遺跡調査会
髙橋佐知子　1994「岩手県胆沢郡前沢町六本松遺跡出土の局部磨製石斧と有舌尖頭器」『岩手考古学』第6号
髙橋信武　1993「目久保第1遺跡」『宇佐別府道路・日出ジャンクション関係埋蔵文化財調査報告書』大分県教育委員会
髙原　愛　1999「福島町・平野遺跡概要（石槍編）」『西海ニュース』第16号
髙山考古学研究会　1984「飛騨の考古学遺物集成（2）—有舌尖頭器特集—」『岐阜県考古』第9号
滝澤　亮・小池　聡　1991『長堀北遺跡』大和市教育委員会
竹尾　進　1999　「多摩ニュータウンNo.125遺跡　旧石器・縄文時代編」『多摩ニュータウン遺跡—No.125遺跡—』東京都埋蔵文化財センター
竹尾　進編　1986「多摩ニュータウンNo.406遺跡」『多摩ニュータウン遺跡　昭和59年度（第2分冊）』東京都埋蔵文化財センター
武田耕平ほか　1988『仙台内前遺跡』福島市教育委員会
田島富慈美　1993「有舌尖頭器における剥離面の検討—大阪市内の出土例から—」『旧

石器考古学』47

多田　仁　1997「愛媛の有舌尖頭器」『愛媛考古学』第14号
多田　仁　2002「四国の尖頭器」『四国とその周辺の考古学』犬飼徹夫先生古稀記念論文集刊行会
多田　仁　2003「西南四国の尖頭器」『紀要愛媛』第3号
多田　仁　2004「福井技法と集団関係」『中・四国地方旧石器文化の地域性と集団関係』中・四国旧石器文化談話会
橘　昌信　1980『大分県二日市洞穴発掘調査報告書』九重町教育委員会
橘　昌信　1983『大分県上下田遺跡 第2次発掘調査報告書』別府大学付属博物館
建石　徹ほか　2008「縄文時代草創期遺跡出土黒曜石の産地分析─新潟県内出土資料を中心として─」『津南シンポジウムⅣ 縄文文化の胎動 予稿集』津南町教育委員会
谷口康浩　2003「日本列島における土器出現の年代および土器保有量の年代的推移」『東アジアにおける新石器文化の成立と展開』國學院大學21COE考古学国際シンポジウム実行委員会
谷口康浩　2004「日本列島初頭土器群のキャリブレーション^{14}C年代と土器出土量の年代的推移」『考古学ジャーナル』No.519
田平祐一郎・野平裕樹編　2004『園田遺跡・大園遺跡』中種子町教育委員会
田部剛士　2002「縄文時代草創期・早期の石材利用」『縄文時代の石器─関西の縄文草創期・早期─』関西縄文文化研究会
近沢恒典編　2005『雀ヶ野遺跡群』高城町教育委員会
千葉英一・畑　宏明　1982『服部台2遺跡／近藤台1遺跡』白滝村教育委員会
千葉県文化財センター　2002『研究紀要』第22号
中・四国旧石器文化談話会　1989『中・四国地方における旧石器時代末〜縄文時代初頭における資料集成』第6回中・四国旧石器文化談話会資料抜粋
立木宏明　1996「中部地方北部における後期旧石器時代後半から縄文時代草創期前半の石器群の再検討」『考古学と遺跡の保護』甘粕健先生退官記念論集刊行会
辻　誠一郎　2001「久保寺南遺跡出土の土器に付着した炭化物の放射性炭素年代」『久保寺南遺跡』中里村教育委員会
土屋　積・中島英子編　2000『上信越自動車道 埋蔵文化財発掘調査報告書16─信濃町内その2─星光山荘A・星光山荘B・西岡A・貫ノ木・上ノ原・大久保南・東裏・裏ノ山・針ノ木・大平B・日向林A・日向林B・七ツ栗・普光田』長野県文化振興財団・長野県埋蔵文化財センター
鶴田典昭ほか編　2004『一般国道18号（野尻バイパス）埋蔵文化財発掘調査報告書3─信濃町内その3─仲町遺跡』長野県文化振興財団・長野県埋蔵文化財センター
鶴丸俊明・橋爪　実　1993『豊坂-21遺跡』訓子府町教育委員会
寺崎康史　1989「北海道における尖頭器の様相」『シンポジウム 中部高地の尖頭器文化』長野県考古学会

寺崎康史　1999「北海道細石刃石器群理解への一試論」『先史考古学論集』第 8 集
寺崎康史　2006「北海道の地域編年」『旧石器時代の地域編年的研究』同成社
寺崎康史・宮本雅通　2003「北海道西部の細石刃文化」『シンポジウム 日本の細石刃文化Ⅰ』八ヶ岳旧石器研究グループ
寺田兼方・澤田大多郎　1992『西部211地点遺跡・西部212地点遺跡』藤沢市西部開発地域内埋蔵文化財発掘調査団
東京都教育委員会　2002『前田耕地遺跡』東京都教育庁
戸田哲也・相原俊夫　1984『月見野上野遺跡第2地点発掘調査報告書』月見野上野遺跡調査団
戸前博之　1969「木曾開田高原採集の有舌尖頭器二例」『信濃』第21巻第 4 号
冨沢敏弘・黒沢文夫　1983『中棚遺跡』昭和村教育委員会
豊丘村誌編纂委員会　1975『豊丘村誌 考古篇』豊丘村誌刊行会
直江康雄　2008「白滝産黒曜石の獲得とその広がり」『第 6 回講演・研究発表シンポジウム予稿集 日本列島の旧石器時代遺跡―その分布・年代・環境―』日本旧石器学会
長井謙治　2000「愛媛県今治市阿方大池採集の有舌尖頭器」『旧石器考古学』59
長井謙治　2003「直接打撃と押圧剥離―石器製作における微細剥片の解釈―」『立命館大学考古学論集』Ⅲ
長井謙治　2004「微細剥片の特徴―異種剥離法に関して―」『石器づくりの実験考古学』学生社
長井謙治　2006a「剥離物の実験考古学研究（Ⅰ）―全体分析と個別分析の試み―」『物質文化』第80号
長井謙治　2006b「有舌尖頭器製作の動作連鎖―南関東における縄文草創期の集団像―」『考古学』Ⅳ
長井謙治　2006c「斜状平行剥離の復元製作」『考古学ジャーナル』No.547
長井謙治　2006d「米国石器製作Work Shopに参加して」『貝塚』第61号
長井謙治　2007「(押圧剥離)」『誰もができた石器作り』青梅市郷土博物館
長井謙治　2008a「有舌尖頭器の東西差」『旧石器研究』第 4 号
長井謙治　2008b「有舌尖頭器の製作技術について―ティム・ディラードの復元製作から―」『旧石器考古学』70
長井謙治　2008c『日本列島における有舌尖頭器の研究―実験考古学の実践的研究―』東京大学提出博士学位論文
永井節治ほか　2001『二本木B遺跡・二本木A遺跡・小馬背（駒背）遺跡・下向A遺跡・下向B遺跡・川端渕遺跡』開田村教育委員会
仲田大人　2005「細石刃技術はどのように出現したか」『北海道旧石器文化研究』第10号
中津川市　1968『中津川市史 通史上巻』
長沼　孝　2003「北海道島の様相―細石刃器群と尖頭器石器群―」『季刊考古学』第83

号

長沼　孝編　1985『美利河 1 遺跡』北海道埋蔵文化財センター

長沼　孝・鈴木宏行編　2001『白滝遺跡群Ⅱ』北海道埋蔵文化財センター

長沼　孝・鈴木宏行・直江康雄編　2002『白滝遺跡群Ⅲ』北海道埋蔵文化財センター

長濱誠司ほか　1999『有鼻遺跡』兵庫県教育委員会

永峯光一　1967「長野県石小屋洞穴」『日本の洞穴遺跡』平凡社

中村孝三郎　1960a「新潟県蒲原郡上川村神谷小瀬ケ沢洞穴遺跡（第一次）調査略報」『上代文化』第30輯

中村孝三郎　1960b『小瀬が沢洞窟』長岡市立科学博物館

中村直美　1998『下尿前Ⅳ遺跡発掘調査報告書』岩手県文化振興事業団埋蔵文化財センター

長屋幸二　2003「当館の尖頭器資料について─調整作業の詳細な検討─」『岐阜県博物館調査研究報告』第24号

成瀬正勝ほか　2000『砂行遺跡』岐阜県文化財保護センター

新谷和孝ほか　1995『お宮の森裏遺跡』上松町教育委員会

西秋良宏　2000「シェーンオペラトワール」『用語解説 現代考古学の方法と理論Ⅲ』同成社

西秋良宏　2002「細石刃生産用押圧剥離の発生とその背景」『内蒙古細石器文化の研究』平成10年度～平成13年度科学研究費補助金基盤研究（C）(2) 研究成果報告書

西秋良宏　2004「石器製作実験の可能性─ハンマー操作習熟実験にふれて─」『石器づくりの実験考古学』学生社

西井龍儀　1975「富山県下の尖頭器の紹介」『大境』第5号

西口陽一　1991「近畿・有舌尖頭器の研究」『考古学研究』第38巻第1号

新田　剛　1996「鈴鹿市の有茎尖頭器」『鈴鹿市埋蔵文化財調査年報』Ⅳ

日本考古学協会1999年度釧路大会実行委員会　1999『海峡と北の考古学─文化の接点を探る─』

日本考古学協会2000年度鹿児島大会実行委員会　2000『旧石器から縄文へ─遺構と空間利用─』

根鈴輝雄　1998「山陰の尖頭器」『考古学ジャーナル』No.435

野尻湖人類考古グループ　1993「仲町遺跡 第6回陸上発掘の考古学的成果」『野尻湖博物館研究報告』第1号

廿日市市　1997「第二章　人々の暮らしの始まり─原始・古代─」『図説 廿日市の歴史』

塙　静夫　1976「大谷寺洞穴遺跡」『栃木県史 考古資料』栃木県

早川正一ほか編　1998『宮ノ前遺跡発掘調査報告書』宮川村教育委員会

原　寛　2008「椛の湖遺跡研究の現状と課題」『長野県考古学会誌』第124号

原　雅信ほか　1994『二之宮谷地遺跡』群馬県埋蔵文化財調査事業団

原川雄二ほか　1999『多摩ニュータウン遺跡─No.327・329・330遺跡─』東京都埋蔵文

化財センター
原川雄二・山本孝司　2005「多摩ニュータウンNo.464遺跡」『多摩ニュータウン遺跡―No.461・464・745遺跡―』東京都埋蔵文化財センター
樋口昇一・森嶋　稔　1962「木曽開田村大原遺跡の石器」『信濃』第14巻第11号
樋口吉文編　1988『陶器・小角田遺跡』堺市教育委員会
飛騨考古学会　2001「有舌尖頭器集成」『飛騨と考古学Ⅱ―旧石器特集号―』
平ノ内幸治　1997「第1章 旧石器時代」『宗像市史 通史編1 自然・考古』宗像市
深沢哲治ほか編　1987『野尻湖遺跡群の旧石器文化Ⅰ』野尻湖人類考古グループ
藤野次史　1984「ガガラ山西麓地区の予備調査」『広島大学総合移転地埋蔵文化財発掘調査年報』Ⅲ
藤野次史〔責任者〕　2000「近畿・中国・四国」『旧石器から縄文へ―遺構と空間利用―』日本考古学協会2000年度鹿児島大会実行委員会
藤山龍造　2001「神奈川県下における有舌尖頭器の変遷」『利根川』22
藤山龍造　2003「石鏃出現期における狩猟具の様相―有舌尖頭器を中心として―」『考古学研究』第50巻第2号
藤原好二　1996「倉敷市内の有茎尖頭器」『倉敷埋蔵文化財センター年報3―平成7（1995）年度―』倉敷埋蔵文化財センター
ホール E．T．（國弘正雄・長井善見・斎藤美津子訳）　1966『沈黙のことば―文化・行動・思考』南雲堂
堀金　靖・藤原妃敏　1990『会津レクリェーション公園計画に伴う笹山原遺跡群発掘調査報告1・2』会津若松市教育委員会
増田一裕　1981「有舌尖頭器の再検討―本州・四国の出土例を中心として―」『旧石器考古学』22
増山禎之ほか　2007『宮西遺跡発掘調査概要報告書』田原市教育委員会
町田　洋　2005「日本旧石器時代の編年：南関東立川ロームの再検討」『旧石器研究』第1号
松井政信　1980「福井県鳴鹿山鹿遺跡の石器群」『六呂瀬山古墳群』福井県教育委員会
松浦五輪美　1996「奈良市内出土の旧石器について」『旧石器考古学』52
松沢亜生　1959「石器研究におけるテクノロジーの一方向」『考古学手帖』7
松沢亜生　1960「石器研究におけるテクノロジーの一方向（Ⅱ）」『考古学手帖』12
松田真一・近江俊秀　1991「山添村 布目川流域の遺跡6 第6次発掘調査概要」『奈良県遺跡調査概報（第一分冊）1990年度』奈良県立橿原考古学研究所
松田真一編　2002『桐山和田遺跡』奈良県立橿原考古学研究所
松葉和也　1996『高皿遺跡発掘調査概報』三重県埋蔵文化財センター
松本正信・安川豊史・春成秀爾　1982「播磨南部採集の旧石器」『旧石器考古学』24
松谷純一　1987『白滝第4地点遺跡』白滝村教育委員会
美勢博史　1982「京都市右京区沢池採集の石器」『旧石器考古学』24

光石鳴巳　2005a「慈光院裏山遺跡出土の有茎尖頭器」『青陵』第117号
光石鳴巳　2005b『本州西半部における縄文時代草創期の様相』平成14～16年度科学研究費補助金（若手研究（B））研究成果報告書
光石鳴巳・岡田憲一・田部剛士　2005「上黒岩岩陰遺跡とその出土遺物についての覚書―国立歴史民俗博物館所蔵資料の紹介を中心に―」『古代文化』第57巻第11号
光石鳴巳　2008「近畿地方における有茎尖頭器の基礎的研究」『旧石器考古学』70
三原慎吾編　1998『まるやま遺跡』兵庫県教育委員会
宮　重行ほか　2001a『一鍬田甚兵衛山西遺跡（空港No.16遺跡）』千葉県文化財センター
宮　重行ほか　2001b『天神峰最上遺跡（空港No.64遺跡）』千葉県文化財センター
美安慶子　1996「細石刃の語るもの―中ッ原第1遺跡G地点を中心とした細石刃の分析―」『中ッ原第1遺跡G地点の研究Ⅱ』八ヶ岳旧石器研究グループ
村上　昇　2007「日本列島西部における縄文時代草創期土器編年―南九州地域を中心に―」『日本考古学』第24号
村崎孝宏　1998「槍先形尖頭器の新資料について―旭志村小川遺跡採集―」『肥後考古』第11号
望月　芳編　1994『南鍛冶山遺跡発掘調査報告書 第1巻 縄文時代草創期』藤沢市教育委員会
森嶋　稔　1986「本州中央部の有舌尖頭器」『考古学ジャーナル』No.258
森嶋　稔　1988「(7) 有舌尖頭器」『長野県史 考古資料編 全1巻 (4) 遺構・遺物』長野県史刊行会
矢口裕之　1999「群馬県徳丸仲田遺跡の縄文時代草創期遺物包含層の層序と古環境」『研究紀要』第17号、群馬県埋蔵文化財調査事業団
山形秀樹　2000「隆起線文土器の放射性炭素年代測定」『上信越自動車道 埋蔵文化財発掘調査報告書16―信濃町内その2―』長野県文化振興財団・長野県埋蔵文化財センター
山上雅弘編　1993『浄谷遺跡・南山古墳群・玉津田中遺跡南大山地点』兵庫県教育委員会
山口英正ほか　2000『白水遺跡 第3・6・7次・高津橋大塚遺跡 第1・2次』神戸市教育委員会
山田　哲　2006『北海道における細石刃石器群の研究』六一書房
山内清男・佐藤達夫　1962「縄紋土器の古さ」『科学読売』第14巻13号
山原敏朗　1998「北海道の旧石器時代終末期についての覚書」『北海道考古学』第34輯
山原敏朗　1999「第5章 落合遺跡に関する分析 第1節 落合・南町1遺跡出土の舟底形石器について」『帯広・落合遺跡2』帯広市教育委員会
山原敏朗　2003「北海道東部の細石刃石器群」『シンポジウム 日本の細石刃文化Ⅰ』八ヶ岳旧石器研究グループ
山原敏朗　2007「北海道東部における更新世／完新世移行期の石器文化―帯広市大正遺跡群を中心に―」『公開シンポジウム「縄文文化の成立―草創期から早期へ―」予稿集』科学研究費補助金「日本列島北部の更新世／完新世移行期における居住形態と文

化形成に関する研究」グループ
山原敏朗編　1999『帯広・落合遺跡2』帯広市教育委員会
山原敏朗編　2002『帯広・落合遺跡3』帯広市教育委員会
山本哲也・岡本桂典編　1989『十川駄場崎遺跡発掘調査報告書』十和村教育委員会
山本ひろみほか　2000『岩長遺跡』豊田市教育委員会
山本　誠編　2002『まるやま遺跡Ⅱ』兵庫県教育委員会
山本　誠編　2004『七日市遺跡（Ⅲ）旧石器時代の調査』兵庫県教育委員会
山森伸正　1992『臼谷岡ノ城北遺跡発掘調査概要』小矢部市教育委員会
湯村　功　1992「島根県内の旧石器時代・縄文時代草創期資料について」『旧石器考古学』44
横山英介　1986「北海道の有舌尖頭器」『考古学ジャーナル』No.258
吉朝則富　1985『飛騨の考古学遺物集成Ⅰ』高山市教育委員会
吉崎昌一編　1973『タチカルシュナイ遺跡1972』遠軽町教育委員会
吉田　昇・岸本一宏編　1988『青野ダム建設に伴う発掘調査報告書（2）』兵庫県教育委員会
吉田英敏・高木　洋　1987『寺田・日野1』岐阜市教育委員会
吉田浩明編　1996『中村遺跡発掘調査報告書』城山町No.6遺跡発掘調査団
米川仁一編　2003『上津大片刈遺跡』奈良県立橿原考古学研究所
ルロワ＝グーラン A.（荒木　亨訳）1973『身ぶりと言葉』新潮社
若井千佳子編　1991『真光寺・広袴遺跡群Ⅵ』鶴川第二地区遺跡調査会
鷲野憲成　1981「三重県員弁郡出土の有舌尖頭器」『旧石器考古学』22
ワシリエフスキー A. A.（木村英明訳）2006「サハリンと日本の旧石器文化」『考古学ジャーナル』No.540
和田素子　1993『郡家一里屋遺跡』香川県教育委員会
綿貫俊一　2008「有茎尖頭器にみる縄文草創期の世界」『縄文時代のはじまり─愛媛県上黒岩遺跡の研究成果─』六一書房
藁科哲男・小熊博史　2002「新潟県小瀬ヶ沢洞窟・室谷洞窟遺跡出土黒曜石製遺物の原材産地分析」『長岡市立科学博物館研究報告』第37号

欧文他（ABC順）

Abramova, Z.A.1995 D'Asie en Amérique: l'industrie bifaciale Soviétique au Paléolithique. *Paléo* 1 (Suppl.): 235-240.

Abramova et al. 1977: Абрамова, З. А., и Н. Ф. Лисицйын, Исследвание памятников эпохи камня на побережье Красноярского моря. *Археологические открытия, 1976 г.* Москва.

Bigelow, N.H., and W.R.Powers 1994 New AMS Dates from the Dry Creek Paleoindian Site, Central Alaska. *Current Research in the Pleistocene* 11: 114-116.

Callahan, E. 1979 The Basics of Biface Knapping in the Eastern Fluted Point Tradition: A Manual for Flintknappers and Lithic Analysts. *Archaeology of Eastern North America* 7(1): 1-180.

Chips Staff 2007 Cecil Hamilton. *Chips* 19(1): 6-7.

Crabtree, D.E.1966 A Stoneworker's Approach to Analyzing and Replicating the Lindenmeier Folsom. *Tebiwa* 9(1): 3-39.

Crabtree, D.E.1973 Experiments in Replicating Hohokam Points. *Tebiwa* 16(1): 10-45.

Dobres, M.-A. 1996 Variabilité des activités Magdaléniennes en Ariège et en Haute-Garonne, d'après les chaînes opératoires dans l'outillage osseux. *Bulletin de la Société Préhistorique Ariège-Pyrénées* 51: 149-194.

Elkin, A.P.1948 Pressure Flaking in the Northern Kimberley, Australia. *Man* 130: 110-113, Plate J.

Flenniken, J.J.,and K.G.Hirth 2003 Handheld Prismatic Blade Manufacture in Mesoamerica. In *Mesoamerican Lithic Technology: Experimentation and Interpretation*, edited by K.G.Hirth, pp. 98-107. Salt Lake City: The University of Utah Press.

Goebel, T., and S.B.Slobodin 1999 The Colonization of Western Beringia: Technology, Ecology, and Adaptations. In *Ice Age Peoples of North America: Environments, Origins, and Adaptations*, edited by R. Bonnichsen and K. L. Turnmire, pp. 104-155. Corvallis: Center for the Study of the First Americans, Oregon State University Press.

Harwood, R.1988 Using the Ishi Stick. *20th Century Lithics* 1: 84-91

Harwood, R.2001 Points of Light, Dreams of Glass: An Introduction into Vitrum Technology. *Bulletin of Primitive Technology* 21: 24-36.

Hirth, K.G., J.J.Flenniken, G.L.Titmus, and J. Tixier 2003 Alternative Techniques for Producing Mesoamerican-Style Pressure Flaking Patterns on Obsidian Bifaces. In *Mesoamerican Lithic Technology: Experimentation and Interpretation*, edited by K.G.Hirth, pp. 147-152. Salt Lake City: The University of Utah Press.

Holmes, W.H.1919 *Handbook of Aboriginal American Antiquities: Part I: Introductory and the Lithic Industries*. Bureau of American Ethnology Bulletin 60. Washington, D.C.: Government Printing Office.

Inizan, M.-L., M. Lechevallier, and P.Plumet 1993 A Technological Marker of the Penetration into North America: Pressure Microblade Debitage, Its Origin in the Paleolithic of North Asia and Its Diffusion. In *Materials Issues in Art and Archaeology III*, edited by P.B.Vandiver, J. R. Druzik, G.S.Wheeler, and I.C.Freestone, pp. 661-681. Materials Research Society Symposium Proceedings 267. Pittsburgh: Materials Research Society.

Karlin, C.,N.Pigeot, and S.Ploux 1992 L'ethnologie Préhistorique. *La Recherche* 247:

1106-1116.

Keeley, L.H.1977 The Functions of Paleolithic Flint Tools. *Scientific American* 237(5): 108-126.

Kelterborn, P.2001 Replication, Use and Repair of an Arrowhead. *Bulletin of Primitive Technology* 21: 48-57.

Kroeber, T.1968 *Ishi in Two Worlds: A Biography of the Last Wild Indian in North America*. Berkeley and Los Angeles: University of California Press.

Moore, M.2004 Kimberley Spear Points of Northwestern Australia. In *The Best of Chips: The Third Five Years 1999-2003*, edited by D.C.Waldorf, V. Waldorf, D. Martin, and M. Martin, pp. 51-60. Branson: Mound Builder Books.

Nagai, K.2007 Flake Scar Patterns of Japanese Tanged Points: Toward an Understanding of Technological Variability during the Incipient Jomon. *Anthropological Science* 115 (3): 223-226.

Pelegrin, J.,C.Karlin, and P.Bodu 1988 'Chaînes opératoires': un outil pour le préhistorien. In *Technologie Préhistorique*, edited by J. Tixier, pp. 55-62. Notes et Monographies Techniques 25. Paris: CNRS.

Pigeot, N.1987 *Magdaléniens d'Etiolles: débitage et organisation sociale*. XXV Supplément à *Gallia Préhistoire*. Paris: CNRS.

Plew, M.G.,and J.C.Woods 1985 Observation of Edge Damage and Technological Effects on Pressure-Flaked Stone Tools. In *Stone Tool Analysis: Essays in Honor of Don E. Crabtree*, edited by M.G.Plew, J.C.Woods, and M.G.Pavesic, pp. 211-227. Albuquerque: University of New Mexico Press.

Powers, W.R.,and J.F.Hoffecker 1989 Late Pleistocene Settlement in the Nenana Valley, Central Alaska. *American Antiquity* 54: 263-287.

Scheiber, L.B.1994 Field Knapping a Better Concept. Chips 6: 11. Reprinted in *The Best of Chips: The Second Five Years 1994-1998*. Branson: Mound Builder Books, 2004.

Schumacher, P.1877 *Stone-Flaking of the Klamath River Yurok*. U.S.Geographical and Geological Survey, vol. 3, Bulletin 3 (1877), Art. 17, pp. 547-549. Reprinted in *The California Indians: A Source Book*, edited by R.F.Heizer and M.A.Whipple, pp. 305-307. Berkeley: University of California Press, 1951.

Semenov, S.A.1964 *Prehistoric Technology: An Experimental Study of the Oldest Tools and Artifacts from Traces of Manufacture and Wear*. (translated by M.W.Thompson) London: Cory, Adams and MacKay.

Slobodin, S.B.1999 Northeast Asia in the Late Pleistocene and Early Holocene. *World Archaeology* 30: 484-502.

Tabarev, A.V.1997 Paleolithic Wedge-shaped Microcores and Experiments with Pocket

Devices. *Lithic Technology* 22(2): 139-149.

Tindale, N.B.1985 Australian Aboriginal Techniques of Pressure-Flaking Stone Implements: Some Personal Observations. In *Stone Tool Analysis: Essays in Honor of Don E.Crabtree*, edited by M.G.Plew, J.C.Woods, and M.G.Pavesic, pp. 1-33. Albuquerque: University of New Mexico Press.

Titmus, G.L.,and J.E.Clark 2003 Mexica Blade Making with Wooden Tools: Recent Experimental Insights. In *Mesoamerican Lithic Technology: Experimentation and Interpretation*, edited by K.G.Hirth, pp. 72-97. Salt Lake City: The University of Utah Press.

Waldorf, D.C.1993 *The Art of Flint Knapping*. 4th ed. Branson: Mound Builder Books.

Waldorf, D.C.1997 More on C-Notching. *Chips* 9: 71-73. Reprinted in *The Best of Chips: The Second Five Years 1994-1998*. Branson: Mound Builder Books, 2004.

Waldorf, D.C.2004 Triangular Arrow Points. In *The Best of Chips: The Third Five Years 1999-2003*, edited by D.C.Waldorf, V.Waldorf, D. Martin, and M. Martin, pp. 91-96. Branson: Mound Builder Books.

Whittaker, J.C.1994 *Flintknapping: Making and Understanding Stone Tools*. Austin: University of Texas Press.

Whittaker, J.C.2004 *American Flintknappers: Stone Age Art in the Age of Computers*. Austin: University of Texas Press.

あとがき

　本書は、2008年3月に東京大学大学院新領域創成科学研究科に提出した博士学位論文、「日本列島における有舌尖頭器の研究―実験考古学の実践的研究―」をもとに書かれたものである。

　「はじめに」でも述べたように、縄文時代がはじまる頃の人々の姿・暮らしは、モノだけをいくら眺めてもわからないところがある。縄文時代がはじまる頃のモノは、それ自体として何も語らず、場所ごとにさまざまに移り変わるからである。本書では、石器づくりの復元にはじまって、一貫して石器の扱われ方の歴史的な動向に注意をはらってきたが、それは、複雑な現象に通底した石器扱いに視点をあてて、縄文時代がはじまる頃を考え直してみたかったからである。

　本書では考古学外ともいえる事柄にも触れている。この試みができたのは、新領域創成科学研究科の開放的な研究環境と、諸先生方の御指導があったからにほかならない。私の博士学位論文を審査していただいた佐藤宏之教授、辻誠一郎教授、鬼頭秀一教授、清水亮准教授、清家剛准教授に対して、まずは深い敬意を表したい。

　とくに、大学院以来の恩師であり指導教官である佐藤宏之教授からは、教授の民族考古学研究および先史考古学研究に対するきわめて幅広い知識にもとづく貴重な助言と指導をいただいた。私の研究テーマを、騒がず、しかも慌てずに、ゆっくりと考古学の研究へと導いてくださった佐藤宏之教授に、心よりお礼を申し述べたい。

　また、西秋良宏教授、大沼克彦教授からは、実験考古学と技術論に対する幅広い知識にもとづく有益な助言や、石器の技術と世界の考古学研究にかかわる厚い指導を受けている。ほかに、安斎正人教授、須貝俊彦教授、故家根祥多教授、久保田正寿さんからも貴重な御教示をいただいている。

　さらに、学部以来の長年にわたり、木立雅朗教授からは、研究に対する暖かい励ましの言葉と精神的な安定を頂戴している。そればかりか、教授との交流

を通じて、モノの細かい観察方法や着想の仕方など多くのことを学ばせていただいており、時折いただく木立ご夫妻の激励からは、たくさんの刺激を受けている。木立雅朗教授には特別な感謝の意を表しておきたい。

　最後になったが、少年時代の私に、考古学を勉強する機会を与えてくださった村上恭通教授、多田仁さん、相沢千恵子さんにも衷心より感謝の意を申し添えておきたい。ほかにも幾人もの先達、友人に恵まれていたことを思い、しみじみと感謝の気持ちを抱く次第である。

　ここではすべてお名前をあげえないのが大変残念であるが、このほかにも多くの方々から、資料の収集や実見を通してご好意を賜った。これらの方々には、ここで改めて深く感謝の意を表したい。

　出版に当たっては、大沼克彦教授と山脇洋亮社長のひとかたならぬご協力を受けた。以上、いただいたすべてのご厚情に深く感謝したい。

　　　2008年　冬

　　　　　　　　　　　　　　　　　　　　　　　　　　　長井謙治

ものが語る歴史⑱
石器づくりの考古学
――実験考古学と縄文時代のはじまり――

■著者紹介

長井謙治（ながい けんじ）
1978年　愛媛県生まれ
東京大学大学院新領域創成科学研究科博士課程修了
現　在　日本学術振興会特別研究員、博士（環境学）

主要著作・論文
『石器づくりの実験考古学』学生社、2004年（共著）
「有舌尖頭器製作の動作連鎖」『考古学Ⅳ』安斎正人編、2006年
『ゼミナール旧石器考古学』佐藤宏之編、同成社、2007年（共著）
Flake Scar Patterns of Japanese Tanged Points. *Anthropological Science*, 115(3), 2007年

2009年6月5日　発行

著　者　長　井　謙　治
発行者　山　脇　洋　亮
印　刷　モリモト印刷㈱

発行所　東京都千代田区飯田橋
　　　　4-4-8　東京中央ビル内　㈱同成社
　　　　TEL　03-3239-1467　振替　00140-0-20618

©Kenji Nagai　2009. Printed in Japan
ISBN978-4-88621-477-5 C3321